あ5	い22	う34	え37	お40
か48	き57	く65	け71	こ74
さ86	し91	す103	せ108	そ117
た125	ち130	つ132	て133	と135
な146	に151	ぬ152	ね153	の153
は156	ひ159	ふ173	へ189	ほ191
ま197	み205	む213	め213	も217
や222		ゆ227		よ228
ら230	り231		れ233	ろ233
わ236				を239

五十音索引（英文付き）249

難訳・和英口語辞典

The Curious Bicultural Dictionary from Japanese to English

松本道弘
Michihiro Matsumoto

さくら舎

まえがき

　紙の辞書を書く。
　この人工知能（AI）の時代に──。
　電子辞書が紙の辞書を衰退させたが、その電子辞書もスマホやタブレットにお株を奪われつつある。インターネットはジュラ紀に地球を闊歩していた肉食恐竜たちに似ている。情報力が侵食力に変わっただけのことだ。スピードが決め手となった、このデジタル時代、流れに適応できない種は絶滅する。
　紙の時代の王者であった『ブリタニカ百科事典』という恐竜は、電脳時代に翼を伸ばしたウィキペディアという始祖鳥のようには突然変異することができず、敗退した。
　このようにして、サピエンス（新人類）が地球上のチャンピオンとなった。
　紙の辞書に頼っている作家や翻訳者はまるで、サピエンスに滅ぼされるネアンデルタール人という情景だ。
　時代が変わった。文筆家や翻訳者も、あらゆる辞書を満載したスマホやタブレットを手元におかないと仕事ができないデジタル時代となった。
　英語学習者の意識も変わってしまった。紙の辞書に温もりを感じながら、線を引き、手垢のついた辞書と旧交を温めるといった、のどかなアナログ時代は過ぎ去ろうとしている。
　しかし、アナログ時代は本当に去ったのか。紙の辞書はすでに化石化したのか。
　目まぐるしく移り変わるスピードの流れに「相乗り」できるの

は、柔軟なアナログ思考ではないか。進化は、直線（リニア）的に進むのではなく、曲がりくねって、スパイラルに進むものだ。

デジタルは、アナログと分裂(fission)するのではなく、融合(fusion)すべきであろう。核エネルギーもそうだが、融合の方が熱の放出は大きい。辞書編纂のエネルギーも然りだ。

デジタルの時代のホモ・サピエンスが苦手とする「間」とは何か。「『陰翳』や『間』の美学」ではないか。

そのファジーな部分でも翻訳できる、とコンピューター・サイエンティストたちは息巻いているが、いかにAIが発達し、singularity（奇異な特異点）の時代に突入しようとも、コンピューターは、恋をすることも、嫉妬することもできない。いわんや、マスターである人間を妬むことなど決してあってはならないものだ。そこには見えざる「けじめ」(the line) というものがある。

「けじめ」はline以外に、justiceにも化ける。

その「難訳語」は、状況が決定する。その状況を構成する「場」も「空気」も難訳語なのだ。

この難訳語の翻訳は、ひょっとしたらライフワークになるかもしれないと考えると、この好奇心の強い私も身震いを禁じ得なくなる。この英語武蔵、相手にとって不足はない。

英語道の師、宮本武蔵は、「固定は死」をもって生涯の心情とした。デジタルとアナログの二刀流でしか翻訳できない、ニクーい超訳辞書を世に問いたい。

この「ニクい」は、コンピューターによる同時翻訳マシーンなら、どう訳すであろうか。この読者をハラハラさせる対決。私も今からワクワクする。

難訳・和英口語辞典

The Curious Bicultural Dictionary from Japanese to English

aijin
愛人　the other woman

　otherとanotherを混同する日本人が多い。He's got another woman.とは、「前の女を捨てて、新しい女を見つけた」という意味だ。もし、He's got the other woman.と言えば、「今の女を捨てずに、こっそり別の女を見つけた」という意味だ。

　後者は、離別する必要はない。愛人を見つけたという話だ。中国では愛人（アイレン）は女房のことだ。情人（チンレン）とは、日本語でいう愛人になる。

　そんなことはどうでもいい。まず、シンボルを学ぼう。酒場でAnother one.と言えば「同じやつをもう一杯」となり、The other one!と言えば、他のドリンクに変えてくれということになる。このthe otherは曲者だ。

　日本語でいう「裏」とか「本音の」「本物の」とは、the otherになる——ウラとはオモテと対等なのだから、Bob Dylan（ボブ・ディラン）の記事にこんな見出しがあって、ギョッとした。

　"The other Bob Dylan" ノーベル文学賞受賞が騒がれていた頃、やつは「パレスチナをやっつけよ」というイスラエル側のイヌで、"怒れるヒューマニスト"とは笑わせるぜ、という記事だったから、見出しと本文が一致して、速読がラクであった。

　the otherには、「隠された」「化けの皮」という意味がある。unmaskedとかuntold part of Bob Dylanと同じ意味である。それほど、このthe otherという英語には、深い、別の意味がある。

ai-no-muchi
愛のムチ　tough love

　tough loveを「愛のムチ」と訳したのは、私が最初のようだ。

　"Tough love"という題の本を読了して、日本でいう愛のムチとはこのことだと思った。

　現在の日本は、体罰が忌み嫌われ、soft love（ほめる）がtough love（叱る）に取り替えられた。子育ては、よりソフト・ラブ好みの家庭に移り始めた。子供に大人と同様の人権を与えていいものか、という体罰擁護派が抵抗している。いずれの派でも、ホンネは禁じ手で、関わりたくない論戦である。

あいはか

アメリカのスポック博士の影響を多分に受けた。赤ん坊が泣けば、give love and attention to〜となる。子供が一人前になるまでは、餓鬼(starving ghost)として扱えという日本文化は、原始的に映るのであろう。starvingはわかるがghostとは、あんまりだ、と今の日本人もいう。

友人の戸塚ヨットスクールの校長である戸塚宏氏は、まさに鬼の親になる。しかし、鬼の目にも涙がある。私は氏の涙を信じる。ネイティブにも通じる。彼らは子供のことを、bratsやlittle devilと呼ぶ。

しかし、原則として手をかけない。それに代わるのが愛のムチ、すなわち、tough love。体罰も含まれることがある。

宮本武蔵を育てたのは、沢庵和尚の愛のムチだった。

杉の木に吊り下げられたタケゾウ（武蔵の幼名）が眼下の和尚に向かって、「やり直したいんだ、助けてくれ」と泣き叫ぶ。そのときの和尚の一喝がtoughest love（hard love＝非情の愛とは似て非なるもの）。

「ならぬ。人生にやり直しはない」、この言葉が武蔵を男にした。

しかし、NHKの大河ドラマではこのtough loveが、いつの間にか恋愛物語(soft love)に代わっている。お通が逃がし、逃避行というロマンが続く。体罰を是認したという団体に謝罪を求められることを恐れているのだろうか。

沢庵和尚と武蔵。私はこれを「男のロマン」と呼ぶ。一言で言えば、英語道が愛でるtough loveだ。

話は変わるが、競争率の高いアメリカの大学で生き残っている学生は、中国系、インド系、そして発展途上のアジアの苦学生ばかりで、いつの間にかsoft love国家の日本の名前が消えていた。中国人がアメリカの社会に進出するのもtough loveのためという。

"The Triple Package"の著者は、soft love国家のアメリカを見下している優越感(superiority complex)も、勝ち抜くコツだ、と同書で述べる。

ai-wa-kanashi'i-mono
愛は哀しいもの。 Love hurts.

古語では、「愛しい」と読んだもの。言葉が歌になっている、あ

る恐ろしいカルト集団は、Love hurts.を曲解（きょっかい）した。

愛はつらい（痛い）ものだから、愛する人を殺しなさい、と。これがよく映画でも取り上げられるcult serial killing（カルト連続殺人）だ。"The Following"（DVD）は、まさにそんなテーマを扱った連続TVドラマであったから、洗脳(mind control)がいかに恐ろしいものか、再認識できた。カルト・リーダーには知識人が多く、引用が巧（うま）い。

Great love must be tested.（偉大な愛には試練が伴う。）これだけで、ぐーっと考えてしまう。

愛の証明は、死？ それとも殺？ In death, there's life.（死の中に、生がある。）その人を愛するなら、殺せ（ポア）。Love kills.か。恐ろしい。源流はあくまでLove hurts.だ。

akachan-wa-otoko-no-ko-datta
赤ちゃんは男の子だった。 It's a boy.

英文法にのめり込んだ時代があった。英会話の弱さを英文法の強さで補（おぎな）うという時代があった。高三の頃だった。英語が話せるようになったのはたしか、20歳くらいからだった。当時、赤ちゃんが生まれたときは、男か女かわかっているはずだから、It's よりもHe'sではないか、といろいろ考え悩んだものだ。

The baby has turned out to be a boy.は文法的には正しくても、耳にしない。The baby is arriving.も書き言葉としては正しいが、耳にしない。The babyがitに代わって、正しい話し言葉が誕生する。中・高時代の英文法から離れて、長い旅に出てよかった。この英語武蔵の私も、60歳を越えてから英語が見えてきた。

見えないものはit、見たいものもit。itは求めるべき解答なのだ、とわかり始めた。わかった I got it。英語の達人はitがわかる。itが使えて英語名人になれる。「悟り」もit。これなんだ！ This is it!と絶叫したのは、60代の半（なか）ば。

赤ちゃんは、生まれるまではit。It's coming.（赤ちゃんが生まれる。）求めていたものはitだから、It's a girl.でいいのだ。The Child Called It（「It（それ）と呼ばれた子」）というテーマが欧米でセンセーショナルになったのは、タイトルのためだ。Itだから、まだ人格のない、「それ」なのだ。

スティーブン・キングの大作『It』も途中まで読んだが、あまりにも不気味で、I just gave it up。itは言わなくてもわかる——状況で——大切なモノなのだ。

She's got it. このitはセックスアピール。舞台上での"華"(wow-factor)もit。

He's got it.は男としての「器」(ハラ)である。

akirame-nasai
あきらめなさい。　Accept yourself.

「私、美容整形手術したいの、おカネちょうだい」と、娘にねだられたら、多くのパパはこう答える。「お前、ママに似て十分可愛いよ、がまんしなさい」と。1秒で英訳できるだろうか。

できる。それがAccept yourself. そのままでいいということだ。これなら、「お前はパパに似て、並以下だ。だからあきらめなさい」という意味でも使える。

Accept yourself.「天地御照覧」という言葉がある。脚下を見よ。振り返って、自分の心を照らせ、という禅哲学も、超訳すれば、Acceptance.と答える。Less is more.という禅に基づく武士道が、アメリカの唯物思想と根本的に違うのは、資本主義がMore is better.（多ければ多いほど良い）を是とするからだ。

akuyaku
悪役　a guy you love to hate (a villain)

映画には、悪役はつきもの。東映の任俠映画では、だれが悪役をやるかが、常に話題になる。宮本武蔵の映画では、だれが小次郎役や他の悪役をやる(Who play villain's roles?)のか、主役と同じぐらいの関心が高まる。たんなるa villainとかa bad guyでは、浮かばれない。

天の邪鬼は日本では嫌われるが、それが空気に逆らうための役割と考えると、評価されるthe devil's advocate（悪魔の代弁者）に代わる。

荒野で断食中のイエスを難問で苦しめた悪魔は、『聖書』を愛するクリスチャンにとり、the devils everyone loves to hateになる。

しかし、イエスは、ついに怒った。Away with Satan!（サタンよ去れ！）と。Satanとは、the devil ones hate to love（愛するのも

穢(けが)らわしい悪魔)のことだ。
akuyu
悪友　bad company

　companyは別に難訳語ではないが、日本人には使えない。「今晩、客(お友達)が大勢いらっしゃいます」と言う場合、"We're expecting a lot of company tonight." という。friendsやcustomersはひっくるめてcompanyだけでよい。keep good (bad) companyは「よい(悪い)友と交(まじ)わる」という意味でよく使われる。
　『リーダーズ英和辞典』で見つけた《諺》「旅は道連(みちづ)れ」の訳が気に入った。

　Good company on the road is the shortest cut.
「世は情(なさけ)」をthe shortest cutと超訳した業(わざ)は見事。good companyがこんなふうに使われている。
　「温(あたた)めておく」の項で述べる本 "MAX PERKINS" の中で、作家のトム・ウルフがこんなふうに表現されている。

　Wolfe did not consider himself very good company just then.（トム・ウルフは、そのとき自分自身があまり人付き合いのよい男だとは思っていなかった。）(p163)

　つまり、Wolfe was a bad company. だったというのだ。おっと、冠詞のaは省いておこう。companyには冠詞は要(い)らない。
age-ashi-tori
揚げ足とり　gotcha contest

　よく耳にするネイティブ映画のガッチャとは、got ya (you)のことだ。こういった英語は、検定試験には絶対出ない。
　しかし、TIMEのような一流英語雑誌にはしょっちゅう出る。乱読速読家の私が言うのだから、間違いはない。
　I gotcha.（アイガッチャ）は、テレビのニュースキャスターもよく口にする。「墓穴(ぼけつ)を掘ったな」とか「その発言は見逃さないぞ」とか、本音(ほんね)が出たな──つまり「証拠を摑(つか)んだぞ」という意味だ。日本の政界でも、問題発言を耳にすると、鬼の首を取ったように罷免(めん)しろと騒ぐ空気がある。これもgotcha contestのことだ。
　「ガツンと言わせる」を英語で言えば、という質問を受けて困ったことがある。どうもオノマトペの英訳は、骨の折れる仕事だ。そん

なときは、giveからgetに戻る。I've got you.（参ったか）、つまりGotcha!だ。

ashi-wo-hipparu-na
足を引っぱるな。　Don't get in my way.

そのまま直訳して、Don't pull my legs. と言わぬこと。これは、「私をからかうな」(Don't mock me.) という意味になる。

「あの二人はいつも、足の引っ張り合いをしている」なら、They are always in each other's way. となる。意味を聴き取れないのであれば、in one's wayの例文を口ずさんでみよう。You're always in my way. No, I'll never been in your way. あとは音読してみよう。次は百パーセント聴き取れる。

aseru-na-yo
あせるなよ。　Not so fast.

親が子供に、「もっとゆっくり」と言ったり、大人に対しては、「急いては事を仕損じる」という場合、Not so fast. で十分。

大阪人の気質を一色に塗りつぶすと、後述するように、「いらち」という形容詞になる。もう少し、格を上げると、Easy does it. どちらもよく耳にする口語表現。

「あせる」そのものは、辞書ではbe hastyとか、be in a hurryやbe impatientと出ているが、このままでは伝えにくい。

Don't be in such a hurry. ぐらいならまだしも、Don't fret. と言っても、わからないネイティブが多くいる。

やはりコロケーション（連語）と共に英語を学んだ方がいい。いらちな関西人には、Not so fast. が一番いいかもしれない。

asobi-gokoro
遊び心　playful spirit

ピーター・ヒメルマンというBig Museの創設者で、"Let Me Out"の著者は、創造性とは遊び心 (playfulness) に他ならないと言う。

子供は、勝敗にこだわらず、人からどのように見られるか (to be perceived) という意識がないから、playそのものが楽しめると言う。

夢の世界 (dream world) のアイディアを容易に現実世界 (the real world) に引き出せるのも、リスクを恐れず、積極的に考える (think positively)子供たちのplayfulnessのおかげだと言う。

　私はplayful spiritが適訳だと思う。ローマ人は、遊び人間をhomo ludensと呼んだ。

　ところで、私の情報収集法は、ludic reading「遊読」（私訳）である。インターネットTVのアンカーマンの仕事は、変わりゆく情報から、一刻も早くキャッチして報道しなければならないから、童心(childlike innocence)のない人には向かない。

　速読も大切だが、もっと大切なのはludic reading（遊読）だろう。「遊び心」の「心」とはNot so fast. つまり心の余裕のことだ。

atatamete-oku
温めておく　brood (for a creative pause)

　文筆家にとって一番大切なのは、考え(an idea)や文章を推敲、調査のため、しばらくそのままにしておくことだ。必ずしも未処理のまま、蔵っておくことではない。あくまで医学でいう〈細菌・細胞などの〉培養・孵置のことだ。

　それは親鳥が、卵を抱く（かえるまで）状態なのだ。これをincubate（保育、培養）という。生物学に詳しい人は、インキュベーションというカタカナ英語をそのまま使うが、日常会話ではbroodを勧めたい。

　卵が孵化する(hatch)まで、抱くことだ。このbrood（ぶるうど）のRの発音に注意。Lでないからブルードではない。bloodに近くなる。だから「ぶるうど」。この「ぶるうど」とは、「じっと考える」「くよくよする」「たくらむ」等々──共通点は「温める」──といった潜伏期間を意味する。

　実は、この憂鬱な期間なのだ──プロ・ライターに必要なのは。ところが、野心に燃えたアマチュア・ライターには、このcritical（欠かせば命取りになる）brooding periodはない。どこかに焦りがある。

　命を削って書き上げた処女作も、受賞後は、すぐにバーンアウトする。編集者と違って、作家の生命は、一般的に短い。

　それが記されているのは"MAX PERKINS, Editor of Genius"（天才編集者、マックス・パーキンズ）という本だ。（『Genius』として映画でも話題となった。）

あ

　映画『ベストセラー——編集者パーキンズに捧ぐ』（邦題）は、あまり感動したので、映画館で二度観て、原書を読破した。ナショナル・ブック賞（全米図書賞）を受賞した作品であるから、英語のスタイルもまさにプロだ。以下、本書を『MP』で通す。

　パーキンズの言葉を借りると、作家の人生は蠅のように儚い。dying like fliesと表現された、気の毒な作家たち（トム・ウルフやスコット・フィッツジェラルドをも含め）に与えた忠告がa creative pauseであったのだ。

「創造的な休止状態」とは言い得て妙だ。Rest makes you younger. 今のライターさんたちは、そんな静かな環境にも恵まれず、気の毒だ。

　パーキンズは言う。The most fruitful thing for a writer to do was quiet brooding. (『MP』p402)

「ライターにとり、最も有益な（結実のための）期間とは、静かな孵化期間quiet broodingだ」というのが、パーキンズの口癖だった。

　蛇足ながら、私にとり、最もfruitfulなquiet broodingとは、断食執筆だ。（今、信貴山断食道場で、この原稿を書いている。）

atama-de-wakatte-itemo
頭でわかっていても　Mentally yes, but ～

「心では」は、そうemotionally。

　こんな表現を見つけた。I'm mentally prepared for it, but emotionally I don't know. (『MP』p248)

　酒を飲んじゃいけないと（頭で）わかっちゃいるけど、やめられない。これはmindに属するlogicでは解釈できず、情(emotion)の領域に入る。

　かつて、パレスチナ人の政治リーダーにMy mind is with Israelis, but my heart is with Palestinians.とロジカリーに述べたが、相手はきょとんとして、emotionallyにパレスチナ側に立つなら、mentally (mind)でも、我々の味方なのではないか、と突っ込まれた。

　My mind is in Tokyo, but my heart is in Osaka.と言えば、日本人ならわかってくれるのに、こと中東問題となると、一筋縄ではいかない。

イスラエル人なら、頭が東京にあるなら、心も東京にあるのでは、と石のロジックで反論されそうだ。

　ノーベル（文学）賞を受賞したボブ・ディランは私と同じ歳だが、13歳のときにユダヤ人の儀式（バー・ミツバ）を通じて元服しているので、イスラエル側に立った。（『アルジャジーラ』は「それで怒れるヒューマニストかよ」と冷笑している。）

　ジャーナリスト魂(journalistic integrity)を貫こうとしている私は、イスラエルにもパレスチナに対しても、中立の立場に立たなければならない。「心（ザ・ハート）はパレスチナにある」といっても、通じそうにない。

「ジャーナリストはつらいよ」It's tough being a journalist.

ato-dashi-janken
あとだしジャンケン　cheating at janken

　あとだし（後出し）とは、late play at jankenではピンとこない。いっそのこと cheating at janken と表現してみよう。

　show your hand later でも通じるが、ジャンケン(paper-scissors-rock game)の解説をしなければ、理解されないなら、cheatingですませよう。

　ところで、「あと知恵」を、あとだしジャンケンと同じように使う人もいる。そんなとき、second-guessを勧めたい。アメリカ人やカナダ人好みの表現だ。（人や事を）あと知恵で批判する（けちをつけること）。

　「結果（過去）にけちをつけるな」なら、Don't second-guess the outcome (past). あと知恵で人を裁く人は卑怯だ。

　だから言ったでしょう（私は最初から知っていたのよ）と、あとから second-guess することは、あとだしジャンケンと同じく醜い。

ato-jie
あと知恵　second-guessing

　（人・事を）あと知恵で批判する（けちをつける）行為をsecond-guess という。Stop second-guessing me (the outcome). あと知恵で、結論などを修正してもらっては困るという感じだ。

　アメリカ英語では、もっと幅広く、「〜を推測する」「先を読む」「予言（予知）する」、さらに「意図を見抜く」という意味で使われ

ている。TIME誌ではこんなふうに使っている。

Second-guessing Clinton was a unifying pastime among aides who were often otherwise split.（まとまりのないクリントン陣営の中で、ひとつだけまとまっていたことと言えば、彼女のことをあれやこれやとほじくり回すことが気張らし［レクリエーション］になっていたという事実。）

「あと知恵」が「さき知恵」にまで化ける、アメリカ英語。

べつに、川柳でしめるわけではないが、アメリカ英語はアメリカ文化と共に、激変しつつあるようだ。

ato-de
あとで。　Not now.

よく日本人は、Later.を使う。間違いではないが、まぎらわしい。今はダメというNOを加えないと、後はYESという確約は得たことにはならないからだ。

後に(later)もう一度、話し合いをしようと、逃げることも考えられる。だから、今はダメ(No)と、今に限定して、否定しておくことだ。

どうも、どこかで、相手側の「察し」に甘える日本人の交渉には、どうやらNoは使いづらいようだ。

ato-de-wakatta-koto-daga-kanojyo-wa-shiro-datta
あとでわかったことだが、彼女はシロだった。　Turned out she's not guilty.

「あとでわかったこと」(at the result of that 〜) という直訳もあるが、耳にするのはIt turns out（turned outも）that 〜 という構文が多い。It 〜 thatの構文だが、日常会話では、itがよく省かれる。やっぱり、結局は、という時でもIt turns outとなる。

スピード・リスニングの練習をしてみよう。Turns out she is a man.

ユーチューブ(YouTube)で、ミシェル大統領夫人が男であるという動画を、これでもか、これでもか、と見せられると、やはり彼女はtranssexual（性転換者）であったのかと思ってしまう。インターネットにもfake newsが多い。テレビは事実（スポンサー・ジャーナリズム）だが、インターネットは、真実を述べる人は多いが、

真実を曲げることもできるのだ。

anata-no-hara-wa
あなたの腹は？ What do you (really) want?

　needは、今すぐ、loveは、別に緊急性がなくてもいい。ほとんどのneedもloveも、おカネで買える。しかしwantは欠乏しているもの、お腹に入れたいものがあるから、容易に表現できないもの——おカネでも買えないもの。

　側に置きたい女性なら、I want her (near me). でよい。「彼女のハラは」は、What does she really want? このようにreallyを加えると、マインドやハートから離れて、腹(the hara)に近づく。

　2014年4月7日号のTIME誌のWHAT INDIA WANTSというカバーを、キャスターの私は、インターネットテレビ画面の前で「インドの腹は？」と訳した。wantの原意は欠乏（何かをハラに収めたい）のことだから、必ずしもreallyを必要としない。

anata-wa (watashi-ni-wa) mottainai-hito-desu
あなたは（私には）もったいない人です。 You deserve better.

「私には」というより「我が社にとっては」と置き換えてもよい。You deserve better.は「我が社にはもったいない」という意味だ。相手がoverqualifiedであった場合だ。零細企業やベンチャー・ビジネスは、格別に一流大学出のエリートを必要としない。

　実際、We don't deserve you.（我が社にはもったいない）と婉曲的に断わられることが多い。私が上京して、米大使館に就職したとき、「同時通訳？　身も心もボロボロになるよ」とは言わず、「なんでこんなところへ来たの。骨を埋めるところじゃないよ」と、周囲のコメントは冷やかだった。冷たい人たち。いや、彼らの私に対する心情は、「肩書をもらって消えなよ」だったのだ。

　　　コーヒー・ブレイク
もったいない話をしよう。

　「もったいない」は3つの、Rから始まる英単語で表現できる。reduce, reuse, recycleである。（注：この「3R」の考え方は日本では2000年［平成12年］に循環型社会形成推進基本法で「発

> 生抑制」「再使用」「再生利用」等として明文化された。）
>
> 　粗大ゴミは小さくして、リサイクルして、再利用する、と三拍子で解説すれば、ネイティブは納得する。戦後「廃物利用」という言葉が流行った。今、ユーチューブで（YouTube）デトロイトが戦場と化したというドキュメンタリーを見ている。耳に入ったのが、アメリカというwasteful（ムダの多い）国はdisposable（使い捨ての）文化だという言葉。
>
> 　disposable（使い捨てカメラもdisposable）という物騒な形容詞に驚いて、パソコンの画面を見て二度驚いた。デトロイトはまるでゴーストタウン。白人が郊外へ逃げ、ほとんどのビルは死んでいる。人影もない。黒人ばかりが殺し合いを始めている。なるほど「戦場」か。
>
> 　使い捨て(disposable)の文化だから、ビルを改築するのもおカネがかかるという理由で放置したまま。もったいない。What a waste!

ano-hanashi-wa-dou-natta?
あの話はどうなった？　How'd it go?

　What's the result of the discussion we've had earlier? と3〜4秒で言えば聴き取れるが、ハウデゴウと1秒以内で話されると、お手上げとなる。

　進行中なら How's it going?（進んでいるかい、あの話。）go とは「消える」「変わる」のこと。話し合いの段階が消える（go の反対の come は見える）こと。

　How did it go? を縮めて、How'd it go?

　耳になじみやすい「ハウデゴ」に、スペルを合わせたものだ。

ano-hito-wa-hutoppara-da
あの人は太っ腹だ。　He is big.

　繊細にみえて、実際はスケールの大きい人間だ、という場合なら、He IS big. と「is」にアクセントを置くことだ。He's big enough to admit he's guilty.（彼には自分に罪があると認めるハラがある。）

　ハラはbig stomachではなく、big heartあるいはheartを省き、

bigだけで通じる。

ただ、He's big-hearted. の方が、一般的に使われる。big belly だけは避けたい。中年のビール腹は、beer belly という。

ビール腹に「なる」なら、getを使えばよい。「あなたも中年太り」はYou're getting a (beer) belly。太鼓腹はa pot belly。ポンポン（幼児語）はtummy。

abekobe (sono-gyaku) yo
あべこべ（その逆）よ。 It's the other way around.

「恩に報いたい」と言う相手に対して、いや反対に、私の方が恩返しをしたいんだ、という場合なら、It's the other way around. I owe you a lot.

I owe you. とくれば、You owe me nothing.

I owe YOU. と言えば、謙譲の証となる。

I'm indebted to you.（あなたに恩義があります）と、かしこまった表現で使われたならば、No, you're not. とやんわり否定しよう。

amae
甘え emotional symbiosis

親子のスキンシップ(physical contact)の頃の「甘え」は絶対に必要だ。この甘えは、emotional symbiosis（感情的共生関係）ではなかろうか。

『甘えの構造』はThe Anatomy of Dependenceと訳され、それが誤解のもととなったのではないかという説がある。甘えは、決して依存ではない。なぜなら、実社会で失敗する人は、「甘え方」を知らないからだ。dependenceは相手に対する信頼(trust)が前提となっているからだ。

欺されているとわかりながら、相手への信頼を続ける芸をthe haragei（腹芸）という。

土居健郎氏が『甘えの構造』のテーマで話をし、質疑応答に入った。一人の米国婦人が「甘えと腹芸の関係は？」という質問をされたが、彼女は、私の"The Unspoken Way—Haragei"（『腹芸』）を読んでおられたのであろう。

氏の回答はしどろもどろ。あのとき、彼女と私がディベートしていれば、お互いにスッキリしたのではと、今にしては思う。dependence（依存）は、欧米人に多いタテの目から見ると、救いようがないくらい子供っぽいのだ。大人はindependence。この方がhigherで、グローバリスト好みのinterdependence（相互依存の価値観）がhighestになる。

しかし腹(hara)は、高低ではなく、deeperで――「甘え」はそもそもvalue free（超価値）なのだ。

だから"CURIOUS"の著者であるLan Leslieはこう言う。Infant curiosity is co-dependent.（子供の好奇心はもたれあいだ）と。大人以上だ。相手にもたれる（甘える）力のない人は、子供でも大人でも、気の毒な存在なのだ。「甘え」はパワー（強さ）になりうる。

人間は、タテのvertical learningの産物だけでなく、ヨコのhorizontal learnersでもある。ヨコのpower（仲間）からも学べる。狼のお互いに「甘え合う」姿は美しい。甘えられない、はぐれ狼（lone wolf）は孤独に弱いのだ。

amayakasu
甘やかす　spoil

「甘え」という抽象語は難訳語だ。dependence（依存）を避け、emotional symbiosis（感情的共生）と訳しているが、まだしっくりしない。「甘やかす」と動詞になると、訳せる。

You're overprotective of your sister.（君は、妹を甘やかしている。）

「甘え」とは、誰かに頼る(lean on someone)ことだから、dependenceと即断されやすい。

名著『甘えの構造』（土居健郎著）がThe Anatomy of Dependenceと訳されたときから、日本人の心理が誤解されたのではないか、と勘ぐる人が多い。

甘えることは、independenceを是とするアメリカ人から、「弱さ」と捉えられる可能性は大である。たしかに赤ん坊のように、大人を甘やかすことは悪だ。

いや、spoilingは誰に対しても悪だ。Spare the rod, spoil the kid.（可愛い子には旅をさせよ）という諺があるように、それは普遍的な真理であろう。しかし、「甘え」をdependence（依存）やoverprotection（過保護）と、短絡することは許されない。

私もこの歳（77）になると心は青年のつもりでも、What do you need? と問われると、A babysitter. と冗談を飛ばしたくなる。「甘やかしてくれる」癒し系のヘルパーが欲しい。年齢にかかわらず、人はみな「甘え」(emotional symbiosis) を、どこかに期待している。

　共生とは、イソギンチャクとクマノミのような関係で、それは非対称 (asymmetrical) だが、いやそれがゆえに、日本人の「甘え」は決して「弱さ」ではない。この辞書でも、読者諸兄を甘やかすつもりは毛頭ない。I don't believe in spoon-feeding you with my English. そのあとに like a baby をつけようと思ったが、これは蛇足だろう。

are-de (kokujin)

あれで（黒人）　black enough

「あれで」も難訳のひとつ。

　黒人タウンのシカゴでのオバマの活躍ぶりは、かなり白人寄りであった（黒人には、グレーなリーダーは白く見える）が、白人の社会から見れば、「あれで白人？」Is he white enough? となる。

　つまり enough とは、「通用するスレスレの限界」だと見なされる。「あれで、十分黒人だ」(Yes, he's black enough.) と見なされると、黒人社会ではパス。

　閑話休題。私は、1940年に大阪に生まれ、30歳まで大阪で育ったが、人生の半分近くは、東京暮しとなっている。Osaka is my birth place. 関東育ちの私が「癒し」を求めようとすると、急に関西弁になるが、ベタベタ (heavy) と言えるほどの大阪アクセントは失った。

　もともと、手塚治虫が北野高校へ通学していた頃、私が住んでいた岡町駅（阪急路線）から通っていたから「北」の人間として身近に感じる。しかし「南」の人からみれば、私の Osaka accent isn't heavy enough. かもしれない。

　大阪とくにミナミ（第一アクセント）では、Not heavy enough. となる。久しぶりに大阪へ戻ると、緊張する。「だってさあ」という言葉が口から飛び出すと、Is he native enough?（あれで大阪人？）と、白い眼を向けられる。

　私だって、急にコテコテ (native enough) の大阪人に戻れない。

「センセ（東京ではセンセイ）、サウナでも行きまへんか」と生徒に誘われると、緊張する(tense up)。まるで白人に近づかれたマイケル・ムーア（黒人好きの映画監督、not white enough）のような感じがする。

ここで大阪人は、ツッコミを入れる。（東京人はつっこまないので。）「ホナ、センセ、うちらは、黒人だっか」と。いやとんでもと、東京づらの私は答える。これも帰阪して、数日間だけ。これ以上、滞在すると、また大阪人に戻る。

「せや、あんたたち大阪人は、アメリカの黒人やブルースが似合うな。東京は白人の国やさかい。」そして、夜のカラオケでは、男は「王将」を歌い、女は「大阪の女」を歌う。もう理性はない。大阪人はみんなアホや──夜になると。

an'ini-dakyo-suru-na

安易に妥協するな。　Don't settle for less.

妥協はcompromiseだが、これは使いにくい。イギリスでは美徳であっても、アメリカでは美しくない。妥協は悪なのだ。Don't compromise your principle.（主義を曲げるな）という表現が示すように、敗北の一種と考えられるから、妥協は、アメリカ人に対してはmutual compromise（歩み寄り合い）を勧めたい。

娘が（結婚して）片づくことをsettleというが、息子が変な女に摑まって、結婚を急いだりしないようにと忠告するときもDon't settle for less. で十分。父の息子へのアドバイス、father-to-son advice。

FOXの美人キャスターのメギン・ケリー（Megyn Kelly）が"Settle for More"という本を書いた。この本が、彼女のジャーナリストとしてのピークとなった。ドナルド・トランプと張り合ったツケは大きく、FOXから追放されたのである。この『妥協するな』（私訳）という本がswan song（スワン・ソング。白鳥が臨終に歌うとされた）となって、彼女は自分を安く売らざるを得なくなった。She settled for less. と叩かれ、瀕死の白鳥となったのだ。

anta-nimo-mondai-ga-aru

あんたにも問題がある。　You're part of the problem.

「私にも責任がある」(I'm partly wrong.) と言ったとき、アメリカ

人から、No. You're entirely wrong. と言われ、傷ついたことがある。

たしかに、アメリカ人はよく言う。There's no such thing as half pregnant.（半分、妊娠しているという言葉はない）と。

では、アメリカ人はこのような日本のファジーロジックをどう表現するのか。

You're part of the problem. だ。be part of 〜とは、〜とは切り離すことができない、という意味だ。

あのときの私の英語(partly wrong)はまずかった。I admit I was part of the problem. というべきだった。

anta-wa-bekkaku-da (ichimoku-oku)
あんたは別格だ（一目置く）。　You are tolerated.

「格」は目に見えないが、厳然と存在する人間同士の領域だ。
「彼女の英語は別格だ」なら、Her English is in a class by itself.

しかし、「あの人は別格だ」という場合、He is special. だけでは意を尽くすことはできない。だから、「一目置かれるのだ」という意味論が必要となる。

となると、日常会話でも使われる、can be tolerated が近くなる。

こわもて（強面）する場合でも使われる。Don is tolerated. というふうに。このDonがドナルド・トランプであると言われると、側近との立場が想像できるだろう。逆らえないから、距離を置かれる場合だってある。He's feared and respected. この訳はちょっとまどろっこしいな。

anrakushi-da
安楽死だ。　Put her down.

犬や猫を平気で安楽死させるのが、西洋文化だ。

日本では、捨て猫や捨て犬は、道端や神社や仏寺に捨てる。これも無慈悲な行為だが、「殺」より「死」の方がマシという「甘え」なのかもしれない。

安楽死はmercy killing。直訳すれば、「慈悲殺」だが、日本語では、安楽「殺」ではなく、安楽「死」となる。殺しは、血、そして穢れとなるから、日本人の忌み嫌うところ。

ならば、ラテン語でeuthanasia（安らかな死＝easy dying）を用いると、安らかな（eu）"死亡"(thanatos)と、日本人感覚に近い

が、日常会話で用いるにはbig word（大げさな言葉）となる。会話でよく耳にするのは、Put her down.（死なせてやれ）だ。耳には、プラダウンと響く——ほとんどの日本人には聴き取れない。

i'ikagen-na
いい加減な　sloppy

いい加減とはirresponsibleのこと。日本語を使う人もいい加減になって、アバウトな人と、いい加減な(sloppy)カタカナ英語を使う。

こういう、いい加減な態度(irresponsible attitude)では、外国語をモノにすることはできない。いや、社会へ出ても、いい加減な仕事(sloppy job)しかできない。だからプータローも、就職試験の日はだらしないsloppy clothesを脱ぎ捨てて、ちゃんとしたresponsible-lookingな背広に着替える。

sloppyの他にshoddyやslipshodというS語も使える。

日常会話で「いい加減なやつ」という場合は、wishy-washy（優柔不断）を勧めたい。

もっと書き言葉に近い標準語に転換するとindecisive（煮え切らない）になる。

i'i-kikaseru
言い聞かせる　talk 〜 into

わけを説明して教え諭す、ことについて、「説得」(persuade)より、もっと使いやすく手頃な表現はないだろうか。ある。それがtalkだ。

Talk her into marrying him.（彼女を諭して、彼と結婚させてくれないか。）

I'll talk him out of divorcing her.（ぼくは、彼女と別れないように、彼を説得します。）

映画で耳にする英語は、こんな簡単な表現だ。だからこそ、日本人の耳に入らないのかもしれない。Talk'er out of it.（ターカラウラヴェ）「彼女に思いとどまらせるように、君から説得してくれ」という5秒以上の日本語が、英語では1秒になる。

i'i-shitsumon-dana
いい質問だな。 Glad you asked that.

That's the good question. これが正解。社交術に長けた人は、このフレーズを好む。ここで「間」がとれるからだ。それにこの「間」は緩衝帯にもなる。「下手な回答でも気にしないでね」という裏がある。

TVキャスターの池上彰氏は何か問われるたびに、「いい質問ですね」と言うが、何が good question なのか、「良い」の定義が欲しいものだとインターネット TV の NONES チャンネル（「TIME を読む」）で述べたことがある。

私なら、必ず I'm glad you asked that.（聞いてくれてありがとう）と嬉しさだけを正直に伝える。特にディベーター（究論者）である私は、いやな質問を受けると、快楽を感じるのだ。いやな質問は、私に宿題を与えてくれるから、いかに難問といえども、「仮説として賜ろう」と感謝するべきであろう。

i'i-sen-wo-itte-iru
いい線をいっている gettin'ere

get の進行形の getting が常套句として使われる。

ハンターバレー（オーストラリア）のワインメーカーは、「我々はヨーロッパのワインが目標で、We are getting there.」と語っていたことを思い出す。この gettin'ere（ゲレネア）という、n と ere がリエゾンを起こし、「ネエ」と変音する英語を何度耳にしてきたことか。

「いい線をいっている」は getting there、「ボチボチ」は getting somewhere、「ラチがあかん（あきまへん）」は getting nowhere。「二人は平行線を辿ったまま」は The two were getting nowhere。平行線を parallel lines と訳すと、正反対の意味（どちらも同じ意見で、盛り上がりがない）になる。

i'idashippe
言い出しっ屁 a starter

「言い出しっ屁」とは、start とか do it first のこと。最初に何か言ったら、あとまで尾を引くのが世の常。

アメリカでは Don't get me started on that.「私にそのことを言わ

せるな」と笑いでごまかすことが多い。

あとでsecond-guessされ、世間から叩かれるのが常だ。だから、あと出しジャンケンは卑怯とされながらも、しっぽをつかまれない発言が日本では好まれる。

かといって、It doesn't pay to be a starter in Japan. と言えば、外国のビジネスマンは、首をかしげるだろう。

「ビジネスでは、最初にスタートしたやつが勝つのでは」と。

これをfirst-mover advantage という。真似が得意な後発メーカーは、いや、我が社はsecond-mover advantage を求める、と反論するだろう。

言いだしっぺを歓迎するディベートは、これまでの日本では、敬遠され、不毛であったが、乱世では、言いだしっぺも、ときには歓迎される。

iuna-wakatte-iru
言うな、わかっている。　I know.

Don't say that, I already know it. と日本人の英語は長くなる。斬れる英語は、短い。アイノウ。it は要らない。

「言わなくてもわかる」は、I know (it).

I know. I know. I know. と繰り返す日本人も多いが、日本語と違って、英語は短い方がパンチが効く。

「黙って聞け」は、Say nothing, but listen to me. では長すぎる。Just listen. だけでよい。

iki-jigoku
生き地獄　a living hell

今、ユーチューブで"Dr. Phil: A Lying, Cheating, Violent Husband or a Wife's False Accusations?"を観ながら、この原稿を書いている。

夫は「女房のナイフが飛んでくる毎日なんて a living hell だ」と述べる。スタジオの女房も負けず、「夫はゲイで、浮気をし (cheating)、暴力をふるう」と言う。(事実は妻が夫に暴力を振るっていた。) スタジオの勝負を聴いていると、互角。これは hell ではなく、limbo（地獄と天国の中間にある場所）だなと思った。(They are in limbo.)

もし本当に地獄に向かっているなら、夫はまさに walking dead の状態。もし死者に近い状態なら、He's like a zombie. と表現される。こういう番組がアメリカで大人気とは。They are in hell. 日本は天国かな。We are in heaven. そうでもないか。

　ただ、このフィル博士は、夫婦に向かって Shame on both of you.（二人ともみっともないぞ）と戒めているところはスゴイ。喧嘩両成敗(Takes two to tango.)。

(ikite-iru-dake-de) arigatai
(生きているだけで) ありがたい。　It's great to be alive.

「おかげさま」は訳せない。チベット出身のペマ・ギャルポ氏（政治学者）は、難訳語の「おかげさま」という言霊の重要さを指摘されている。「ありがたい」(Thank God.)と同様に、日本人の「心」だと断言されている。

　しかし、欧米社会では、happyかmerryが近くなる。Merry Christmas! しかし、ユダヤ系米人の多いニューヨークでは、Happy Holiday.を使う。

　どうしても「おかげさま」とか「不思議なご縁で」を英訳したければ、やはり西洋の神(God)の登場を願うより他はない。by the grace of God（神のお恵みにより）となる。

　一神教に抵抗を感じる人は、黙って、スマイルを交わすだけでよい。顔をしかめながら「ありがたい」「おかげさま」を英訳する必要はない。

　こんなセリフを耳にした。Smiles are free, give them away. 「ありがたい」という訳にこだわらず、その気持を表わすには、it feels great to ～という構文を勧めたい。

　It feels great to be seventy-seven.（ありがたい。おかげさまで、この私も77歳）と。

ijiwaru-suru
いじわるする　be mean to ～

　いじわる(be mean to ～)も、こじれると、いじめ(bullying)になる。

　いじめる側(bullies, mean boys, mean girls)はどこにでもいる。社会でのいじめも同じように陰惨だ。

仲間のサークルから人を追い出すときも、いじわるに始まり、いじめに近い形で終わる。TwitterやFacebookでも生じる。

「いじわるをされている」を「バツが悪くなる」と置き換えると、They make me feel (look) bad in their presense. となろうか。

「いけず」(たとえば大阪人から見た京都人)も、be meanとなるが、べつに陰惨ないじめではない。ちくちくといびる (needle＝針で刺す) のもいじわるの表現だろう。

(isei-to) neru
(異性と) 寝る　get laid

映画やリアリティTV番組でよく耳にする。

sleepは必ずしもsexを意味しない。Have you slept with her? とかHow many women have you slept with? が使われる状況では別だが。

日本の社会ではあまり問題にならないが、外国 (特にアメリカ) ではcondomとかrubberやunprotected sexが日常会話でよく飛び出す。

アメリカで会った数人の日本の女子学生は、「数ヵ月アメリカに滞在したら、日本へ帰国したとき、誰も近づかなくなるわよ」と悲しげに私に告白していた。

一夜だけの情事(one-night stand)を好む遊び人はoversexed guys。ホットだが幼い恋はpuppy love。あつあつ (ラブラブ) の恋はlovey-dovey。ドロドロの恋はtorrid love (灼熱の恋)。

iji
意地　just have to

小野田寛郎氏はなぜ29年間もジャングルにもぐり続けてきたのか、戦争が終わっているとは知りながら、読者に問われ、「意地ですよ」と答えた。TIME誌の記者は、spite (悪意) と訳した。

日本の世相に逆らって、意地をはるという意味なら、わからないでもないが、深い心情をあえて露呈する必要がなければ、I just had to. だけでいいはずだ。

I had to. は「仕方なかった」、I loved to. は「好きでやったことだ」となる。I just had to. こそが、彼の「意地」なのだ。この意地を破れば、戦友や上司に対し、面目 (恥の一種) を失ったことになる。

だから譲れないjustがいるのだ。

just は justify（自己正当化）のことであり、これ以上、「踏み込むな」という意図が隠されている。

40年前の辞書を全面改訂したいという私の「意地」は決して、spiteではない。I just have to. やむにやまれぬものだ。

 コーヒー・ブレイク
一期一会がなぜ serendipity (a chance meeting) か

once-in-a-life-time opportunity と訳す人もいる。私は a chance meeting を勧める。

ある辞書には、Even a chance meeting is due to the Karma of a previous life. と出ている。これは解説としては役に立つ。

Serendipityとは、当てにしない（いい）ものを偶然発見する才能のことを言うから、少し外れる。Horace Walpole（ホレス・ウォルポール）のおとぎ話「セレンディップの3人の王子」（The Three Princes of Serendip）のSerendipをもとに造った言葉だ。

捜してもいない珍宝を、巧く偶然に発見する能力のある人がいる。私はこの能力がだれにも備わっていると考え、セレンディピティーと、あえて「一期一会」にかぶせて超訳した。

「一期一会」には、お互いに期待はない。縁を大切にしろという教えだ。会った人から何らかのビジネスチャンスを期待するのは、「一期一会」の像を信じる人には、動機としてはやや不純。

沖縄で言う「いちゃりばちょうでー」（会ったそのときの縁で、すでに兄弟）は、オーストラリアでいうmateship（マイトシップ）に近い。

酒場で知らぬ二人が会えば、どちらのおごりであっても、あとは貸し借りがない。この粋も一期一会。しかし、そこに何か生まれるというのが私の発想だ。

マーク・ザッカーバーグ（Mark Zuckerberg。FacebookのCEO）の狙いがserendipitous discovery（予期せぬ発見）であったとTIME誌から学んだとき、これだと思った。

茶室と同じように、共通のプラットフォームで会った二人は、

そこでどんなビジネスを始めようと、ザッカーバーグにとって、知ったことではない。

　喫茶店のStarbucks（スターバックス）で、失業中の中年男性がたまたま、若い女性と出喰わして、雑談をしているうちに仕事にありつけた。その中年男性が一瞬のserendipitous discoveryで人生のやり直しができ、その予期せぬ成功の喜びを本にしたところ、その『ラテに感謝！』("How Starbucks Saved My Life" Michael Gates Gill著）がベストセラーになった。

　一期一会（人との出会いを大切にする心）は茶室だけではない。コーヒー店のスタンドでも生じる現象だ。That was a serendipitous discovery.と私なら言う。

「一期一会」というa chance meetingには、時空を超越した、深淵な意味がある。空間を飛び越えて、同じ思いが一致する。synchronicity（シンクロニシティ。ユングのいう共時性）とは違う。私が特定の読者の夢を見ていたら、同じ夜に、その人も私の夢を見ていたというならシンクロニシティ。そういうシンクロニシティは歳を重ねるごとに増えてくる。

　しかしセレンディピティーには行動が伴う。特定の物理的空間へ足を運ばなくては何も発見できないのだ。袖振り合うもなんとやら。——そんな縁もセレンディピティーではないか。そして、人生そのものがセレンディピタス・ディスカバリー。

ichininmae-no-ningen
一人前の人間　have it all

　She has it all.「彼女は欲しいものはすべて手に入れた」というように使う。allの中には、結婚をして子供を産むところまでが含まれる。

　Can women have it all without kids?（女は子供を産まずに、一人前になったと言えるか）というテーマが、話題になっている。

　男はhave it allという発想になじまないのかもしれない。男は能動的な動物で、takeやgetの世界に棲んでいる。

　戦争も政治もwinner-take-all（独り勝ちゲーム）の世界だ。勝てば官軍(victor's justice)だから、自己実現(self-actualization)を頂点

とする「マズローの法則」（欲求の五段階説）(Maslow's Law/ Maslow's Hierarchy of Needs)は男性向けと言えるかもしれない。

「男が一人前になるとき」はwhen a man gets it all together. この get ~ together とは「まとめる」。all を入れて「すべて」を入れると、人生の総決算(put finishing touches on his life)ということになる。本辞書の編纂が、あるいはそうかも。I'm almost there.

ittai-douiu-kankei
いったいどういう関係？　What's it to you?

米映画 "HACHI" のセリフ。主人が亡くなった後も、駅前で待ち続ける忠犬ハチ公(Faithful Hachi)に、心を寄せ始めたのか、異常に接近する見知らぬ男がいた。

ある人がその男に聞く。「そのイヌと君とは、どんな関係？」。その英語が1秒以内。

What's it to you? 人間関係にも使える英語だ。

What's he to you? What's she to you?

どちらも「どういう関係？」。気になる質問だ。

日本人に対しては、こんな1秒英語は使わない。What is your relationship to her? と3秒にまで引き延ばす。

itta-darou
言っただろう。　Told you.

I've told you.の略。等しい間柄では「トゥルジュー」でよいが、通常I've told you. と正しい英文法の基本を守ろう。目下の相手なら、I've warned you.（警告したはずだ）も使える。

ラップが生活のリズムになっている黒人ラッパーなら、Told you.（youがyaに変わると、トゥルジャと1秒英語になる）だけで通じる。

本辞書は、ネイティブのリズムで話すことより、ネイティブのリズムを体得することに主眼を置き、聴き取りを最優先させたものだ。日常英語では、乱発しない方がよい。

(ippo-yuzutte) dakyo-suru
(一歩譲って)妥協する　settle for less

「妥協する」は難訳語のひとつ。compromiseとは、AとBが衝突して、その結果、お互いが合意するというスポーティーなもの。

しかし日本の妥協は、この時と、この場と、○○の顔に免じて当座は負けておくというゼスチャーで、「覚えておけよ、次は譲らないからな」という裏のメッセージがある。

　妥協をアナログ（流動）で捉えては、必ずトラブルが起こる。compromiseとは、デジタル（固定）なのだ。だから英訳すればsettle for lessとなる。そして譲らず勝者の立場から妥協に持ち込むのがsettle for moreだ。

「一歩譲って」はこんなふうに表現してはどうだろう。Assuming you're right 〜（仮に、君の言っていることが、正しかったとしよう）という私好みの術だ。

「そりゃ、仮定の話だから、アテにならないよ」(That's an assumption)を逆手にとる、という妙技だ。assumingはifと同じく、仮定法のロジックだ。私はこれをロジックによる「ぼかしの術」(logical shading)だと表現する。shadingとは、色彩・色調のgradation（漸次移行＝ぼかし）のことだ。

inochi-gake (de-yaru)
命懸け（でやる）　put one's life on the line

「死んだ気持でやれ」（けしんかげきばれ）とは薩摩人（今は鹿児島県民）のスローガンだった。いや、今も残っている、と聞く。

　英訳は難しい。death より life の方が透明度が高いので、risk one's life（生命を犠牲にしてまでも進む）する「いのち優先」が欧米の行動原理だからだ。「死んだ気持」も、その覚悟に含まれる。

　on the lineとは、この一線だけは、越えてはならないライフ・ラインのことだ。line とは越えてはならない一線、つまり、けじめのことだ。そのため、お国のために死ねば、殉死(martyr)となる。よく使われるコロケーションを用いると、He gave his life to his country.となる。死よりも、生で報いるというのが、彼らなりの報国精神だ。

ifu-doudou
威風堂々　grace under pressure

　宮本武蔵が好きな「巌の身」を見出しにしたかったが、あまりにもpersonalなので、思い切って、だれでも使える「威風堂々」を選んだ。

Ernest Hemingwayをマックス・パーキンスがこう表現した。ヒーローのアーネストはgrace under pressureを発揮(display)した、と。

　して、彼の文体は？ He wrote as daringly as he lived.（彼の生き様と同じように、大胆に書いた。）

　後述する、『電通「鬼十則」』を書いた植田正也氏は、ヘミングウェイの文体を真似た。三島由紀夫は彼の文体を真似せず、行動でgrace under pressureを自演してみせた。

　エレノア・ルーズベルト（大統領夫人）は、美男子の夫がもてすぎて、ほぞを噛んだ女性だが、笑顔で耐え抜いて、ファーストレディーではいつもトップクラス。

　彼女が世に残した名句もこれ。Grace under pressure.（いつも凛としているのよ。）

ima-kara-demo-osoku-wa-nai
今からでも遅くはない。　Never too late.

　使える一息英語。It's never too late to start anew at your age.（その齢で再出発するのは決して遅くはない）とは長すぎる。

　文脈からNever too late.で十分。

　少し角度を変えて年齢にこだわる人は、Never too old to start learning English.というように言い換えることもできる。

ima-shika-nai
今しかない。　It's now or never.

　エルビス・プレスリーの歌に「イッツ・ナウ・オア・ネヴァー」(*It's Now or Never*)というのがあった。少し前に流行ったコマーシャル「今でしょ」も It's now or never。

　ドナルド・トランプは、Time is now.と子供でもわかる英語を使っている。

　今が買い時、あとはない、今しかない――すべて It's now or never。

　日本的発想になじまない OR が自然に口から出てくるようになれば一人前だ。

irachi
いらち　ants in the pants

　大阪人の気質を一色に塗りつぶすと「いらち」という形容詞になる。「いらち」は単にimpatientだけではない。一時もじっとできない、せっかちだ。

　大阪人は「ながら族」(multi-taskers)が多い。大阪出身で、東京で名を挙げた人のほとんどは、お笑い芸人の心得のある人だ。商売より笑売。好奇心が旺盛で、何事にも手を出す。多芸と言えば聞こえはいいが、すべて、落ち着きがない「いらち」なのだ。

　学生時代に英語の辞書を本当に食べてしまった橋下徹元市長も「いらち」だ。英訳すれば、Former mayor Hashimoto has lots of ants in the pants.（橋下元市長はズボンの中に、いっぱいアリが這い回っている。）

　では、東京人の「いらち」に近い表現は？と問われても困る。多くの東京人は、同時に多くのことをすることを嫌う。だから、案件が二つ以上（英語ではmore than one）のことをやると、狂ってしまう。かつての石原慎太郎東京都知事のように、カーッとくる。

　したがって、東京人の「いらち」は、アリではなくハチ。ハチが帽子の中に入ると、イライラする。（irritatedなら覚えやすい）英訳すれば、Shintaro Ishihara has lots of bees in his bonnet.（ボンネットにハチが入っていた）となる。こちらは笑っていられない。

inga-ouhou
因果応報　reap as you sow

　自分でまいた種は自分で刈り取る（自業自得）ことを3秒で英訳すれば、You must reap what you have sown.となる。

　まいた（sownはsowの過去形）種は、刈らねばならない。これでは、説教的すぎる。内容が内容だから、しかたがない。

　ついでに、格調を高めながら、1秒まで縮めるなら、Reap as you sow.となる。reapは「見返り」「収益」を得ることであるから、ネイティブには耳にまったく違和感がない。

intoku
陰徳（恩送り）　pay it forward

　アメリカ人に東洋の「陰徳」を説明するには、pay it forwardが

いい。

　恩を先送りするとは、pay back（「返済」以外に「復讐」という意味もある）とまったく反対の意味だ。返さなくていい。返すなら、私以外の世間へ返してほしい、という「先送り」の発想だ。「陰徳」が訳しにくいので、思い切って、借りたもの(it)を、先払いすると、発想を転換してみよう。

　今すぐお礼をする（報いる）のはpay for it nowだ。pay laterは後払いだ。信用できない相手には、前払い(advance payment)を要求する。必ず前払いを要求する相手は要警戒。痛い目にあうことがある。

　ヤクザの世界では、相手を金で縛りつけるために、バンス(advance)を払い、返済できない状態にまで相手を追い込み、女を風俗に売り飛ばす。これは、闇金融(loan sharking)の世界。

　カタギの世界の陰徳とは、借金をチャラにするか、請求をしないことだ。これがpay it forward。

　たしか、そんな題名の映画があった。

intoku-no-hito
陰徳の人　Good Samaritan

『聖書』の「よきサマリア人」の一節から、日常会話でもよく耳にする。嫌われ者のサマリア人が、道端に倒れている人を、手当てして、お金を置いて、去った。名前も言わずに。

　これがunsung hero（縁の下の力持ち）と同じく、どの文化圏でも評価される、陰徳の精神。もし名前を残していれば、その人の名は上がっても、陰徳ではなく、陽徳になる。

　世にいう慈善家は、陽徳家であろう。いわゆるphilanthropistsたち。通常の「徳」とは、陰徳のことだと私は思う。

　陽徳はあくまで私の造語。交通事故が起こったときに、すぐに跳び込み、悲嘆にくれている遺族の人に「お役に立てば」と名刺を置いていく、悪徳弁護士はambulance chaser（救急車の後ろを追う人）と呼ばれる。よきサマリア人の対極にある人たちだ。

「あの人は陰徳の人だ」He's a good Samaritan.だと、言われてみたい。──私のいないところで。

(uke-wo-neratta-ga) subetta
（ウケを狙ったが）すべった。They didn't get (take) the joke.

「冗談が通じる」とは、get the joke。「すべった」は主語を I にせず They（複数）に置き換えた。

アメリカにいるイギリス人は、take より get をよく口にするようになった。

「アメリカ人には、イギリス人の皮肉がわからない」"Americans don't get (British) irony." と嘆いていたイギリス人がいた。take ではなく get を使っているから、かなりアメリカ滞在の長いイギリス人だろう。

私は冷笑的な (cynical) イギリス人に言う。I can get your irony, but I can't take your sarcasm.（皮肉はいいとしても、あんたがたの嘲笑だけは我慢ならない）と。

イギリス人にもアメリカ人にも通じる英語は、単純化することだ。

The joke turned them off.（スベった。）受けることは turn on。その反対が off。

ugoitara-utsu-zo (tomare)
動いたら射つぞ（止まれ）！ Freeze!

ハロウィーンの夜に、日本の高校生がアメリカ人に射殺されるという、おぞましい事件があった。相手は、Freeze! と警告したのに、笑いながら近寄ってきたから、と証言している。

べつにプリーズに聞こえたわけではないが（発音は似ている）、この freeze をカタカナ英語で「ストップ」と発音すれば、事件は起こっていなかったかも。あくまで「かも」(possible) で、「多分」(probable) ではない。

ある英語の授業でも「ストップ・モーション」（通じない和製英語）が使われるそうだが、正しくは Freeze (it)。

画像を静止させる意味で用いる、ストップ・モーションという和製英語は、芸術的でほほえましいが、この和製英語の便利さゆえに、多くのコミュニケーション・ミス（Oops! これも和製英語）が生じている

mutual misunderstanding（相互誤解）なら通じる。

_{ushinau-mono-wa-nai}

失うものはない。　Nothing to lose.

　You've got nothing to lose.はまだ口論(こうろん)の段階だが、交渉になるともっと語調が荒々(あらあら)しくなる。What have you got to lose? と。

　すべてを失って、スッカラカンという場合は、「一枚のシャツまで失った」と表現する。I lost a shirt.（文無(もんな)しになった。）

「義のあるところ、火をも踏む男」とはa guy who would give you a shirt off his back.

　残った一枚のシャツまで差し出す人は、かなり義理堅い人だ。

_{uji-yori-sodachi}

氏より育ち　nurture over nature

　natureとはblood（血筋）のこと。家柄などは、伝統と考えればnatureに属する。

　natureは大事にされて育つ。将軍家の若殿(わかとの)が剣道に励んでも、技は伸びない。周囲の気配りから、打ち込まれることはめったにないから、技が伸びない。本物の若殿なら、面子(メンツ)を捨てて、町道場へ忍(しの)び込んで、技を磨く。

　heredity versus environment（遺伝対環境）という対立の構造は、徳川家にとり頭痛の種であった。大組織お抱えの英語使いの偏差値英語は、実社会でどこまで通じるのか。

　人間の綜合能力を測る基準として、大切なのはnature or nurture（氏(うじ)か育ちか）という課題は永遠に続く。

　音楽のような芸術の世界では親力(おやぢから)、家柄や資産状況、早期教育（すべてnature）がモノをいうが、文筆、文芸の世界ではenvironmentが先行する。

　文豪は、不運な過去（学歴コンプレックス）の落(おと)し子(ご)ではないか、とふと感じる。『宮本武蔵』を書いた吉川英治しかり、三島由紀夫が毛嫌いした松本清張しかり。

_{umami}

うまみ（旨味）　umami (savory)

　うまみは難訳語の一つ。直訳すればMSG(monosodium glutamate)のこと。

　自然が恵んでくれた味。まさに味の素(essence of taste)だ。

savory（ピリッとする塩味の料理味）としか訳しようがないとされている。

　この摩訶不思議な、かつおぶしとこんぶの味の発見者は、好奇心あふれる日本の学者Prof. Kikunae Ikeda。氏が1908年に奥さんがスープに使ったこんぶ(kelp)のだし (stock, broth)からglutamateというアミノ酸を抽出し、"第五の味"を発見してumamiと名付けたという。

　世界中に広がった味の素の「素」はと言えば、池田菊苗教授のcuriosityであった。

　最初この事実を20年前に教えてくれた人物は、台湾「味の素」の元社長（紘道館塾長であった中西良一氏）であった。『ジャパン・タイムズ』紙（2017.1.21）に世界に広がったumami (MSG)の発見についての投稿があったので、難訳語であった「うまみ」がそのままumamiとなった経緯が再確認できた。

umare-kawattara
生まれ変わったら　if you had another life to live over

　Ifはロジックの世界だが、if you were rebornは、ロジカルではない。生まれ変わるという証明ができないからだ。文法的に正しくとも、文化的に正しくないから、英語としての有効性はない。

　another lifeは、延長のアナログ。second lifeは断続されたデジタル。だからIf you had a second life.は文法的にも論理的にも正しい。どちらにしても、仮定法の世界だから許せる。

　If you were rebornも、仏教的ロジックの範囲内では許されるかもしれない。もし、犬や牛なんかに生まれ変わらなかったら、の話だが。

uwaki
浮気　cheating

　浮気(extra-marital affair)とはカンニング(cheating)と同じく、ばれなかったら無罪だが、ばれるとやばい。英語はどちらもcheating。

　I've never cheated on my wife.のように、onをつける。onは「動かない」状態だから、動いたのは、「本人だけ」。これが浮気の実態だ。have an affairとかbe unfaithful to～という表現もよく使われる。

一神教の人たちは、浮気は unfaithful な行為と決めつける。

　一人で世界旅行をしたとき、あるご婦人から、Have you been faithful to your wife back home? と尋ねられて驚いた。

　私がいつの間にか犯罪容疑者になっている。I've never cheated on my wife. と言っても、Honestly? と聞き返されそうだった。cheating も lying も同じカテゴリーとは。

eko-hi'iki
えこひいき（依怙贔屓）　play favorites

　どの親にも、ひいきの子(favored kids)と、less-favored kids がいるものだ。だが、それを隠すのも大人の愛情なのだろう。

　トランプ大統領は、それが隠せないから、man baby（子供のままの大人）とメディアから子供扱いされるのであろう。favoritism（ひいき）は、いずれ、つけとなって払わされる。

　悲劇の王様として知られるレア王は、コーデリアの存在に気付かず、本当の愛を知ったときは遅かった。この最後のレア王のセリフは、哀切に満ちている。

"I loved her most, and thought to set my rest on her kind nursery."

　愛する一番年少の娘のコーデリアの世話を愛おしんでいたのだ。嫉妬は人を殺す。play favorites は、決して周囲に感じさせてはならない。

　「ザ・スマザーズ・ブラザーズ」という、仲良し兄弟ミュージック・バンドの中にも、ジェラシーがあった。トムが兄弟のディックに言った。"Mom always liked you best!"

　言ってはいけないこと。聞いてはいけないセリフ。えこひいきの素振りを見せた母も罪だ。

　漫才コンビには、the smart one（ツッコミ）と the funny one（ボケ）があるように、兄弟の仲といえども棲み分け(live and let live)のための fence（柵）いや垣根（hedge）が必要なのだろう。

　オレは兄貴と違って愛されていない、と思って(feel less loved)育った人は、depression, anxiety, low self-esteem の虜になり、後まで引きずってしまう。favoritism に気をつけよう。

えこひい

コーヒー・ブレイク

ヒリヒリはtouchy-feely

『MBAは日本では役に立たない』という興味深い本を読んで、やっぱりと思った。

経営学修士と言えばカッコいい。ある商社にアメリカの一流大学を出たMBA（たしか社費留学）がいた。案の定、浮き上がった。MBAだからといって、給料アップはない。

日本の社会は、アリの社会。そこへ英語のペラペラなMBAという羽の生えたハチが舞い戻ってきた。ペアはなく、嫉妬という冷たい視線。これじゃエリート意識をもった留学生は浮かばれない。MBAそのものが浮かばれなくなる。

アリとハチの共存は難しい。これをcultural reentry shock（文化的再流入衝撃）という。この著者はMBAのヒリヒリ感の欠如を指摘される。それはtouchy（ピリピリ）とtouchy-feely（ヒリヒリ）の違いではないだろうか。

同書で最も多用された、オノマトペの「ヒリヒリ」を『日本語オノマトペ辞典』で調べてみた。

「ひりひり」とは①（さま）皮膚・神経などが焼け付くように痛み続けるさま。から始まって、5項目があった。

その中でも③と⑤は圧巻。

③（さま）持続的に鋭い痛みを感じるさま

⑤（さま）苦しさにもだえてけいれんするさま

なるほど。MBAという超然（ツン）とした存在の人には、こういう生え抜きの社員が経験する持続的な痛みはない。

ハチは、気に入らなければ、プイと飛び去ることができる。しかし、コツコツ、ネチネチ型のアリにはできない。強烈なフェロモン（空気のこと）に逆らうことができない。

しかし、MBAがひしめく外資系はどうか。ヒリヒリがピリピリになる。「ヤツかオレか、どちらが先にクビにされるか」と、ピリピリした環境になる。

「ひり」は、軽く刺すような刺激に対して使われ、「ぴり」は電気が走るような刺激（electricityと表現する）をいう（同辞書）。

アリの社会のヒリヒリは、touchy-feelyに近い温もりと、近親

憎悪的な緊張感がある。「察し合い」（感受性訓練＝sensitivity training）という気配り、気疲れも生じる。「場が読めない」と陰口がたたかれる緊張感もある。

ハチにはハチの、露骨な競争意識からくる、ピリピリしたtouchyそしてtouch-and-go（一触即発）の空気がある。

engi-wo-katsugu
縁起を担ぐ　believe in good omens

私を悩ませた難訳語だ。ベストセラー作家のパウロ・コエーリョ(Paulo Coelho)氏（"The Alchemist"の著者）は"Learn to recognize omens, and follow them." という表現を使っている。

前兆を追えということだから、予知能力も加わる。

言葉に依存しない言語(a language that doesn't depend on words)や、夢にも omens を感じる observing eyes（観察眼）を持った羊飼いの話は、いい教材にもなる。

しかし omens にも bad と good がある。日本人好みの「縁起を担ぐ」とは good のみだから、神道的に楽観的で朗らかなのだろう。

本書の中で the law of favorability（好都合の法則）について述べられている。信じれば救われる、ツキを信じれば回ってくる、という意味なのだ。

enzai-da
冤罪だ。　You got the wrong man.

刑務所の格子から、男が大声を張り上げている模様を連想していただきたい。「ヌレぎぬだ」とか「冤罪で捕まったのだ」「はめられたのだ」と怒鳴っているのだ。冤罪はwrongfully (falsely) accusedのこと。「はめる」はset up。

「はめる」はset someone up。「はめられた」はSomeone set me up。（I was set up by someone. という受身形は日本人好みだが。）

英語では能動形が自然だから、You got the wrong man. が斬れる。つまり、よく耳にする口語表現となる。能動形の勉強を進めよう。「ぼくは今、だれかにはめられている」は、I'm being set up by someone.よりSomeone's setting me up.の方が自然。犯罪などでわ

なにかける（陥れる）という意味では、frame someone up for 〜という構文がよく使われる。

枠（縁）などにはめる、を連想してみよう。冤罪の冤は兎（うさぎは無罪）が格子に閉じこめられている状態だ。冤罪(a false charge)に決まっている。

o-ki-no-doku
お気の毒　too bad for 〜

学校で先生に叱られて帰宅し、家でもまた父に叱られた娘の話を聞いたとき、「可哀相に」と言いたくなる。"Too bad for her."

翌日、ボーイフレンドに逃げられた。その悩みを受けたときのコメントは、"Tough luck."

それまでの彼女はモテモテだった。だから、次のボーイフレンドも「絶対に、私のもの」と思いこんでいたのに。そんな心境の彼女に与える仲間の痛烈なコメントは、No such luck.（柳の下にもうドジョウはいない。）

いや、またいた。そのときは、素直におめでとう、と喜んであげればいい。

Congratulations? 固い。

Congrats. だけでもいい。それより、もっとくだけて、Good for you. の方がより口語的で、自然に使える。

「運が悪かったね」と言うなら、Tough luck. いや I'm sorry.（お気の毒）。

あるニューヨーク出の美人キャスター（E.ジャーナル誌）が私に訴えた。

「地下鉄で、日本の男性にいたずらされ、その後、髪の毛を引っ張られて暴行を受けているのに、誰も助けてくれない…。」

最初は Too bad! と眉をしかめていた私も、それ以上言葉も出ずに困ってしまった。ランチもまずくなった。

少し間をとって、You've got little luck with men.（相変わらず男運が悪いね、君は。）と突き放した。

そのとき、彼女は狂ったように笑い続けた。ニューヨーク出のユダヤ人には、笑いで返す。「美女は目立つからね」という pleasure principle（日本人向けの快楽原則）より、reality principle（現実

原則）——ユーモアを交えて——のがユダヤ人好みだ。

o-kuni-no-tame-nara
お国のためなら　for the love of your country

　愛国（お国のため）という大義名分があれば、すべてが許された時代があった。patriotismと言えば、右翼っぽい。であれば、love of your countryなら左翼でも使えるから、中立的だ。

　「野球のためなら」はfor the love of baseball（for the smell of grassの方がスポーツとしての野球の原点）。ビジネスのための野球はmoney ballとなる。

　政治家の討論ごっこより、民主主義の原点であるディベートのためという大義名分を通すなら、for the love of debate。

　芸術至上主義ならfor the love of art。スポーツ精神のためなら、for the love of sport。for the loveの代わりに、より格調が高いfor the good（～のために、～の利益のために）を使う人もいる。

oshi-ga-tsuyoi
押しが強い　forceful

　押しが強くなると、それがアクになる。forcefulあるいはforceable (forcible)がお勧め。

　aggressiveは、アメリカ人にとって積極的だが、日本人には攻撃的すぎる。大阪人のアクが東京人に敬遠されるように、押しは強すぎてはいけない。だから私はあまり勧めたくない。私が使う表現は、He comes on strong.（彼はアクが強い。）

　マックス・パーキンズはトム・ウルフに「もっと文章を短くしてほしい」とかなり丁重に申し出る。「遠慮しなくてもいいんだよ、トム、君はあまり押しが強くない。ぼくもアクは強くない方で」と控えめだ。

　その英訳を引用する。You're not very forceable, Tom, nor I very forceful. (『MP』p 319)——「勢い」がないね、と超訳したくなる。

ojama-desuka
お邪魔ですか？　Bad time?

　真昼に客間に顔を出すのは、決してwrong timeではない。しかし、取り込み中(bad time)である場合がある。気まずいときがある。すべてbadだ。

おすきな

　ある若い日本人秘書が、電話でこう答えた。「今、社長は取り乱しておりまして…」と。
「取り込んでおりまして (bad time)」を「取り乱して」と言い間違えただけなのに、話に尾ひれがついた。（She's making a scene. は、通常、婦人が取り乱すときに使われる。）
　この若い秘書は、bad womanではない。べつに悪気があったわけではない。無知(bad)であっただけだ。つまり彼女はwrong woman（秘書の仕事に向かない女性）であった。

osuki-na-youni
お好きなように。　　Suit yourself.

　ご随意に、どうぞ、という意味だ。中国では「随意（スーイ）」と同じ意味で使われている。

　As you see fit.（お気に召すままに。）

　大衆食堂の料理人に「あとは適当に」(As you like.) というのはまずい。As you recommend. ならまだましだ。

　What would you recommend for this young lady? と具体的に言うのが紳士的だ。

　これでも通じない場合は、「二度とこの店へ来ない」と怒ればいい。店主からSuit yourself.（勝手にしろ）と言い返されることを覚悟すればいい。

ochikomu
落ち込む　　depressed

　景気後退はdepression。であれば、recessionは？　一時的な景気後退(slump)。ん、辞書ではわからない。その違いは、とアメリカの予言経済学者で知られたラビ・バトラ教授に訊いた。

　Recession means they're losing their jobs.
　Depression means you're losing your job.

　周囲も、うーんとうなずいて笑った。人が仕事を失っても落ち込まない。しかし、自分が仕事を失うと、落ち込み、その鬱の心理状態はしばらく続く。ユーモア精神がないと救われないくらい、今の経済は冷え込んでいる。思考停止──経済予測が当たらないワケだ。

　鬱病とはdepressionのこと。ノイローゼ(neurosis, a nervous

breakdown)の人も死を意識し始めたら、depressionになる。

D-wordsは、down, die, deathと、気を滅入らせる(depressing)響きを持っている。

You can't compile a dictionary without feeling depressed. 周囲の気を滅入らせる辞書づくりとは、因果(いんが)な商売だ。

この因果は、thanklessかunfortunateか、rottenか、lousyか和英辞書を漁(あさ)ったが、いまいちしっくりこない。語感を頼りに、a depressive jobと超訳してみよう。

ochiru-tokoro-made-ochita
落ちるところまで落ちた　nowhere to go but up

「ドン底」より、絵になる表現は、「落ちるところまで落ちた」であろう。

ならば、英語もat the bottomより、もっと絵になるnowhere to go but upがお勧めでIt couldn't get any worse.はもっと無難(ぶなん)だ。

「遂に登るところまで登った」は、nowhere to go but down。否定形にすると、もっとラクだ。"Couldn't get any better." と。

こういう使える表現は、何度も口にして、覚えておくことだ。速読派の私でも、決して音読派を否定はしていない。

otoko-wa-tsurai-yo
男はつらいよ。　It's tough being a man.

ネイティブの中には、このtoughをroughと訳す人もいる。「つらい」を英訳することはつらい。つらーい(hard)のだ。

toughは、内面の弱さを隠すために身にまとう固いヨロイだが、それだけ、中身はsoftだ。しかし、中まで固いときは、hardだ。

内面はソフトなのに、意気がるのが好きなフーテンの寅さんは、決してhardではない。彼の、そして男の人生はhardではない。だから、toughでいい。イギリス人はhardにこだわるだろうが。

オバマ大統領は、tough choices（難しい選択）という英語をふんだんに使った。しかし、ヒラリーはhard choices（身を切るような選択）という言葉を使い、自分の歴史を美しく飾って、散った。

onozu-kara
自(おの)ずから　spontaneously

自(みずか)ら引きこもり留学すれば、英語は自(おの)ずから伸びる、という英

語の鬼がいる。独学なら He taught himself English. か He learned English on his own. となる。

「自ら」とは自助である。しかし、「自ずから」は自分以外の、自然の成り行きの力により招かれた結果のことであるから、似て非なるものだ。必死で音読して、脇目もふらずに単語を覚える姿は、美しい自助努力によるもの。これは自ら。しかし私の速読論は違う。多読、乱読である。

憶えようとする時間がもったいない。莫大な英語情報をがむしゃらに集めれば、自ずから斬れる英語が身に付くというもの。これは、生物学でいう自然発生(spontaneous generation)に近い。

spontaneous ignition（自然発火）という現象は、好奇心の強い人たちの集まりの間で生じる。マーク・ザッカーバーグ（FacebookのCEO）の言う serendipitous discovery（ひょんなきっかけで縁が生まれる）も、量が質を生むという spontaneity の知恵だ。

omedetoh
おめでとう。　I'm happy for you.

Congratulations. よりもくだけた口語表現。
「卒業できたの。おめでとう。」
You've got your degree. I'm happy for you. よく耳にする。
「そう、再婚したの。おめでとう。」
You got remarried? We're happy for you.
「おめでた？　おめでとう」
You're in the family way?　I'm happy for you.
量的にオーケーと思いましたので。

omoi-shitta-ka
思い知ったか。　Take that!

Remember that.（忘れるなよ。）
Take that.（これでこりたか）は、もっと激しい口調になる。
take は、パンチを食うというときなどに使う。He took a lot of beating.（彼はボカボカ殴られた。）
ざまあみろ、That serves you right. に近い。
台湾が選挙で北京政府に不都合な人物を選んだ――脅しに堪えながら。TIME誌のカバーの見出しのTake that! ネイティブの子供で

もわかる表現だ。

　Take that, Japs.（ジャップよ、思い知ったか。）これが真珠湾攻撃で奮起したアメリカ人たちのコーラスだった。こんな児童英語が、単語の数で勝負してきた大人たちを悩ませる。
「くやしいが、手が出ねえ」"We can't take it." といった呻き声が聞こえそうだ。くやしさも限界にきて、「もう、我慢ができない」と爆発すれば、こうなる。We can't take it anymore.（堪忍袋の緒が切れた。）

omoshiroi
おもしろい　unique

「おもしろい（面白い）」とは、興味をそそるというのが原義だろう。ならばinterestingで十分。

　むかしの日本人は、イロリ（囲炉裏）のまわりに、家族一同が集まって、長老の話を聞いたものだ。ラジオやテレビやインターネットからスマホの時代では、一家団欒という風習は消えつつある。年配者の話には、知識ではなく知恵があった。

　キャンプファイアを囲む人の顔面は、火の照りで白く映る。「面白い」の語源だ。だが、今は違う。明石家さんまはfunnyであって、interestingではない。

　外国人記者クラブのメンバーにとって「何かおもしろいテーマ」はnewsworthyかjuicy scoops。株やブローカーならおもしろい話とはhot tipsだろう。イギリス人ならsexy（化けそうなネタ）を使うだろう。

　かつて私がアメリカ大使館で、西山千氏の下で同時通訳の修行をしていたときのことである。

　日本のスピーカーが、日本には新しいものの中に、古いものまで残す、というおもしろい文化があります…と淡々と述べられた。そのとき「氏は、どう訳すだろう（同業者のサイマルなら、直ちにinterestingと訳すだろうが）」と耳をそばだてていた。

　そのとき氏が選ばれた形容詞はuniqueであった。あとで「uniqueと訳されましたね」と言ってもキョトンとされ、憶えておられなかった。
「サイマルなら、interestingと訳したかもしれませんね」と追う

と、「それもいいでしょう」と。氏は、同業者の批判はめったにされない。なぜuniqueなのか、これも映画『Geneous』（ベストセラー編集者パーキンズに献ぐ）から学んだ。

編集の鬼マックス・パーキンズの机に寄せられる、飛び込み原稿は山ほどある。そこへ、異常にかさばったトム・ウルフの原稿が積み上げられる。部下に「内容は」と問うと、「いまいち」と評価は低い。「しかし」と話が続く。uniqueです、と。

そのとき、マックスは、少し間をとって、Quick look.（ざーっと目だけは通す）と答えた。ユニーク、クイックルック。この短いやりとりが、私の心を打った。「ユニーク」、たったその言葉が、超多忙な編集長の氷のような心を溶かせたのだ。

uniqueは、和製英語化された「ユニーク」ではない。uniqueとはone of its kind（他に属さない）。とくにspecial, unusualと同義で、間違いなくホメ言葉である。女性を口説くときも、You're special.（君は別格）と言うではないか。

そう、トム・ウルフの奔放なライフ・スタイルがだぶって、難解であってもuniqueという形容詞に、ときめいたのであろう。

西山千氏のuniqueという訳は、30代前半の私の力量では到底及ばぬ名訳だったのだ。同時通訳のパイオニア(trailblazer)と仰がれた人物は、げにunique（希有）な存在であった。

おのろけ（ご馳走さま）　Enough.

一昔前の私は、英語表現そのものに魅せられていた。「のろけるな」はDon't make me jealous. いや違う、ちょっとおかしいかな、いろいろ工夫を凝らしたが、異文化コミュニケーションの壁はなかなか、破れない。

あとは、超訳しかない。膨大なインプット（速読・速聴）からEnough.しかないと知った。That's enough.（そのくらいでやめておけ。）

Enough is enough. もよく耳にするが、Enough!と一言で止める方が、パンチが効く。

「（おのろけは）ごちそうさま」という意味なら、Enough!で十分。もう勘弁ならぬ（堪忍袋の緒が切れた）――これらもすべて、

Enough。

イナフよりも、お腹からアナフ（ァ）と大声で発声してみよう。

ore (watashi)-wa-baka-datta
オレ（私）はバカだった。 I should've known better.

直訳すれば、I was a fool. これでは芸がない。

日本人が、「オレはバカだった」とか「うちはアホやった」という自虐的な発言のウラには、最初からわかっていたはずなのに、それに気づかなかった、私（うち）はうかつだった、という意味が込められている。

つまり、そんなことも知らなかった判断ミスを反省しているわけだ。

反省、猛省という意味でもknow betterを使って、サラリといこう。

You ought to know better than to say the wrong thing to the wrong person at the wrong place.（反省しろ、あんなバカな発言をするなんて、TPOをわきまえろよ。）

on-gaeshi-ga-shitai
恩返しがしたい。 I want to repay you.

親の恩に報いる、はrepay one's parents。現在の日本では恩という言葉が重すぎるが、忠実に訳せばI feel morally indebted to my parents.となる。

その恩に報いるのがrepay。

pay backは復讐の意味でも用いられるので、repayあるいはreturn someone's favorがいいだろう。

恩をkindnessや favor やgratitudeに置き換えると、repayという他動詞だけで十分だと思える。

on-wo-ada-de-kaesu
恩を仇で返す　bite the hand that feeds

餌をやろうとしているのに、犬がその手に噛みついた。

「恩を仇で返す」という表現が、これで絵になる。

よく使われるネイティブ英語だ。

That's like biting the hand that feeds.

kao-wo-uru
顔を売る　develop contact

「顔」とはinfluenceのことだ。「顔」の広い人間にnames droppersが多いのも、big-time（大物）のnamesを知っているからだ。しかし、知っているだけじゃなく、その人の名前が使えるかどうかとなるとcontactsになる。

「顔が利く」かどうかはcontactsがあるかどうかだ。

顔(influence)を広げるとは、したがってdevelop contacts となる。expand the sphere of influenceのことだ。

顔の広さでビジネスをする政商をinfluence peddlerという。やり手(wheeler-dealer)が多い。

gakureki-shakai
学歴社会　degreecracy

学歴（degrees、特にcollege degrees）で決め(define)られる社会のこと。diplomaismという人もいる。senior-high school diplomaも資格だ。

だが、社会ではcollege degreesの方が、箔が付く。He's got a (college) degree.だけで「大学出」と推定される。大学出がすべてエリートとは限らないのだが。

高校出(diploma)以上は4年制大学出bachelor's degree、その上はmaster'sそしてdoctorate'sと、すべてdegreesが付く。その高さが社会でも給料スケールを決定する。

しかし今のアメリカは、decline by degrees（学歴により質が低下）という現象が生じてきた。このby degreesは「資格によって」が「徐々に」と掛けられている。

しかも、最近は様子が変わってきた。就職率は高校出の方が高いという。専門学校(vocational schools)や短大に近いcommunity college や、carrier-oriented courseを持つ高校の方が、就職率が高いという。

学歴有利社会から学歴不利社会に、というわけで、英訳すればFrom defining yourself by degrees to declining yourself by degrees.となろう。大学出という肩書きも風化しつつある、という意味だ。

^{kageri}
翳り sadness

「翳り」といったファジーな感覚を好む日本人が多い。谷崎潤一郎の『陰翳礼讃』を読むと、あまりにも英訳できない表現が多い。

輝き続ける勝ち組の女性よりも、「少し翳りのある女がボクは好き」、ボソッと語る。

聞き手は必ず耳を傾ける。翳りのある女──美女だが、どこか憂いがある。陰がある。その表現を単純化して英訳すれば、sadnessになる。

sadness in her eyes というように、不幸な女性の話を聞いたときに You're a sad, sad woman. と感情移入してあげれば、相手は必ず心を許して喜ぶ。多くの女性は自分が不幸なヒロインを演じたがるものだ。

^{kashi-wo-tsukure}
貸しをつくれ。 Forgive and forget.

「君に、借りがある」はI owe you。借りを忘れるのはuncool（不粋）だが、貸しを忘れさせる太っ腹はcool（粋）だ。

ふつう貸し、借りの感情が人間関係に生じると、必ずどこかで摩擦が生じる。

私の明治生まれの亡父は、私にこう言ったことがある。「人に貸しても、借りはつくるな」と。

You can let others owe you. But never owe anybody anything. 直訳的で、ぎこちない。

貸しても、相手に借りる意識を与えないように、忘れる行為はキリスト教の愛（良きサマリア人）に等しい。だから、Forgive and forget. と訳してみた。

返済ができない相手を許した。そして許したことも忘れてやる。これを、腹（肚）という。

マックス・パーキンズも、世間に借りを作ることを嫌った。しかし、ある人には甘えた。Perkins disliked being indebted to people, "but not to you──"

その相手も、悪い気はしなかった。その人はこう言った。

Because I owe you more than I ever could repay. 恩返しをして

も、しすぎることのないくらいの借りがあるから、と。

　ところで「お世話になりました」という心情まで「借り」とすれば、I owe you plenty (a lot). という、斬れる表現がスラスラと口から出る。

kata-omoi
片想い　unrequited love

　私の好みの英語はunrequited loveだ。『ジーニアス和英辞典』もone-sided loveより、私のunrequited love（報われない愛）を正式と認めている。『ウィズダム和英辞典』もunrequited loveの訳を載せている。しかし、こちらは発音しにくいのでunreturnedかunanswered loveの方がいいかな、と思ったが、文学的表現の方がいいかとも思い直し、また悩んだ。

　どうもone-sided loveは日本人が使いやすいが、芸がない。考えてみればストーカーでも一方的な愛なのだから。しかし、片想いは、もっと正常な悩みだ。

　One woman has carried the torch for MAX.（一人の女性が、マックスに激しく片想いをした。）（『MP』p415）

　たいまつのように燃える恋？　放火魔(arsonist)か、その女は？

　そうではない。イケメンの天才編集者のマックス・パーキンズに憧れた女性は数知れない。しかし、たいまつを送り続けるぐらい燃えていたとなると、片想いといえども、近づくと危険だ。

　carry a torch for someone. とはどういう意味だろう。

　『ロングマン現代英英辞典』は古式(old fashioned)と限定して、こう解説する。

　To secretly love and admire someone. なーんだ、密かに思い焦がれていただけなのだ。

　べつに、パーキンズ氏はストーキングされたわけではない。しかし、これもone-sided loveに他ならない。

　故・三島由紀夫がしびれた『葉隠』の「忍ぶ恋」は、どう訳せばいいのか、残念ながら、適訳はまだ見当たらない。『ジーニアス和英辞典』のa secret loveや、『新和英辞典』のa concealed love affair, undeclared love（編集者たちの苦渋が伝わってくる）しかない。これなら、私のunrequited loveで我慢しよう。

アンリクアイテッド・ラヴ。何度も、声に出せば、口唇が覚えさせてくれる。これで、読者に対する私の愛も報われたような気がする。

kane-wa-shoaku-no-kongen
金は諸悪の根源。　The love of money is the root of all evil.

エゴは greed である。greed とは love of money。これが諸悪の根源なら、松下幸之助翁のエゴ犯人説はうなずける。

幸之助は、日本企業の衰退を嘆いて、こうつぶやいた。「やっぱり、企業のエゴやな」と。このエゴとはgreedのことだ。

同じことを言っている Kevin Trudeau という話題の whistle-blower（告発者）がいる。氏は快著 "Natural Cures"（自然治癒）の中で、アメリカのヘルスケアは国家ぐるみの詐欺だと言い続けている。金を愛するエゴは人を殺すと述べ、こう締めくくる。

Greed, defined as the love of money, is indeed the root of all.

(kanojo-niwa) soba-ni-itehoshi-i
（彼女には）そばにいてほしい。　I want her (around).

好き (love) だからという理由ではなく、話し相手としてでもそばにいてほしいときに使う。

空間を縮めたいとき、時間的に「関係」を縮めたい場合は need。仕事のパートナーとして欲しい場合など。このときも love は必ずしも生じない。

必ずしもそばにいなくともいい、別に仕事を頼むわけではない、しかし、恋心は隠せない、というときは、I love her。
「忍ぶ恋」(love from afar) もこの中に含まれる。気の毒な恋を中国では「苦恋」と呼ぶそうな。

(kanojo-niwa) tegirekin-wo-haratte-wakare-nasai-yo
（彼女には）手切れ金を払って別れなさいよ。　Pay her off.

日本語は長くても、英語は極端に短くなるケースが多い。英語の同時通訳をしていると、こんなことが多い。日本語がまだ終わっていないのに、先生の英語訳の方が早く終わっていますね、と言われるが、種明かしをすれば、なんでもない。

同時通訳は言葉を追っていてはできない。言葉のシンボル、そして話者の思考回路をイメージすれば、瞬間にできる。

まず手切れ金のシンボル。形は何であれ、payであることには違いない。あとは後腐れのないように、別れるというシンボルがoffである。彼女はherだが、日常では'erと短縮されるから、1秒英語が1/2秒でおさまる。発音は、ペイアらフ。

　『風と共に去りぬ』の名優クラーク・ゲーブルに、インタビューアーがこんな質問を投げた。「あなたがつきあう相手は、素人の女か、玄人（水商売）の女か」と。「もちろん、call girlだ」と答えたときに、インタビューアーは、Why?と聞いた。その答えが、1秒。(Because) I can pay her off. そのスピードはまるで神業。

　日本の新聞でもペイオフがよく登場したが、言葉のシンボルをつかまえていれば、わかりやすい。

　「当行は、このラインまではお払いできますから、これを手切れ金とお考えになって、どうぞお引き取り下さい」が真意なのだ。ペイオフも、offのシンボルから状況をイメージすれば、同時通訳はワケない。

kanojo-no-koto-wo-wasurero-yo

彼女のことを忘れろよ。　Get over her.

　忘れるはforgetだからForget about her.と言えば、忘れられないからこそ、悩んでいる相手を一層怒らせることになる。

　Give up on her.も文法的には正しいが、くよくよしている相手を慰めたことにはならない。そこで一番無難で、一番よく使われる（エントロピーの低い）get overの出番となる。

　Get a new one to get over the old one.（くよくよせず、新しい女を探せ）が正解となる。She's not the only fish in the pond.というcliché（クリシェ。陳腐な表現）より、ましだ。

(kanojo-wa) ku'uki-ga-yome-nai

（彼女は）空気が読めない。　She just hasn't got it.

　この表現は、日本滞在の長いアメリカ人から学んだ。「空気」が訳せないときは it でいいのだ、と悟った。

　そのときの mood（イギリス人がよく使う）、国（民）の感情のnational sentiments や、メディアが醸成する tide（潮流）も空気になる。

　関ヶ原の合戦でも明治維新でも、空気（皇室と幕府の間の量子力

学関係）が勝敗の鍵を握ることが多い。この空気という妖怪をX、つまり it とすると、空気の正体が見えてくる。

「KY人間」という、いずれ空気に捨てられる流行語も、it（非常に大切なもの）が見えないと、場から葬り去られることになる。

He hasn't got it.（彼はその器ではない）では、まったく別の意味になる。そこに just（それでも）を加えると、「自分の立ち位置が見えない男」と、輪郭がくっきりする。

kamae
構え　combat readiness

「気を引き締める」（65ページ「気を引き締めよ。」参照）のは、「構え」の一部だ。弓でも鉄砲でも ready, aim, shoot (fire) の三段階がある。ある古武道の達人に、この三つのうち一番大切なのは何ですか、と聞くと、「もちろん"構え"です」と答えられて、驚いたことがある。臨戦態勢（combat readiness）こそが構えの本質なのだ。しかし、武道家を自任している私が最も関心のあるテーマが「残心」に移ってから、その「構え」の重要さがわかってきた。

準備、そしてターゲットを狙う、そして射つ。そして射ったあとの「残心」。撃った直後は、隙となる。このスキは、敵にとり攻めるチャンス(opportunity)なのだから、ここで気を抜いてはいけない。だから、「構え」たままの姿勢を保つことが大切なのだ。

これは私の英語道の心に通じる。いつも構え。しかし「構え」に心を固定させると、死に繋がる。「固定は死。」(Don't settle.)

『五輪書』の翻訳者のDavid Groff氏は、武蔵の使う有構無構をpositions, no positionsと訳している。構えはstanceでもいいという。「構えあって、構えなし」は、私の英語哲学でもある。

私はあえて、unready readinessと訳す。しかし自信はない。むしろ、ready unreadinessでもいいのか、英語武蔵は、今も悩んでいる。

gama-no-abura
がまの油　snake oil

「がま（蝦蟇）の油」はバイリンガリーに直訳すると、frog oilだが、バイカルチャリーにはsnake oil（インチキ薬）になる。

ここで、ちょっと発音とリスニングの練習。cod liver oil（肝油）

はカッ（ド）リヴァロイ（ロ）。オリーブ油olive oilはアラボイ（ロ）。アラブ石油ではない。

gaman-shiro
我慢しろ。　Take it.

itは何でもよい。侮辱(insult)でもよい。

getはgiveに対する基本動詞で、返すことができる。風邪でも。Get a cold? Give it to someone else. You'll get over it.（人にうつしたら、治るさ）のように。

しかし、takeは返せない。そこから「じっと耐える」というイメージが浮かぶ。

I'm mad as hell. I'm not gonna take it any more.（頭に来た。もう我慢できん）と怒った中年おやじが、窓から首を出して吼えている映画のシーンを思い出す。

(kare-wo) hikkonuki-nasai-yo
（彼を）引っこ抜きなさいよ。　Buy him off.

pay someone offは、カネを払って、お引き取りを願うという意味だが、その反対に、payをbuyに替えると、買収することになる。相手（または相手の会社）から、マネーで引き抜くことだが、単にわいろを摑ませるという意味だけでも使われる。

倒産したEnron社では、このあこぎな商法が、ひんぱんに行なわれていた。Buy'im off（バイイマフ）やBuy'er off（バイアラフ）はいずれも1/2秒。

kanjoteki-ni-natte-wa-ikemasen
感情的になってはいけません。　Don't take it personal.

personallyを使っても、間違いではない。ただemotional(ly)は間違い。感情的という言葉は、そもそもいい響きをもつ形容詞なのだ。

いけないのは、多くの人が抱く感情を独占しようとする、私的感情だ。これがpersonal feelingsである。だから、「我を通す」とか「意地を張ってはいけません」という場合もDon't take it personal.だ。

しかし、May I ask you a personal question?（ひとつ個人的な質問をしてもいいでしょうか？）という場合に、No personal questions.（いえプライベートな質問はお断りします）と、相手側が断ることもある。

　英語でprivateと言う場合は、もっと心の深層に入ることになるから、personalで止めておこう。

　private clubとは、会員制のクラブで、非会員の人は、オフ・リミットなのだ。

　弁護士のケント・ギルバート氏と、ディベート大会の審査をしたことがあるが、彼は日本人同士の日本語ディベートを聞いて、日本人のディベートにはemotion（感情）がない、という厳しいコメントをしていた。

　日本人はロジックを大切に、クールに相手を論破するのがディベートだと思い込んでいるから、どうしても、大声で反論されると、縮み上がってしまいがちだ。

　Be more emotional.を和訳すれば、「ハート（感情）を込めたディベートをしなさい」という意味だった。

kan-da
カンだ。　I just know.

　アイノウだけで十分。カン（勘）は、説明できないので、justというジョーカーを使ってみよう。I just know.

　know という動詞の中には「説明がなくても」という意味が含まれている。だから it も要らない。

　I understand.は「わかりました。」

　I understand it.は（考えたうえ）理解できました、ということだ。「言わなくて」without saying that を加える必要はない。

　日常会話は3秒以内、ネイティブの発声では1秒以内。I know.のように 1/3 秒ですませることもある。

「どうして私が戻ってくるとわかったの？」How did you know I was coming back?と聞かれて、「カン」と言う場合、どんな英語を思い浮かべるだろう。

　辞書には、intuition, instinct, scentとあるが、I just knew.を勧める。

「最初からわかっていた」I knew.にjustを加えると、もっと神妙になる。

かんどう

kando-suru-noda
感動するのだ。　Feel it.

使えそうで使えない。

Feel it.の中にも感動が含まれる。Does the audience feel it?（観客が感動しているか？）と問うのがプロの役者だ。

自分の芸に酔ってはいけないという警句である。performing artistを演じるのも教育者の仕事と、自分に言い聞かせている私でさえ、この「感動」が大切と、部下たちに強調する。身近なテーマで身近な人に、感じさせる中身はtouchingだ。It touches my heart.というように、ぐっと迫ってくる熱い思いだ。

かつてプロ同時通訳者であった頃から、今日に至るまで、「感動する」の英訳に悩まされてきた。「感動する」は、自動詞なのに、その自動詞が見当たらないのだ。

そこで、用法を他動詞に変えてみたらと、ふと考えた。感動する対象をitで置き換えてみたらどうかと考えた。それならFeel it.だけで通じるはずだ。

映画『ベストセラー編集者パーキンズに捧ぐ』を見て、ひっきりなしに出た天才トム・ウルフの語り言葉がFeel it, Max.（感動しろよ、マックス）であった。

頭で考える（thinkかanalyze）では、本質がわからないだろうと、石頭のマックス・パーキンズ（名優コリン・ファース）に熱く語る。しかし、石頭の天才編集者のマックスには、わかっていた。だから、不世出の天才作家（ヘミングウェイ、フィッツジェラルド、トム・ウルフ）を続々と世に出すことができたのだろう。感動できる編集者だった。The editor was able to feel it.

そもそも、この英語に遭遇したのは50年ほど前のことだ。ある名俳優の次のセリフがTIME誌に載った。「肝心なことはDoes the audience feel it?に尽きるのだ」と。

演じている自分が気に入ってもダメだ。あくまで客観だ。「観衆が感動するか」がすべてだというのだが、このfeel itをどう訳していいのか、50年近く悩んだ。

トム・ウルフ（主演ジュード・ロウ）の口癖のセリフで、目が覚めた。「感動イコールemotionでしかない」という呪縛から解き放

たれたとき、いたく感動した。Emotions welled up.（感動が井戸水のように内部から湧き上がってきた。）

kan-muryo-datta
感無量だった。　　I was so emotional about it.

That was an emotional experience. でもよい。emotionは感情。だからといってemotionalを感情的と訳すことは危険だ。emotionalとは、logicでは測（はか）れない情感のことだ。だから私はEQ (emotional quotient)を「情感指数」と訳すのだ。

感情は「知」(logic)でなく「情」(emotion)の部分に属するので、これぐらいの強い情感(emotional intensity)が形容できなければ、「感無量」を英語で描くことはできない。

情はいいことだ。「心を射る」という場合でも、to win the hearts and minds of ～ というように、情を知より優先させるのが、passion（情熱）が貫く西洋史だ。いや我が国でもそうだ。

日本人が、あの人は「多情な人だ」と言う場合は、色情（しきじょう）を意味するが、韓国語で「多情はんだ」（タジョンハンダ）と言えば、「情感豊かな」人というように、ホメ言葉になる。なぜ日本人は、「情」をかくも警戒するのだろう。

しかし、西郷隆盛の人気の源泉は、彼が多感な人物であったからだ。自分のためでなく、国のために堂々と死ぬという、若き特攻隊員の遺書を読んだ、佐波優子さんは、The dead soldier's suicide note touched my heart. と述べた。

「遺族のための遺骨収集の旅は感無量だった」と言うときの熱い彼女の思いは、It was such an emotional trip. となろう。

グレゴリー・クラーク博士は、日本人をan emotional peopleと捉えて、ヒット書籍を書いた。感情的ではなく、「心を大切にする民族」であるという意味だと、私に対しても誤解を解こうとされていた。

(kigyo-no) ego
（企業の）エゴ　　(corporate) greed

エゴは ego。しかし、前述したように故・松下幸之助氏が外国人記者クラブでのスピーチの中で「日本の経済停滞の原因はエゴだ」と述べられたとき、頭の中で同時通訳をしていた私は、このエゴの

訳につまずいた。

「企業のエゴやな」は corporate ego? 耳にしない。よく耳にした英語は corporate greed である。それは企業人のegoでもある。

インターネットTV NONES CHANNELの番組で、「独裁政治と民主政治はどちらが強いか」(Which works better; autocracy or democracy) というテーマで、セルフディベートをした。

そのときに用いた論旨は、「dictatorship はトップが有無を言わさず(willy-nilly)、上からの命令が下せる効果性(efficiency)にある」とし、「民主主義の弱さは、リーダーが市民に空手形(empty promise)を振る舞いすぎるので虚に走る」と述べた。

egoを抑えlessを強要するトップ・ダウン・システムと、egoを抑えず more を強調するボトム・アップ（見かけだけだが）のシステムの違いだ、と述べた。

アメリカの組合のスローガンはただひとつ。moreである。だから資本家と組合は、死闘を続け、マルクスの亡霊がほくそ笑む。

kizu-darake-no-kako
傷だらけの過去　　go through a lot

鶴田浩二の歌「傷だらけの人生」が大好きだ。私の傷だらけの英語道人生（ups and downs, and turns and twists）と重なるからだ。

トランプが見せた、太っ腹(magnanimous and gritty)は賞賛に値する。彼がどう言ったか。

"She went through a lot and suffered greatly in many different ways, and I'm not looking to hurt them at all. The campaign was vicious."

選挙戦そのものが、戦争のように邪悪(vicious)だったということだろう。水に流している。この言葉で思い出すのが、アメリカ人好みの表現だ。

"All's fair in love and war."（戦争と恋愛においては、どちらにも非はない。）

ハワイの真珠湾を見学し、気が滅入っていたときに、白人のタクシー運転手が、私を慰めるように聞かせてくれた言葉だ。しっかり覚えている。

kitanai-kotoba
汚い言葉　a bad word

　アメリカでは、少女までがShit!（くそっ）という、汚い言葉を使うが、親たちが黙っているわけではない。That's a bad word. と叱る。

　汚いからdirty wordとは限らない。ディベートという言葉が『広辞苑』に載る前の頃は、ディベートという響きの悪い外来語はdirty wordであった。

　正か誤か、のどちらかという欧米好みのOR思考が、「正も誤もどちらも(AND)」という日本の精神風土にかなわないという理由で、dirty word（敬遠される不吉な言葉）とされた。決して、bad word（使ってはいけない言葉）ではない。

　badとは、「使えない」「食えない」という意味だ。a bad eggは腐った卵で、the wrong egg（他人が所有している卵、あるいは恐竜の卵）ではない。

　「そのような悪しき言葉、聞きずてならぬぞ」という表現は、good adviceだが、wrong expression（間違った使い方）だ。たとえbad wordでなくても、wrong wordだ。

　ドナルド・トランプと取引するには、彼の一人息子のことを話題にしてはいけない、という不文律がある。wrong topicsを選べば、その場の空気がbadになる。

kido-shusei-suru
軌道修正する　get it right

　失敗をする(get it wrong)人に対しては、周囲の先輩や親や先生が軌道修正してやる必要がある。その英語が get it right だ。

　Get someone back on the right track.（正しい軌道に乗せる）という表現は文法的には正しいが、仰々しすぎる。

　二人の関係はどこかでボタンが掛け違った(got it wrong somewhere)。それを元に戻すのも、できるだけ、スマートな英語のI'll set it right for you.（修復してあげましょう。）その目的は、よりを戻すこと。 So they can get back together again.

きにしな

ki-ni-shinai
気にしない。　Let it go.

「そのことを忘れる」なら、forget about it でよいが、こだわっている気持（これは it）をさらっと流すなら、about を取って Forget it.（フォゲレッ）だけで十分。

　マックス・パーキンズの、ウルフに送った手紙の英語は美しい。リズムがある。

　I thought, then get rid of it, forget it, and clear the way for what is really important, supremely.（『MP』p318）

　clear the way for 〜は、もっと大事なことのために、身辺整理を、という誘いだから、快く私の心に響く。

　もうひとつ、お勧めの表現がある。Let it go.（レレゴウ）がそれ。アナ雪（2013年）以来、今流行りの表現となったが、誤訳かと騒がれた、いわくつきの表現でもある。go は「消える」（行くというよりも、つらいことはわかっているが）だから、気にせず、「前向きに考えようよ」という忠告となる。ところが、「ありのまま」という訳では、その勢いがない。日本人には、ありのまま（let it be）という感情が好まれるから、さほど問題視されなかった。

kiben-wo-rousuru
詭弁を弄する　　play games with words

　詭弁は sophism のこと。「詭弁を弄する」を引くと、use sophistry / quibble / chop logic 等々が出てくる。clever talk など、なるほどとうなずける。それほど logic（論理学）の土壌に乏しい日本でも、気軽に使われる難訳語なのだ。

　私も日常会話で使えるような平易な表現がないものかと、考え続けてきた。最近、アメリカの TV シリーズ（"BONES"）を DVD で観ていて、You're playing games with words. と耳にして、プレイバックして字幕訳を見た。たしか「それは詭弁だ」という訳だった。これだ、と膝を打った。

　「奥歯に物がはさまった言い方」「言を左右にする」「三百代言のよう」「裏のある話し方」、すべて word games なのだ。ホンネを隠し、タテマエだけで、カッコをつける（優等生発言をする）こざかしい word game players は、どこの文化圏でも敬遠される。

kimi-ga-suki-na'anchatte
君が好き、なーんちゃって。　I love you—kind of.

アイラヴユー（間）カインダ。間が長ければ、「なーんちゃって」と照れが加わる。この「間」が肝心。

I kind of love you. は「ちょっと好き」から、「きらいと言えばうそになる」までの訳になる。

kind of.（カインダ）の代わりに sort of.（ソーラ）でもよい。

Do you love her? Sort of.（まんざら、きらいじゃない。）

こんな会話をよく耳にする。「愛」という言葉は平均的な日本人には重すぎる。特に公の場では口にできない。

松本先生には女難の相があります。You have the sign of trouble with woman.「そのおみくじは当たっていますか」「さー、微妙」。この微妙も、ソーラ Sort of。

kyaria-appu
キャリアアップ　move up in life

キャリアをアップするとは、improve one's career のことだ。キャリアにこだわると、career advance と直訳した方がよい。

和製英語に多い「アップ」がそのまま使えるケースは少ない。英検が step up という英語を使ったが、これは正しい。career up はない。

いっそキャリアを外して、move up in life を使った。

"Warren Buffett's Management Secrets"の中から拾った、斬れる表現だ。28章の見出しが Move Up in Life であったから、自信を持った。

人生経験の豊かなよき師(mentor)を見つけて、金融界に入って出世した。He moved up. というように、運のいい人は人を draw up（引き上げる）してくれる。運の悪い人は連れを draw down させてしまう。

(kyou) dou-datta
（今日）どうだった？　How was your day?

「学校はどうだった」なら、How was your day?

How was school? と、くだけた表現でも通じる。

「あの話はどうだった」なら、How did it go?（ハウデゴ。）

進行中のプロジェクト（事件を含め）なら、How's it going?（ハウゼゴウイン。）

「もうかってまっか」How's business?

「ぼちぼちでんな」Not bad.

　英語力に余裕があれば、Not good, either. を加えてもいい。

「あきまへん」なら、Don't ask! とブロックをかける。

(共謀などで) 村八分にしないでくれ。　Don't blackball me.

　和英辞書によると、「村八分にする」は to ostracize である。ostracism（陶片追放／オストラシズム）とは、（多数の同意による社会的な）追放、排斥のことだから、まだムラの掟。マチはもっと民主的になる。

　反対投票(blackball)でクラブから除名することを to blackball（黒球を投げる）という。ボイコットに近い。

　He was blackballed from the private club.（彼は、会員制クラブから除名された。）

　日本社会の村八分は、追放といった制裁ではなく、まるで無視（シカト）。近寄れば「穢れる」といった「空気」による私的制裁に近い。しかし、二分（火事と葬式）は除かれたという説がある。いずれにせよ、こういう村社会の制裁は今の日本社会でも残っている。

　西洋でも、この種の secret ballot（秘密投票）により、除名するという習慣は存在する。

　もっと口語的な表現を用いれば、sell someone out だ。sell out は「裏切る」こと。追放とは out（外へ）という意味。「村八分にしないでくれ」は Don't cut us out.

　サウジアラビアはイランに接近するアメリカに対し、Don't sell us out.（裏切らないでほしい）（TIME 誌）と苦言を呈している。

 コーヒー・ブレイク

虚業化は virtualization

　「虚業」は通訳・翻訳者を悩ませる難訳語の一つだ。

　そもそも、金融資本主義のアメリカには、虚業という発想はない。汗を流すのが実業であれば、その成果を汗を流さずに売買し

て、利ざやを稼ぐのはどうしても虚業と映る。realの世界は、make（創り出す）で、virtualの世界は、take（奪う）であるから、歴然として差がある。

　自動車王のヘンリー・フォードは、「我々はモノをmakeするが、ユダヤ人はそれをgetする」と歯に衣着せず述べたことから、反ユダヤ主義者というレッテルを貼られ、失墜した。

　しかしユダヤ人を弁護するとすれば、頭を使ってmoneyをmakeしているのも事実ではないか、となる。

　金融上のリスクやヘッジングは、ネットワーキング・ビジネス（マルチ商法など）を正当化させ、ビジネススクールの人気カリキュラムの目玉となった。MBA（Master of Business Administration＝経営学修士）は雀躍した――地上から舞い上がって。

　ハーバード大学で初めてMBAという学位が設けられたのは、1908年で、その後100年間で、石を投げたらMBAに当たるというぐらい、MBA花ざかりという風景だ。

　実という土から、虚の空中に舞い上がった蝶たちは、ますますひよわになってゆく。そう、土に密着したビジネスが、実業とすれば、離陸する思考が虚業と言えそうだ。

　2006年に、『MBAが会社を滅ぼす』（日経BP社）の著者のヘンリー・ミンツバーグ（マギル大学経営学教授）は、「間違った人間を、間違った方法で訓練し、間違った結果を生んでいる」とMBAを酷評した。では、ミンツバーグ教授の言うマネージメントの成功の秘訣は何かというと、「artとcraftとscienceを揃え、融合させること」だという。

　それなら、2万年前に洞窟内に、チームワークで絵を描いたクロマニヨン人(Cro-Magnon man)たちはまさに、実業思考を身につけていたことになる。氷河期の洞窟内でチームが滅びないための知恵を、芸術と科学と精神性（宗教性もあった）で切り抜けたのだ。

　ラスコーを訪れた天才ピカソは、「負けた」と驚嘆したというが、報徳思想に基づく経済論を打ち樹て、自然を師とした経済学者の鑑とされる二宮尊徳も、もし洞窟内の壁画を見たら、きっと舌を巻いたに違いない。

「自然の岩石から得た、油具といい、私が苦労して加工したランプの油といい、すべて2万年前のクロマニヨン人は知りつくしていた。うーん、天道と人道を見事に調和させている。」

実業とはつまりdown-to-earth（現実的で地味で、気取らない）学問のことではないか。

kyushu-sareru
吸収される　become part of

日本的感覚で言えば、会社AがBに吸収されるとは、be absorbed by 〜という構文を思い浮かべるが、会社は魚ではない。イルカやクジラに呑み込まれるようなことはないだろう。

be (get) acquired by 〜ならわかる。be part at 〜は、〜に呑まれている。beをgetに替えて、吸収される、となる。

be taken over（乗っ取られる）で、意味は通じる。乗っ取られた側も、ぐにゃぐにゃ液状化するわけではない。

Western Ukraine became part of the USSR in 1939.のように使う。

ki-wo-nukuna
気を抜くな。　Watch your back.

「細心の注意を払え」「油断するな」Never let your guard down.とは、武道家が大切にする「残心」(open attention)のことだが、日常会話では、Watch your back.がお勧め。

背後にも注意せよ、ということだから、背中にも眼が必要だということなのだろう。かつてTIME誌のランス・モロー氏が、日本取材のために、東京を訪れたとき、「まず大阪から始めよ」と夜の大阪を案内した。

刺身の「踊り」で仰天していたが、彼はニューヨーク出のジャーナリストらしく、大阪体験をこんな絵になる表現でまとめた。

Back in New York, you have to watch your back. But here in Osaka, you don't have to.

30年前の辞書なら、「生き馬の目を抜く」を見出しに使っていたはずだ。You'll be robbed blind in Tokyo.という表現を使って、ネイティブに、なるほどと感動させたことを覚えている。

奇を衒(てら)いすぎていた。こんな表現は、ほとんど使われない。今なら、肩の力を抜いて "In big cities like Tokyo, you just watch your back, you know." と言う。

もし相手がこんな英語表現をしたら、隣(となり)の客にこう表現してあげれば、話がはずむ。「東京はピリピリ (uptight)、大阪はブラブラ (laid-back) でんな」と。

オノマトペという薬味(やくみ)をちょっぴり使えば、日常会話の醍醐味は増すはずだ。

ki-wo-hikishime-yo
気を引き締めよ。　Buckle up (down).

ズボンのベルトを締める、とは、気を引き締めることと同義である。

バイリンガル・ニュースキャスターとしての私は、Fasten your seat belt. をよく使う。乱気流のときには、シートベルトを締めることは常識だ。

かつて、本腰になって物事に取り組むときに、「ふんどしを締めよ」という古風な表現を聞いたことがあるが、もう廃語に近くなった。

今は流行のバコラ。バコラ？ そう Buckle up. だ。Buckle up your seat belt.「もう逃げられないぞ」「覚悟しろ」「気を引き締めろ」という感じだ。TIME誌の中の活字にも使われているくらいだから、安心して使ってよい。

しかし、こういう私も気を引き締める必要がある。buckle up は、シートベルトを締めるだけで、本腰を入れて引き締めるのは buckle down の方がいいのでは、という反論が出るような予感がする。

Buckle up (覚悟せよ) というつもりで使っているが、「つもり」は危険だ。むしろ Buckle down (本気で取りかかる) の方が、ハラが据わったような感じがする。使い続けようか。Buckle down to it.（本気でそれに取りかかれ。）

kuki-no-ugoki-ga-yome-nai
空気の動きが読めない。　He just doesn't see it.

「空気」はTPOにより訳が変わる。その場の空気とは、psychology のことだ。

株の動きを気にしている人は、それを人気と呼ぶ。これもサイコロジー。しかし、武蔵は、それを「拍子(ひょうし)」と捉える。

世の中の空気とはthe moodかsentiment。人間関係の空気とはpsychologyかrhythmが近い。それらの力学は、状況の変化とともにコロコロ変わる。

武蔵は闘いの場で重要な拍子(rhythm)と述べ、重視した。このitはrhythmやpsychologyのことだと思うが、ネイティブは自然に使う。社内の派閥関係でも空気が支配する。

その空気、あるいは「流れ」というrhythmを「読む」のはreadでもseeでもよい。「動き」という拍子をsee(観る)というのが武蔵の「観(かん)を強く、見(けん)を弱く」(『五輪書(ごりんのしょ)』)の術だ。シャーロック・ホームズならseeでもなくobserveだと虫メガネを取り出すだろう。しかし、どちらも「観」であることに変わりはない。

どの馬(派閥のこと)に与(くみ)すれば有利であるか、冷静にrhythm(形勢)を眺めている。関ヶ原の合戦で、世の潮流(これも空気=拍子)を武蔵は観ていたはずだ。

その流れがなんらかのtipping pointで崩れるときが、政権が移り変わるときだ。その重要なモーメントはitで表わされる。

kusare-en
腐れ縁　stuck together

「縁」の訳に苦労するより、縁を切り捨て、英語感覚に切り替えた方が得策だ。We're stuck together.で十分。二人とも笑いながら、言葉が交わせる。

rotten relationshipなどは自嘲的すぎる。直訳は興(きょう)を殺(そ)ぐことになる。せめて、We're in the same boat.(同じ穴のムジナ)ぐらいにとどめておくべきだろう。

辞書には、a fatal bondとか、helplessly tied to～とか、unsavory ties with～と、翻訳者向けの訳が多い。しかし、日常会話で使われる頻度数をマッチさせると、be stuck with each other for a long timeが近い。

いや、笑いながら、「(二人は)腐れ縁ですね」と言うときは、We're stuck.だけで十分。stuckはstick(刺す)の過去形(過去分詞)で、動けなくて、行き詰まってのことだから、口語的には「困

った」状態を表わす。

べつに「腐った」状態に拘泥する必要はない。自虐的にI'm stuck with debate (education).（ぼくは、ディベート教育とは、もう腐れ縁）と言うこともある。

gutto-gaman-suru
ぐっと我慢する　tolerate

同じレベルの人間同士では、張り合うものだ。負けるとくやしく、勝者に嫉妬しがちだ。しかし、歯が立たないほどの相手なら、泣き寝入りする。You can't fight the city hall.（市役所には勝てない）と呻きながら。

そんなときに使える表現がtolerate。「顔面格差」、社会で有利な美人に対し、不美人が抱く心情も、「しかたがない」ではないだろうか。この「しかたがない」もI can tolerate them.だ。

つまり、闘おうとする意欲を放棄することだ。「ぐっと我慢する」とはそういうことである。そのあとは黙って忍従するしかない。よく使われる口語表現は、Grin and bear it.だ。

「我慢できなかったら、黙っていろ」はPut up or shut up。どちらも語呂がいいので憶えやすい。

「泣き寝入り」を直訳すればweep oneself to sleepだが、「ぐっと耐える」という心情を残すならswallow it hardを付け加えよう。

ちょっと文学的な表現を使うと、eat crowとか、eat humble pieがお勧めだ。これなら「臥薪嘗胆」の超訳にも使える。

kubi-ni-suru (kaiko-suru)
クビにする（解雇する）　fire (let go)

一般的にはfire。その反対に雇うはhire。語呂を合わせると、hiring and firingとなり、覚えやすい。

クビにするとはlay offかsack。最近なら、リストラ(downsize)が使われる。一般的にはlet goがお勧め。

とにかく、「リストラされた」をI was restructured.と表現しても伝わらない。I was downsized.だ。

どうしてもリストラを使いたいのであればdue to restructuringをくっつけてもよい。長ったらしく解説的な英語表現は、私の好みではない。

I was let go. なら、円満退職とも解釈できるから、無難だ。

kufu-shiro
工夫しろ。　　Figure it out.

大企業の従業員の中には、羊のような素直な人が多い。出る杭は打たれることを知っているからだ。

しかし、経営トップは、そういう人が会社をつぶすことを知っているから、『電通「鬼十則」』をバイブルにしたがる。周囲をかきまわせ、摩擦を恐れるな、殺されても離すな、と言う。

それは、一言で言えば、「トップからの命令だけに従順に従うな、自己責任のルールだ(Act on your own.)」、つまり「(自分の頭で)工夫しろ(Figure it out.)」のことだ。

大阪（北野高校）で、新入の全生徒に残すキーワードは何かと考え、悶々としていた。

私など逆立ちしても入学できない高校の秀才たち（320名）にどんなメッセージがいいのか、熟慮した。I've figured it out. その結果が「自分の頭で考えよ」(Figure it out.)だった。

そもそもfigure outとは、「（経費などを）計算する、見積もる、（答え、方法などを）見つける、考え出す」ことであった。

数学の中でも代数に強い秀才たちに、幾何学的思考が大切なんだ、そのためにはifという補助線を使って勝負するディベートをやれ、と強調した。

巨木の高さを測るために、巻尺をもって登るバカはいない。「もしも倒せば」「もし、地上に落ちた影の長さを測れば、逆算できるのでは」というのが、ディベートに必要なif思考なのだ。

点や線で考えるより、図で考えれば、より高次元から物事を考えることができる。この「図」を幾何学ではfigureという。

☕ **コーヒー・ブレイク**
Go figure!は「知りまへんがな」

辞書ではわからないが、Go figure!という口語表現をよく耳にする。figureとは何だろう。

あらゆる角度から考案して、解く(work out)ことをfigure outという。これが「工夫」ではないか。工夫をどう訳せばいいの

か、このベテラン同時通訳者は、今も figure out を実践している。

先日も、弟の篤弘（歴史エッセイスト）と司馬遼太郎が遊歩した、河内小阪駅（東大阪）の界隈を散策し、栗林書房を訪れ、司馬遼太郎に「見計らって」資料を提供していたことで知られていた和田氏に聞いてみた。

「この本を司馬さんに『見計らいました』と言われたのですが、通訳者を困らせる、あの『見計らう』とはどういう意味ですか。みつくろう、とどう違うのですか」と、訊ねた。

業界用語で、頼まれていないのに、売り手の意思で、作家の気に入りそうな本を選んで勧めることを言うらしい。

一冊の本を書くために神田書店街を練り歩き、トラック一台分の関係図書を買いあさったという神話が信じられなかった私も、この店長の「見計らい」(figure it out)という気配りがあったのか、と合点した。ガッテンは、英語では、I got it.（アイガレッ）。

figureを英和辞典で調べても見えない。だが、「姿」であることだけはイメージできる。プロ（どの分野でもそうだと思うが）は、この言葉の「姿」がイメージできなければ、同時通訳はできない――いや、やってはいけない。

ときには、私も羽目を外すことがある。

北野高校での講演中、父兄や他校の先生方を含めた、430名の前で、TVドラマ『ドラゴン桜』で耳にしたセリフを使った。「バカでもブスでも東大へ行け。東大さえ入れば、すべての悩みはなくなる」と。

秀才は天才に勝てないというテーマのスピーチで、一流高校、一流大学、一流会社（官僚を含め）を一直線に走る短絡思考を嗤ったまでだが、校長から「あのブスは、きわどい問題発言でした」と忠告を受けた。

「あれはTV番組の中のセリフ。それも"言葉のアヤ"(a figure of speech)ですよ」と弁解したが、一瞬冷やっとした。天才のつらいところ。

こんなふうに突っ込む大阪人もいる。「センセの奥さんや、秘書の人たちは、センセの問題発言で、ヒヤヒヤされているのではありませんか。これまでの女性運が悪いのも、センセの問題発言

で…。」

　こんなときに、私は大阪弁でこんな笑いをとる。「知りまへんがな」と。英訳すれば、Go figure。アメリカ人もよく使うが、辞書ではわからない。

「ご想像に任せます」「これ以上聞かないでほしい」…。やっぱり「知りまへんがな」が一番近い。

gureru
ぐれる　go bad

「ぐれる」とは、予期したことと食い違ったり、脇道へそれること、だが、一般的には「堕落する」「非行化する」という意味で使われる。下へ落ちようが、横へそれようが、日本ではすべてgo badとなる。Good boys go bad. とか Good girls go bad. だ。

　この悪はbadであっても、邪悪(evil)ではない。badがDevilならevilはSatanというところか。少なくとも私はそのようなイメージでとらえる。

　荒野で断食中のイエスにDevilは意地悪く、突っ込む(devil's advocate)のだが、イエスを陥れようとする相手はSatanになった。Away with Satan.（悪魔よ去れ）と怒鳴った。

　Devilはまだ可愛い(good)が、Satanは決して可愛くない、いや邪悪（evil）なのだというのが、私の観方だ。

　まじめな人間が急にぐれる(go bad)ことがある。どこかで歯車が狂う（こちらはgo wrong）ことがある。多くの日本人には bad と wrong の違いが見えない。英和辞典ではいずれも「悪」だからだ。そのために誤解が生じる。

　アメリカの授業中に Professor, you're wrong. と言った生徒がいた。そのときに居合わせた日本の学生が、帰国後こんなふうに言いふらした。「アメリカの学校とはスゲーところだ。生徒が先生の間違いをみんなの前で指摘したのに、先生は笑っていた」と。

　You're wrong (about it). は、「その解釈について異議があるのですが」ということ。その教授は、嬉しい反論をしてくれた、よく聞いてくれていて、ありがとう、とニッコリ笑ったのだ。（アメリカの教授はディベーターなので、反論を歓迎する。）

ところが、その日本の大学生はディベート教育を受けていないので、教授への質問はタブーだとの認識により、生徒が先生に対して、You're bad.（教授として欠陥人間です）と指摘した、と勘違いしたのではないか。

　This is wrong milk. と言えば、牛や山羊ではなく、狼のミルクか、売り物ではないミルクのことだが、bad milk はどの動物のミルク――たとえば牛乳――であっても、腐ったミルクのことだ。

　bad apple（腐ったリンゴ）とは、集団の中でルールを守らないメンバーのことだ。樽（グループ）内が腐り始める(other apples go bad too)ので、今すぐにでも除籍しなければならない、厄介な存在のことだ。

keizoku-wa-chikara

継続は力。　Try, try again.

　リズムで覚えてみよう。トライ、トライ、アゲンと。

　継続はcontinuityだから、continuity is power. と直訳して通じるのは、少しは英語のできる日本人に限られる。「続けることが善」という命題は未証明なのだ。

　疑う文化で育ったアメリカ人なら、That's an assumption.（証明ができないじゃないか）と反論するだろう。やれやれ、Good grief! しかし、アメリカ人からみると、続けることこそが力なり、と盲信している日本人も理解できない。

　できないと悟ったら、見切り発車する(pull the plug on〜)のもパワーじゃないか、と。

　だから、Try, try again. のあとに Just keep it up. Stick-to-it-iveness is the name of the game in Japan. ぐらいは加えておこう。

　stick-to-it-iveness（粘り強いこと）は、絵になる表現ではないか。resilience（立ち直る力）やgrit（ド根性）よりも忘れにくいから、お勧めだ。少なくとも、この英語には音楽がある。親が子供に言い聞かせるときによく使われる理由も、そこにmusicがあるからだ。

　日本人の「信用」が外国人に通じるには、「続けること」の価値観を証明することだ。私は、英語道とは「継続」(Never give up.)だと信じている。いつでも証明できる。

geta-wo-hakaseru
ゲタをはかせる　give 〜 a leg-up

　両手を組んで、踏み台代わりにして、人を上げてやること。スコアを上げるときの「ゲタをはかせる」行為はjack up the score at 〜となる。学歴のない人が実社会で不利にならないように、ゲタをはかせるなら、give someone the steps (on the ladder to get there) というTIME誌好みの表現も使える。ついでに、「ゲタを預ける」はどう表現すればいいか。

　I'll leave it up to you.
「社長、後継者の見多さんにゲタを預けるおつもりでしょうか」
　I'll leave it up to your imagination.
「君の想像に任せるよ。」

kenka-ryo-seibai
喧嘩両成敗。　It takes two to tango.

　日本の社会にjusticeという考えは馴染まない。「正義を語ろう」というアメリカの論客が現われたが、この意味がわかる日本人は少ない。justiceとは、善か悪か、正か邪か、と二者択一思考で考えることだから、これまでの日本の社会では、白黒思考が得意な人間は、融通の利かないやつと見られ、浮き上がってしまう。「空気の読めない奴だ」と。

　空気とは、「和」の異名でもある。和とはharmonyでなく、シンボルでとらえるとtogethernessかbelongingのことだ。

　西洋のjusticeにかわる日本的価値観は和(the Wa)である。日本という「恥」の文化では、世間の眼が裁くのだ。だから、選挙で選出された議員（町的）より、村人たちの信頼で選ばれる村長さんのような「和」の人が好まれる。

　村長さんなら、めったに裁かない。お互いの立場がわかる。「この私の顔に免じて…」と収めてしまう。「和」裁きだ。

　だから、喧嘩両成敗はIt takes two to tango.（タンゴは一人では踊れない）としか訳せない。Both parties are to blame.と直訳することをためらうくらい。あまりにも日本的な発想だ。

　どうしても、ここに戻る。All's fair in love and war.（戦争と恋愛ではすべてがフェアなのだ。）

genki-wo-dashite

元気を出して。 Get a life.

「がっかりしないで」、「悲観的にならないで」――日本人好みのセリフだ。否定形の日本語を英訳するには、肯定形に変えることだ。それには、getが役立つ。

Don't be pessimistic.よりもGet a life.だ。(get lifeは「終身刑を受ける」の意味なので、必ずaを入れること。)

公(おおやけ)の場では、文語体の英語が多い(ビジネスに役立たない)が、日常会話になると、giveとgetが増える。ヒラリー・クリントンの英語もきわめて口語的になる。

化石燃料を地上から失(な)くすなんて二度と言わないと約束してくれるか、という問いに対して、こんな口語表現で答えた。

"No. I won't promise that. Get a life, you know. So I want to get the right balance ――getting all the stakeholders together. Everyone's not going to get everything they want…"(TIME, Oct. 31, 2016, p11)

この短いセンテンスの中でgetが勢いよく泳ぎ回っている。「中庸(ちゅうよう)の道を歩く」と言えば、政治家好みのパブリック・スピーチのセリフになり、walk on the middle of the road(コンピューターはこちらを選ぶだろうが)となろうが、インタビューのあとのくだけた会話や密室での商談では、ヒラリーが使ったget the right balanceがお勧めだ。

くよくよせず、もっとハッスルして使える英語を学ぼうよ。Get a life.

genba

現場 where the action is

いい企業は現場を大切にする。現場は人と人が触れ合うところだ。『結論を言おう、日本人にMBAはいらない』(角川新書)の著者である遠藤功氏は、ビジネススクールの致命的欠陥は「現場」がないこと、と断言される。

たしかに、分析を得意とするMBAは、単純なバーチャルな世界に住んでおり、現場で感じるヒリヒリ感に乏しい。

この現場(where the action is)でこそ、reality(現実感)とpragmatism（ソロバン思考）が問われるのだ。現場がthe field of actionであれば、現場感（覚）とはthe feel of the actionとなろうか。感覚は、頭でなく、皮膚で感じるものだからthe sense of touchが肝心となる。

　分析を得意とするMBAが、high-touch（お互い感じ合える）な日本のビジネス環境で浮き上がってしまうのは、virtualな世界で学んだ、low-touchな（感じ合うことがむずかしい）ロジックが、あまりにも宙に浮いてしまうからであろう。

　アメリカは、トランプ大統領が選出されたときに、ボトム・ダウンに変わるだろうと人は恐れた。元NY市長のMichael Bloomberg（マイケル・ブルームバーグ）は、あえて苦言を呈した。氏は、いいアイディアは、裏表のない公論(honest debate)を通じて、ボトム・アップの革命が必要だと言う。「アメリカ流を通すより、ローカル文化を尊重し、あくまで現場の声を反映させろ」と。

　その文章のセンテンスが、ピシッと決まっている。Get involved locally. That's where the action is. このwhere the action isは「現場」そのもの。

koi-wa-momoku
恋は盲目。　Love is deaf.

　私は既刊の著書で、「あばたもえくぼ」をLove is blind.と超訳した。しかし、ある和英辞典では、Love sees no faults.とある。この方がいいような気がする。なぜか。

　Love is blind.が正しければ、Love is deaf.でも正しいはずだ。「なんで、よりによって、あんたが、あんな人に…」と忠告しても、耳を貸さないのが、恋というものだ。

　見えない状態から解放されて恋がさめるよりも、目が見えるうちから、周囲の反対意見に抵抗している方が、ホットな愛。ならば、Love is deaf.の方が、説得力がある。

　"New Scientist"という雑誌の見出しからヒントを得た。

　アメリカ人は、使い古された表現よりクリエイティブな方を好む。

koushi-kondo

公私混同　mixing business with pleasure

「公(おおやけ)」の仕事はbusiness。そこには「情」を入れてはならない。

しかし、仕事柄、なんらかの役得(やくとく)(perks)が生じるのは避けられない。それは「公」ではなく、「私」である。「私」の代表はpleasure（快楽）である。

映画『007』シリーズには必ず美女のスパイ、つまり「くのいち」（女忍者）が登場する。ビジネスをプレジャーに結びつけて、裏情報(intelligence)を奪い合うスパイごっこ(spy game)には、公私混同ゲームはつきものだ。

居酒屋トーク
呼吸（間(ま)）はなぜ化学（chemistry）か

理系の君が私に悩みを打ち明けたいと言うので、コーヒー店から、ここの居酒屋に場所を移すことに決めた。

コーヒー店では、まだ、「間(ま)」という上下関係から解放されることはない。表向きはリラックスしているが、まだ心を打ち解けて話す(pour out each other's heart)段階ではない。まだお互いに観察しあっている間の関係ではphysical（物理学的）な関係から解放されていない。

だが、居酒屋という空間では、君とぼくの関係は、chemical（化学的）に変わる。物理的結合とは、水と油、そこにはdouble standard（二重基準）が生じるので、truthとlieを使い分ける知的ゲームが生じる。しかし、ここはまだIQが物をいう。

居酒屋では、日本酒という酔わせる媒体が、われわれを融合させる。分裂(fission)から融合(fusion)に変わるから、ホンネで語れる。だからEQ（情感指数）が場を仕切る。

「じゃ、先生、さっきのコーヒー店での話は、タテマエ上の話だったのですか。ウソだったのですか？」

「いや、そうではない。タテマエもホンネも、どちらも真実なのだ。ただ、それが外向きの真実(outer truth)か、内向きのそれ(inner truth)かだけの違いだ。そこには、場(topos)における人間の器(うつわ)というか、重力の違いがある。

こうしこ

　コーヒー店のあとで帰宅の途についた二人の主婦は、夕食の仕度のために退席したのだ。君は、女房と別れたらしいが、これからの英語人生にどう立ち向かっていけばいいのか、という悩みを抱えている。つむじ風が吹き荒れている状況で、複数の人間を相手に、同じ次元の話ができるわけはない。

　これはdouble standardなんかでなく、situational ethics（状況倫理）の問題だ。『場を読め』とはそういうことなのだ。『場』『間』『空気』が読めないと、critical（間違えば命取りになるという意味）となる。だから、欧米人はケースバイケース(contextuallyまたはon a case-by-case basis)でぼかす。日本人の使うケースバイケースはIt depends.」

「なるほど」

「英語道」って何だろう？

「で、君がやりたいのは？」

「先生のそばで、英語道を極めたいのです。ディベート、交渉、同時通訳と…。1年間、そばに置いて頂いて、その後、海外留学をして、一からやり直します。3年で英語をモノにしたいのです」

「モノにする？　英語のプロになって、英語道を極めたいって？」

「女房もいません。この道一筋と…」

「では、6年はかかる」

「でも、私には残された子供が一人いるのです。彼の将来のためにも背中を見せてやりたいのです」

「では12年かかる」

「まさか。私には面倒を見なければならない老いた母親もいるのです。独り暮らしの…」

「では、その覚悟があれば、あと24年間はかかるなあ…」

「それでも、必死に先生にくらいついていきます」

「そのとき、私はこの世にいない」

「先生の死後も、ついて参ります」

「それじゃ、あと48年かかるな…」

「先生のお気持がわかりません。どうしてそこまで冷酷に私を引

き離そうとされるのですか？」
「君には英語道の"道"が見えていない。君はたしか、一から出発するといったね」
「はあ」
「一から始めればそうなる。いっそゼロから英語を始めたらどうかね」
「ええ」
「君は酒の味を感じていない」
「どうしてわかるんですか」
「その君の眼つきだ。ギラギラとfireになっている。それがキラキラとlightにならなければ、人が君に寄り付かない。英語は言葉だろう。コミュニケーションだろう。英語を求めれば、英語に逃げられる。英語道とは、相対性理論のようなものだ。英語を求めれば求めるほど、英語から嫌われて遠ざけられることになる」
「どうしてですか？」
「英語は、君が英語に追いついたと錯覚しているスピードより、遥かに超スピードで前進している。その進化のスピードについていけるはずがない。ますます引き離されていく。必死に頑張れば頑張るだけ、それだけ失望も大きくなる。それが、相対性理論だ。芸術にも科学的根拠が必要なのだ」
「うーん」
「ま、飲め」
「まだピンとこない」
「飲みゃわかる」

koke-ni-suru

コケにする　make a fool out of 〜

　大企業のIBMは、シリコンバレーの低学歴人間のビル・ゲイツやスティーブ・ジョブズなどからターゲットにされ、すっかり笑い物にされるようになった。追う者の強みというべきか。

　映画を観ても、IBMが大学出(college degrees)の墓場のごとく嘲笑(ridicule)されている。私がIBMの社員なら、カリカリ(pissed off)するだろう。

だが、IBMは、学歴社会の限界を感じ、最近では高校に2年間のassociate degreesを与え、early college high schoolを設立させたのだから、時代を先取り、リベンジマッチを試みている。インターン(internships)を増やし、青田買いをするという賢い選択(smart choice)ではないか。

They used to make a fool out of us. But those days are gone.（やつらにコケにされたものだが、その時代は過ぎた）と言いたいところか。

kokodake-no-hanashi
ここだけの話。 Just between us.

もっと短く、Just us.でも十分。Nobody's around but us.のこと。
コーヒーでも飲みながら三人だけで水入らずでいこう、という場合でもJust three of us.

「水入らず」を強調するなら、最後にaloneをくっつけよう。We need to talk alone.

kokoro-wo-ubau
心を奪う steal one's heart

「彼女に心を奪われた」はShe stole my heart。And she stole my money.（そして、私のお金まで盗まれた）を加えたりすると、シャレにならない。このようにsteal（盗む）の対象は多岐にわたる。

Someone stole her away from her husband.は「だれかが彼女を寝取った」という意味がある。

男は女に籠絡される（これもsteal）という表現はあるが、男は女を籠絡するとはいわず「寝取る」という時代遅れの表現が使われている。

かつて、この「寝取る」をどう訳していいのか、という難題をふっかけられたことがあり、悩み続けた。

Sleep her away from her husband？ 古い。時代が違う。民俗学に憧れる私は、夜這いの風習がいつまで続いたか、今でも研究課題のひとつである。

go-sanko-madeni (tsuide-nagara)
ご参考までに（ついでながら） for what it's worth.

フォーファリッツワースは、耳にタコができるほど耳にしたネイ

ティブ英語だが適訳がない。「ついでながら」の意味で by the way を使う日本人は多いが、私は by the way は、あまり勧めない。話の流れをさえぎってしまうからだ。while you're at it の方を好む。

だから、文脈を外さずに、ついでながら(お役に立たないかもしれないが)という場合は、for what it's worth を勧めたい。「ご参考までに」ぐらいが適訳かな。

go-shusho-sama
ご愁傷さま。　I'm sorry.

「ご愁傷さま」(I'm sorry.) そう言われたら、Thank you. で返す。日本語の会話の1/5の時間ですむのが、英語文化圏。
「あらご主人は?」という問いに、「数年前に亡くなりましたの」と相手が答えれば、I'm sorry. と声を落として、低く出るのが礼儀だ。

go-shinsetsu-ni
ご親切に。　I'd appreciate it.

「そりゃどうも」、「おおきに」、「そりゃありがたい」は、Thanks. では軽すぎる。appreciate と少し格上げした動詞を使ったらどうだろう。

しょっちゅう日常会話で耳にする。最初のうちはプリーシエイとしか耳に入らない。

英会話を始めた頃は I feel awfully indebted to you.(かたじけない、恩に着るぜ)といった big word を好んで使ったものだ。あくまで発信型の文法英語で、相手のネイティブ英語が聴き取れなかった時代だ。

アウトプット英語の限界を感じ、インプット英語に切り替えた。速読速聴が解決策となった。

kodawaru
こだわる　picky

worry too much about 〜というのが、日本人好みの訳だが、ひとつの形容詞で表現できないだろうか。ある。えり好みをする、こうなさいというときによく使われる。

食物に関して好き嫌いの多い人は、a picky eater だ。pick は choose のことだから、choosy でよい。

「あの人は気難しい（難癖をつける）人だ」はHe's a choosy person.だ。

一方、「こだわる」気質が、好感視されることもある。TIME誌の企業広告に出たコピーライター英語の冴えに驚いた。

Why should I compromise?「味にこだわるんだ、店長の私は」という、頑固親父の開き直りは、たのもしい。

kotei-wa-shi
固定は死。　Don't settle.

『五輪書』をバイブルとして、英語道を歩んできた私が最も気に入ったのが、武蔵のこのセリフ、固定は死。(Fixation is death.)「構えあって構えなし」（型にこだわらない）の哲学が英語道の哲学となり、この難訳辞典の行動哲学を支えている。

ネイティブ英語がすべて、というのは間違いで、日本人（私を含め）の英語がすべて、という固定概念も間違いである。

かつては、Rigidity is death.を使っていたが、これではまだ誤解されかねない。南方熊楠が生涯の研究課題とした粘菌(slime mold)は、固定（死の状態）でも、死ではない。生と死がヒモのように繋がっている。今の私は「ヒモ理論」(string theory)を「英語道」のココロと結びつけようとしている。

そんなある日、Steve Jobs（スティーブ・ジョブズ）のスピーチに身震いを覚えた。Don't settle. これでいいのだ。shapeshiftingをし続ける粘菌も、「死に体」(virtually dead)であっても、決して死んでおらず、生涯、固定(settle)しない。

英語に対する病的な執着をfixationというが、多くの英語学習者は、この心理学用語のfixation（思い込み）の虜になっている。私が超訳にこだわるのも、英語という生き物を、時の流れの中で、fixate（固定化する）のではなく、fluidify（流動化）するためだ。

いかなる英語表現も、いずれ化石化する。

kodomo-no-mama-otona-ni-natta-hito
子供のまま大人になった人　a man baby

ジョン・スチュアートというアメリカのコメディアンが、ドナルド・トランプをHe's a man baby.だと表現したとき、周囲のゲストたちが大笑いしていた。

「オレはスターだから、もてる。だから女に何をしても訴えられることはない」というトランプの暴言(ぼうげん)を聞いた、ニュースキャスターたちは、He's a man baby. だからと嗤(わら)ったのだ。

komari-masu
困ります。　I'd rather not.

「そのことを話してくれないかと言われても、困ります」という場合なら、I would rather not talk about it, そのあとに if you don't mind. をつければ、パーフェクト。

　ifが自然に使えるようになれば、外交官がつとまる。

komyunikeito-suru
コミュニケートする　relate to 〜

　コミュニケートという、カタカナ英語がそのまま使えると思い込んではならない。人間同士のコミュニケーションにはハートが不可欠だ。Communicating heart to heart.

　しかし、コミュニケートは人間同士だけではない。言語の伴わない自然環境でも通じあうことがある。Rocks can communicate to us. などだ。Plants too.

　お勧めはrelate to 〜だ。relateとは、有意義な社会的関係をもつこと。コミュニケーションがうまくいくとはa wonderful relationを保つことだ。私のディベート教育とは、一言(ひとこと)で言えば、relationship businessとなろう。

gomen-korede-shitsurei-shimasu
ごめん、これで失礼します。　Sorry. Excuse me.

　人にぶつかったら、当然、「スミマセン。」これは後ろへ下がるSorry。急いでますので、失礼します、という意味のスミマセンは、前進のExcuse meだ。この違いがわからない、英語の使い手が多い。

　SorryとExcuse meが同時に発生することは、あまりない。

　しかし起こりうる。It can happen. 起こりうることは、たぶん起こる。It will happen. マーフィーの法則は、英語学習者の危機管理(crisis management)に役立つ。

これがさ

kore-ga-saigo-tsuhkoku-da
これが最後通告だ。　Take it or leave it.

よくクイズ・ショウで、ファイナル・アンサーとかいう言葉が使われる。あとがない、つまり最後通告 (final note) のことで、ここにもorが入っている。

or の用法が日本人は苦手なのだろう。「納得ベース」(on a take-it-or-leave-it basis) とイメージすれば、文章上でも使いやすい。「インフォームド・コンセント」を「納得診療」と巧みに訳された人がいた。納得という言葉に、まだ納得できなかった。

take-it-or-leave-it advice という超訳はどうだろうか。

leave it のオプションには、You can get a second opinion. も含まれる。

kore-tsumaranai-mono-desuga
これ、つまらないものですが　here's a little something

「ちょっとした思い出に」To give you something to remember me by. といった前置きの表現があれば別だが、いきなりThis is nothing. But take it. と言えば、ネイティブは驚くだろう。

台湾出身の金美齢氏がテレビで「これ、つまらないものですが」と言われたら、「つまらないものなら、要りませんと、返すのよ」と得意気な表情で答えられた。

論理的に筋が通っている。ロジックに弱い日本のテレビ視聴者は、なるほどと納得する。私はどうもスッキリしない。

そのとき俳優の津川雅彦氏が、「それが、日本の謙譲の美徳なんです」と反論。胸のツカエがとれた。

その真ん中をとって、a little something はどうだろう。

kore-kara-ki-wo-tsukemasu
これから気をつけます。　Won't happen again.

「到着が5分遅れ、みなさんにご迷惑をお掛けいたしました」と駅員は頭を下げる。「ちっとも迷惑じゃないよ。なぜ詫びるの？」とネイティブが首をかしげていた。大雪でダイヤが少しぐらい乱れても、めったに We're sorry. と言わないのが国際ルール。

遅れて謝るまでの英語表現にはこんなのがあった。

Sorry. Traffic. Won't happen again.

1秒、1秒、1秒でトータル3秒。最後の「二度と遅れません」、ウォウン（ト）ヘプナゲン、の主語はI（私）ではない。It（遅れて迷惑をかけたこと）のことだ。

　アメリカ大使館のブリーフィングで二人の通訳者が逐次通訳をした。そのときのアメリカ人の話者が怒った。「一人の通訳で十分だ。This <u>should not</u> happen again.」（こんなことがあってはならん）と、怒りのメモを私に手渡した。

　もしそれに答えるなら、I will never make another mistake.（私だけのミスではない）と言わず、It won't happen again. と自己責任の領域をぼかすことだ。

kore-mo-shigoto-no-uchi
これも仕事のうち。　Part of the job./ Duty calls.

　正式には This is part of the job. 耳にする英語は「パーラヴザジャップ」。

　「大丈夫、心配しないで」という意味で使うなら、No sweat. がいいだろう。

　義務に呼ばれると断れないのがプロ。

　callは使えそうで使えない。Nature calls. と言えば、「ちょっとトイレへ」となる。

　ちょっと気の利いた表現だが、教育（英語教育を含め）がレベルダウン (dumbing down) している今のアメリカでは、It's a part of the job. ともっとくだけた方が、お互いによりリラックスするかもしれない。

　aを加えると、その部分が視界に入る。

korosare-temo-hanasu-na
殺されても放すな。　Get a firm grip.

　電通の「鬼十則」は、GE社の壁に貼られたというが、あまりにも評判がよく、英訳でも披露された。「殺されても放すな」はNever give up. と名訳調に変わっている。

　次の私の超訳は、それに dead or alive を加えたが、4代目の吉田秀雄社長なら甘受されるだろう。退陣された石井直社長が神経質な人なら、きっと「dead」の訳にひっかかるから、公表しろとは、けっして言われなかったはずだ。Never give up. の秀才訳ならパス

だろうが…。

　もしこれらの10項目を映画の字幕にしようとすれば、giveとgetを用いて超訳してみる価値があるのでは、とふと考えた。giveとget upは、骨太な(gritty)口語表現だからだ。

　さて、ここで、私なりの超訳――いや"遊訳"といった方がいいか――をさらりと書き並べてみる。

「放すな」は、Get a grip. 摑んだプロジェクトなら、of the project。「殺されても」はeven if you're killedではまずい。殺されたら、もう仕事を握り続けることはできない。gripの前にfirmをつけよう。

「鬼十則」が電通から消えようとしている。「殺されても」は言葉のアヤ(a figure of speech)だが、現在は通じなくなるのだ。現代人にも通じるように、英語の訳まで、ソフトに超訳してみた。

一、仕事は自ら創るべきで　与えられるべきでない。
二、仕事とは、先手先手と働き掛けて行くことで、
　　　　　受け身でやるものではない。
三、大きな仕事と取り組め、小さな仕事は
　　　　　己れを小さくする。
四、難しい仕事を狙え、そしてそれを成し遂げるところに
　　　　　進歩がある。
五、取り組んだら放すな、殺されても放すな、
　　　　　目的完遂までは…。
六、周囲を引きずり回せ、引きずるのと引きずられる
　　　　　のとでは、永い間に天地のひらきができる
七、計画を持て、長期の計画を持っていれば、忍耐と
　　　　　工夫と、そして正しい努力と希望が生まれる。
八、自信を持て、自信がないから君の仕事には、迫力も
　　　　　粘りも、そして厚味すらがない。
九、頭は常に全廻転、八方に気を配って、一分の隙も
　　　　　あってはならぬ、サービスとはそのようなものだ。
十、摩擦を怖れるな、摩擦は進歩の母、積極の肥料だ、
　　　　　でないと君は卑屈未練になる。

1. Get a project out ——on your own.
2. Get ahead in your game and stay on top.
3. Get a good grip of a big project, so you can get bigger than yourself.
4. Get yourself turned onto the bigger challenges, so you can get yourself psyched up.
5. Get a firm grip of your task, never give it up, dead or alive.
6. Get your colleagues involved behind you in your vortex, once you get in on it.
7. Get the longer perspective and larger picture, before you get it off the ground.
8. Get your act together, on your grit.
9. Give yourself open attention, thoughtfulness, and mindfulness, every single moment.
10. Get ahead of conventional wisdom. Give curiosity a chance.

koronbus-no-tamago
コロンブスの卵。 It's obvious once you know it.

卵を立てる方法という、種明かしの本を読んだ。卵の尻に塩を塗って立てると、ちゃんと立つ。知ってみれば、なんだそんなことか。

本書にも、そういう事例を多く並べてみた。一番のお勧めは、It's obvious once you know it. この once の使い方がミソ。
「見ればわかる」なら once I see it でもよい。

Pornography? I know what it is when I see it.

この when は、もちろん once で置き換えることができる。

kon'na-watashi-ni-dare-ga-shita
こんな私に誰がした？ What have I done to deserve this?

こんな私に…どこか自分の正当性を訴えている。だから I don't deserve this. という思いがある。

よく耳にする表現だから、覚えておこう。

華やかな人生を歩んでいた蝶々夫人(Madama Butterfly)がおこも

さん（beggar、注：「乞食」は差別用語とされるため、多くの場合「ホームレス」と読み替えられる）にまで身を落とし、自殺する寸前に吐いた「なぜ祖国のために身を売った私が、こんな屈辱を受けなきゃならないの（こんな女に誰がした）」という、世を呪う言葉がぐっときた。

隣にいたアメリカの女性（声優）の耳元で同時通訳していた私も、もらい泣きしそうになった。

たしか私のとっさの訳はWhat have I done to deserve this?だった。彼女も大きくうなずいていた。

sah (dochira-tomo-ienai)
さあー（どちらとも言えない）。 I wish I knew. / You never know.

日中より日米の間で戦争が起こるかもしれないな、と言えば、「さあー、それは」と言って明言を避けたいところ。

そんなときに使うのがPossible but not probable.と中庸で言葉を濁すことだ。逃げるときの「さあー」だ。

You never know.でもよいが芸がない。私のイチオシはI wish I knew.だ。

ついでに、ユーモアが「ぼかし」に使われることがある。

アメリカがイスラエルと戦争をすれば、とbig if で迫る。「さあー」なんてぼかす、お国柄ではない。こんなユーモアで返す。What if we won?と。

「もし、イスラエルが勝ったら？」と、このあとの「笑」には、意味がある。「さあー」はあまりに無味乾燥に過ぎる。

saigo-tsuhcho
最後通牒。 Or else.

最後通牒（告）とは ultimatum のこと。これぐらいの big words は TIME誌 にはしょっちゅう出るので覚えておこう。

しかし、一流雑誌でも、or elseの方がよく使われる。

Surrender your weapons and swear allegiance to Russia or else.
武器を棄て、ロシアに忠誠を誓いなさい。さもなくば。
Give up your arms and obey us. Or else.

口語表現で言っても、or else は変わらない。ultimatumとは「い

やだと言ったら」という脅し文句を含んだfinal noteのことだ。

最初からわかっていた。 I saw it coming.
saisho-kara-wakatte-ita

決まり文句として、覚えておいてよい。goが「消える」なら、comeは「見える」と捉えよ。見える(see)とcomingのコンビの呼吸が感じられるだろうか。

芸能人同士の結婚が失敗するのは、どちらも職業柄come and goという浮草稼業にいることを知っているからだ。easy come, easy goだ。

派手な結婚が、あっという間に消える。最初からわかっていた (I saw it coming.)ことだ。

詐欺　con game / scam
sagi

巧みな言葉やレトリックで相手を信用(confidence)させて、あとで裏をかく行為を詐欺(con game)という。

そういうゲームに長けた人を詐欺師(con artist)と呼ぶ。scamwerともいう。

いずれも fraudulent games だ。私は scam を好んで使う。S語には怪しげな雰囲気(nuances)がある。His talk stinks.

臭う(smell)以外に、suck（最低）という意味まで、S はくねくねと snake のように広がる。Pyramid scheme sucks.（ネズミ講は最低だ。）資本主義そのものが con game を助長しているような気がする。

大学生に奨学金のローンを貸し続ける。その返済ができず、アメリカの大学生は students loans scam の犠牲者になり、社会問題となっている。金融業者は本質的に scammers なのだ。

マンガ『ナニワ金融道』の作者、故・青木雄二氏は、「国家が最大の詐欺師や」と思いをぶちまけていた。そして憤死。

先駆　be proactive
saki-gake

日本のような、アリの文化圏の行動パターンは、フェロモン（空気）に縛られていて、伝統という「型」(the Kata)から離れた行動や言動をとることは難しい。これを私は pheromone-bound culture

と呼ぶ。

前例のないこと (unheard of) は避けようとする。あえて「言い出しっぺ」になると、周囲から叩かれるリスクが高い。

日本はアリのa risk-averse cultureなのだ。だから、行動パターンもactiveよりもreactive（後追い的）になりやすい。

だからこそ、日本人には、ハチやクモのようにproactive（先駆的）な行動をとることができない。

TIME誌はこんなふうにproactiveを使っている。

Technology companies and private sector should confront these issues proactively. (*TIME,* Dec. 26, 2016/Jan. 2, 2017, p18)

英語学習の徒にも言う。英語の予習・復習を繰り返す(reactively)ばかりでなく、座学の(reactively)アリのこつこつ(slowly but surely)から、コミュニケーション好きなハチの、ぐいぐい学習（こちらはactively）に変わるべきだ、と。

そのあとは、戦略に長けたクモの「proactiveメソッド」だろう。じっと待っているようで、確実に餌（情報）を獲得するproactiveな臨戦態勢を崩さないクモには勝てない。

さっぱりした男　a good sport

ネチネチした人間（bad loserに多い）は嫌われるが、その反対にさっぱりしたキャラはだれからも好かれる。外国でも同じ。ただ表現に工夫が要る。

a good loserよりも、a good sportがお勧め。

食事のお茶漬けのさっぱりした味が英訳できないのと同じく、人間のさっぱりした性格を形容するにも骨が折れる。ナポレオン・ヒルによると、成功する人間の共通点はpleasing personalityだという。人に好かれるのは、やはり、さっぱりしたネアカ人間。

三角関係　a love triangle

三角関係は恋のもつれ。play with fire が進んで恋の三角形になると、eternal triangle の形相を帯びるので、fight fire with fire に発展しやすい。Everyone gets their fingers burned.（全員がやけどする。）男同士ならdog fight。女同士ならcat fight。

露骨な格闘を好まない女は、陰で人の悪口や噂を流す（cattyと形容される）のが好きだ。世界中の女性に共通するのだろうか。英語でcattyという表現があるくらいだから。

sandome-no-shojiki
三度目の正直。　Third time's lucky.

Third time's the charm.も同じくらいの頻度で耳にする。

欧米人は3という数字が大好きだ。その起源は、たぶん古代ギリシャで生まれた三段論法にまで遡りそうだ。

大前提、小前提、結論と、直線的に進む。ロジックはまっすぐに進む。1.過去、2.現在、3.未来と。

最初の女房は知的(A)、次はいい女だと思って、正反対の女(B)を選んだ。それも失敗。次はAとBの真ん中（the cross between A and B と表現する）を選ぶ。

テーゼ、アンチテーゼのあとはジンテーゼとなる。だから「第三の男」「Z理論」「第三の選択(the third alternative)」（X、Yのあとの三番目）のように、3を正解とみなしたがるのだろう。

三度目の正直も、正反合の合となり、一応の完結と錯覚するのだろう。（三度目の正直が最悪だったりして…。）

たとえ確率論的には筋が通っていても、世の中、そうは問屋がおろさない。No such luck!

san'nin-yoreba-monju-no-chie
三人寄れば文殊の知恵。　It takes a village.

西洋では、Two's company, three is a crowd. と言う。

二人は友達。しかし三人は群れになる。群れるとつるみ始め、争いが起こる。

3はゲーム理論の出発点である。争いが生じるからルールが必要になる。3は紛争の種になる。

しかし、「女」が重なると、中国語では激しい口論が生じ、「姦」となると、裏切りが生じる。文殊の知恵どころか、これを翻訳するのは骨が折れる。

いっそのこと、3を「群れ」（「村」も「群れ」から）とすると、こんな斬れる（頻度数の高い）口語表現が生まれる。

It takes a village.（村人が集まると知恵が生まれる）ということ

だ。

「群れ」の知恵のことを crowd thinking と呼び、最近、西洋でも衆知（collective wisdomのこと）が注目され始めている。

sanpoh-ichiryo-zon

三方一両損　win-win-win

よく使われるが英訳しづらい難訳語のひとつ。三人がそれぞれ一両を損して、円満に事を収める話からきている。「大岡政談」を元にし、大工（だいく）が落とした三両入りの財布を、左官が拾い、両人が受け取らないので、大岡越前（忠相（ただすけ））が一両足して、両人に二両ずつ与えたという人情さばき (humane verdict) のこと。

（ヘブライ王の）ソロモンによる道理にかなったSolomonic verdictではないかと思っていたが、70歳を越えてwin-win-winがいい、と思うに至った。近江商人の「三方（さんぼう）善し」からもヒントを得た。

売り手も善し、買い手も善し、そして世間も善しという商道徳も、大岡裁きに似ている。できれば三両そっくりgetしたいのが、アメリカという資本主義社会での流儀だが、意地でも受け取らない、と損を覚悟で相手に勝ちを「譲る」give—なんという美談！

大岡としても、自ら（みずか）懐（ふところ）を痛めるしか、収拾がつかない。だからwin-win-winだ。私のディベート道（究論道）も、このwin-win-win（両論客以外に、観客も納得する道）哲学の延長にある。

jiko-sekinin

自己責任　be on one's way / accountability

直訳してself-responsibilityと訳しても、通じない。

日本外国人記者クラブで耳にした、通訳者の英訳が、かつて同時通訳のプロであった私のレーダーに引っかかった。

日本人は、個人で責任をとらず、いつも「空気」のせいにする。group responsibilityを好む国民だから、そのself-responsibilityをイメージしたのであるが、まず言葉のシンボルを押さえるべきであった。

よく耳にする英語はpersonal responsibilityだ。だが、もっといい訳がある。前後関係 (contextual) から見るとaccountabilityがふさわしい。

自己責任とは、「私のせいじゃありません」と逃げることができ

ない法的責任なのだ。道徳的責任(moral responsibility)なら、日本の企業トップが得意とする、「社長の不徳のいたすところ」という"隠遁の術"がある。

これは、象徴的存在である本人(symbolic figure)が、全体を代表して謝罪するといった、誠意溢れる（偽善的？）行為(symbolic gesture)であるが、具体的な方法で、自己が責任をとるaccountabilityと同義ではない。

かつて、同時通訳の大先輩の故・國弘正雄氏から「responsibilityとaccountabilityの違いはどう説明したらいいのかね」と尋ねられ、とっさにこう答えたことを覚えている。

responsibilityは、「私には」責任がある、「私は」ですが、accountabilityは「私（こそ）が」責任を負いますということ、つまり「は」と「が」の違いです、と。

accountabilityが法的責任とか、説明責任と、漢字を使うより、シンボルで捉えた方がいいと判断したからだ。

今なら、accountabilityとは、I did it on my own.ということ、そしてresponsibilityとは、We did it on our own。そしてBut I feel morally responsible, too.と付け加えることです、と答えるだろう。

jiko-sekinin-de~suru
自己責任で〜する　　take it upon oneself to 〜

自己責任personal responsibilityも、組織内ではruleに縛られる。序列(pecking order)というものがあり、責任を一人で背負い込むことは許されない。

accountabilityは「逃げられない」責任である。accountable bossは、責任から逃げない、そして逃げられないボスのことである。

しかし、中には、そのような栄えある責任をも乗り越える猛者がいる。その一人がダグラス・マッカーサーであった。

He took it upon himself to campaign for a preemptive invasion of Red China.

彼は自己責任で共産国中国に先制攻撃キャンペーンをかけたのだ。まさに自殺的（suicidal）行為であった。

上司のフランクリン・ルーズベルトは、マッカーサーを"the

most dangerous man in America"と回想している。そしてこの老兵は、静かに（いや賑(にぎ)やかに）消え去った。

shigoto-no-oni
仕事の鬼　demon

「仕事の鬼」とはdemonのことであり、devilではない。

和英辞書にはan ogreとかa fiendという想像上の怪物が同時に登場するが、「仕事の鬼」はあくまでdemonだ。

work like a demonという用法が一般的に使われている。

したがって、電通の「鬼十則」は、仕事人のdemonic powerの源泉となっている。

そもそもソクラテスは、自己の守護神(daimon)を信じすぎたためか、自分はダイモン（人間と神の間）であると、喝破(かっぱ)したために、為政者(いせいしゃ)たちから「生意気なやつ」とにらまれた。

秀才どもには天才の神通力(じんつうりき)は見抜けなかったのか、民主主義という法的システムの犠牲となった。

このダイモンがdemonとなり、キリスト教徒によりdevil（悪魔）と同一視されるようになった。

自然のパワー（神通力）を失ったdemonは、D-words（D語）と共に退化(devolution)の道をたどることとなった――democracyも、愚民主義(mobocracy)へdowngradeされる破目(はめ)となった。

shizen-tai
自然体　go with the flow

川の流れのように…。こういう表現ができる日本人は、変化に身を委(ゆだ)ねることを生活の知恵とする。それが「自然体」だ。

「自然体で行う」は欧米人感覚からすれば、Be yourself.となる。変化に左右されずに自己を守ることが、欧米人にとり自然体。

しかし日本人は、状況の変化に自己を滅して従うのが自然体だから、go with the flowがベスト。

shikkari-shita (hito)
しっかりした（人）　strong

今、COURRiER Japon誌のカバーを手前に置き、書こうとしている。

「心が強い人になるために」という大見出しに引きずられて、カバ

ーの小見出しまで目を通した。

"優秀な人"がよい仕事をするとは限らない。"勝負強い"と言われる人に共通する秘密とは。

今アンダーラインを施した三つの形容詞を同時通訳すると、1. strong、2. brilliant、3. tough だ。

同時通訳のプロは、単語の意味を問われても、めったに答えない。故・西山千氏ではないが、「文脈を言ってください」と聞き直されるのが落ちだ。

strong は芯のしっかりしていて、めったにくじけない、内面的強さだ。「雨ニモマケズ」の訳は Strong in the rain. だ。tough や hard ではない。

しっくりいかない　not comfortable

日本語ではオノマトペを使わないと、相手に複雑な心情が伝わらないことがある。「しっくり」がそうだ。

頭でわかっていても、まだ腑に落ちない、釈然としない、まだモヤモヤしている。

これらの難訳語を即時に訳すなら、同時通訳の経験からは not comfortable を勧めたい。

もっとも It doesn't sit well with me. もあるが、日本人学習者には使いにくい。語感が摑まらないから、使っても、しっくりしないからだ。comfortable（しっくりする）を否定すればよい。

しっぽを摑んだぞ　Gotcha!

相手の不意を突いて、相手からホンネを引き出すゲームを the game of Gotcha（ゲイム・オブ・ガッチャ）と呼ぶ。アメリカTVのアンカーマン（ABCのテッド・コッペル）までが、インタビューのときに Gotcha! を使っていた。

日本人が苦手なジャーナリスティック・インタビューも、一種の闘いなのだ。

「揚げ足とり」の項で触れたが、Gotcha とは、Got you.（しっぽを摑んだぞ）の略語だ。日本の政治家の間では、政敵に「問題発言」をさせるように、誘い込み、見つけた失言を鬼の首のように手柄と

考え、失墜させるゲームが今も盛んだ。

まるでモグラ叩き(Whack a mole)ゲームだ。このワッカモウル(「モグラ叩き」というアメリカ英語はよく耳にする)ゲームに近いものがあるとすれば、こと政治ゴッコでは、日米の政治家も「同じ穴のムジナ」(in the same boat)と言えそうだ。

shitsuren-suru
失恋する　get a broken heart

「恋に破れる」とは、胸を痛める（破る）ことだから、break one's heartだが、日本語の受身語「られる」を英語の能動的getに変換すると、英語らしくなる。

殴「られる」となるとget a beating、頭を刈「られる」は、get a haircut。

この法則を用いると、失恋はget a broken heart、足を折「られる」は、get a broken leg。

jitensha-sogyo
自転車操業　dog paddling

「犬かき」とは巧く表現したものだ。水中の犬は四本の足をかき続ける。あるネイティブの英語表現を読んで、これだ(This is it.)と思った。

日常会話なら、stop or dieぐらいでいいのではないか。

実質上の破産状態(virtual bankruptcy)であっても、社員に給料を払うためには、経営者も夜逃げ(flight by night)するわけにもいかず、赤字経営をやり続けなければならない。

bicycle operation (You quit. And you die.) とはよく言ったもの。

shini-mizu-wo-toru
死に水をとる　bury someone

和英辞書には、attend a person on his deathbedと、be with (a person) when he diesとしか出ていない。それでいいのだ。

「看取る」となると、看護する(nurse)と同じになるので、buryはちょっとまずい。He attended his wife on her deathbed.のように、やはりattend (care for)は外せない。

しかし、ある映画で「（最期を）看取る」という表現が目に留まり、気になった英語を耳にしたところHe buried her.という表現で

あったので、目が覚めた。

　埋める文化圏では、埋葬する行為が「看取る」とか「死に水をとる」(give water to wet the lips at a dying person)に近いように思った。「死に水」とは、死者の末期(in one's last moments)に口に注ぎ入れる(moisten one's lips)水（末期の水）のことだが、水の国と地の国はこれほど違うものか。

jihaku-suru
自白する　come clean

　隠しているものを、吐き出せば、胸のツカエもとれて、cleanになる。犯人の自白は、come clean。

　自らがゲイ（レズ）であることを告白することは、come out (of the closetが原意)。「カミングアウト」というカタカナ英語は、今では流行語となった。

　本来、coming-out partyとは、社交界へデビューする出世祝いパーティーであったが、今ではcome outそのものが、同性愛を認める（公にする）意味として用いられるようになった。

　したがって、今では「激白する」go publicも、「株式を公開する」だけでなく、「世間に向かって公言する」という意味でも使われるようになった。

jibun-de-jibun-no-kubi-wo-shimeru
自分で自分の首を絞める　suicidal / have it coming

　hang oneselfは、生々しすぎる。墓穴を掘る(dig one's own hole)に近い表現の方が無難だ。

　スラングと同じく、イディオムも、危険なときがある。

　長い文章を短く縮めるのは、プロ同時通訳者のお得意技だが、「そんなことをしたら、自殺行為になる」という意味でThat would be suicidal.は斬れる表現――斬れすぎる――になる。

（映画で耳にするような）くだけた表現が好まれる。

　You'll have it coming.（自業自得になるよ）は、子供でもわかる表現だ。

じぶんで

 コーヒー・ブレイク

しみじみと（musingly）語ってみるか

「凛」とか「颼」という難訳語で首をひねっていると、傷だらけの私の英語道人生をしみじみと語りたくなる。この辞書を編んでいる今も、つむじ風の最中にある。日本酒なくては、しみじみ語れない。

この「しみじみ」を英訳できない。阿久悠の「舟唄」の中にある、「しみじみ」「しみじみと」が訳せず、四苦八苦した。

アメリカ人が、この「しみじみ」をこんなふうに訳した。想像できるかな、読者よ。なんと、shimijimilyであった。思わず吹き出した。このネイティブも、私レベルの英語力。

名古屋外国語大学での教授時代の最後のレクチャーは、カーテンを閉じ、真っ暗闇の教室を背に、この「舟唄」をバックに流したまま、別れの挨拶もせずに、プイと去った。教授職は私の柄に合わない (out of my character)。

さて、この「しみじみ」は、museの語感がよい。考え込む、思いにふけると言うときに使う。I'm musing on (upon) my past wanderings, now.（今の私はひょうひょうと、漂ってきた私の過去をしみじみ語っている。）…だがまだ物足りない。まだ感慨がいまいちこもっていない。

museの原点のmuse（ギリシャ語はmusa）に遡ってみよう。ギリシャ神話のムーサは、ミューズがゼウスと9夜交わって生んだ、学芸をつかさどる9姉妹の一人。そしてthe museとは、詩神、詩人や芸術家の霊感の源泉のことだ。

私にとり、ミューズとは、毎夏同棲する松川村のスズムシ合唱団のことだ。

絋道館というliberal artsの私塾は、the musesのことだ。スズムシ(bell-ring crickets)は、二枚の翅をこすり合わせて、リンリンリン（凛、凛、凛）とソプラノ調で歌ってくれるから、いまでは絋道館が奏でている究論道(The Way of Debate)の守護神となっている。

これ以上、しみじみ語るには、居酒屋の方がいいか…。

sha'a-nai
しゃあない。 Let's face it.

　標準語の「しかたがない」は英訳できる。It can't be helped. か I've got no choice. (You leave me no choice.) 最大公約数は No chance。

　しかし、変化に強い大阪人は、Let's face it.（現実はそうじゃないですか）と前へ進む。

「すみません」が I'm sorry. と引き下がるなら、「すんまへん」は Excuse me. と前進する。

　ニューヨーク人（移民者）はいつも厳しい現実に直面しているから、「しかたがない」(Forget about it.) という表現が自然に出る。

　現実に直面 (face it) できない人に対しては、Get real.（現実から目を離すな）と忠告をする。

「現実に勝てないから、自然体で行け」は Don't fight it.（it は reality でも one's ego でもよい）。

shaka-ni-seppo-to-zonji-masu-ga
釈迦に説法と存じますが。 Excuse me if I'm rude.

　preaching (teaching) the Buddha (sutra) と直訳しても通じない。通常、釈迦に説法のあとに「と存じますが」を加えるはずだ。であれば、超訳も可能だ。

　映画『男はつらいよ』の字幕から学んだのがこれ。Excuse me if I'm rude. プロの同時通訳者は if の使い方が巧い。ちょっと練習してみるか。

「とりあえず」は For now, 〜か、If you excuse me, 〜でいこう。

「勝手ながら」は With your permission, 〜か、If you allow us to 〜ぐらいかな。

jarnarisuto-damashi'i
ジャーナリスト魂　journalistic integrity

　ジャーナリストが守るべき「誠」とは、英語でいえば、integrity（誠実性）。integrity は、難訳語の代表格のようなもの。

　正直、誠実、高潔では、まだ見えない。そのシンボルは、損なわれていない（元のままの）状態だと考えればよい。

　ジャーナリストとは、意見 (opinion) より、事実 (fact) を重んじる

バランス人のことだ。主観と客観、そして賛成、反対のバランスのとれた人のことだ。

　日本のジャーナリズムでは、右か左か、いずれかの論調は一色で染められるという金太郎飴ジャーナリズム (cookie-cutter journalism) であって、欧米のfairness doctrine（平衡の原則）は、存在しがたい。

　インターネットTV NONES CHANNELの番組「のGLOBAL INSIDE」（TIMEを読む）で私が毎週行っている、ワンマン・ディベートは、落語の延長のようなものだ。ディベートは、それほど日本というジメジメした沼地では、根を下ろしにくい。しかし、これをジャーナリストとして続けることは、私のjournalistic integrity（ジャーナリスト魂）の実践だと思っている。

ja-no-michi-wa-hebi (wakaru-yatsu-ni-wa-wakaru)
蛇の道は蛇（わかるやつにはわかる）。　It takes one to know one.

「蛇の道は蛇」とは、同類の者のする事柄は同類の者には容易に推知できる、という意味だが、ロシアがウクライナを嫉妬の目で眺めている心情が一番理解できるのは、同じく侵略好きな中国だろう。

　It takes one to know one.（わかるやつにはわかる。）

「蛇の道は蛇」を『ウィズダム和英辞典』で調べた。Set a thief to catch a thief. なるほどと唸った。

『新和英大辞典』はthiefにfoxを加えている。同辞書の、One devil knows another. は気に入った。辞書編集者の苦しみがわかる。苦労のあとがうかがえる。さすが、「蛇の道は蛇」だ。It takes one to know one.

jiyu-jin
自由人　a free spirit

　慣習にとらわれない自由人のことをfree spirit (a person with a free spirit) と言う。

　芸術家が憧れる人生も、宮本武蔵の生き方もfree spirit。どこかわがままなところがある。

　同じ武士道でも、観念の武士道は違う。spiritでなくsoulであるから、息苦しい。「主」から切腹を命ぜられたら「従」は逆らえず、

光栄と感じる（感じなくてはならない）のが武士道だから、窮屈だ。だが、忠犬ハチ公は、それを苦と感じない。

『空手バカ一代』の大山倍達（知人）も、私も、武蔵に魅せられた free-spirited samuraiだ。いわば気ままな猫だ。

漂泊の詩人たちも、老いらくの恋に陥ちた良寛和尚もすべて free spiritsで、なにをしても許される御仁たちだ。

shuchu-ryoku
集中力　attention span

直訳すれば the power of concentrationとなるが、一般的に耳にする口語表現は attention spanだ。Simultaneous interpreters have an attention span of twenty minutes. 同時通訳者の集中力は20分間だと教わってきた。

師匠の故・西山千氏（アポロ月面着陸中継同時通訳者）は「１時間の逐次通訳をするとフラフラして、階段を昇るのも大変でした。１時間の通訳はサラリーマンの１日の仕事量に匹敵します」と私に語られた。

仕事柄、集中力は当たり前のことで、今の NONES CHANNELでのキャスターの仕事にも役立っている。食べ物にも関係がある。西洋食と甘いものに舌が慣れてしまった若者の集中力は、短くなってきている。

Young kids these days have a shorter attention span.のように使う。

shu-ha-ri
守破離　in-on-out

日本の伝統芸能は、まずその流派に融け込むこと、白無垢姿で染まることだから、inになることだ。卵と考えればよい。その殻を破って入り、胎児となり、育ててもらうと、殻から出たくなる。

殻という型から離れることはできない。だから on になる。この接触状態が教育では極めて肝心(critical)だ。

殻の中でヒナがつつく音を「啐」といい、母親が殻を外からつつき破ることを「啄」という。

on（殻）をめぐり、母鳥がつつき破るタイミングと、ヒナが出てもよいタイミングが一致すること(critical timing)を「啐啄同時」

という。

このcriticalな「間<ruby>ま</ruby>」を音楽関係で言えば、フェルマータ（延音＝pause）になる。息づいた休止期間(prolonged note)だ。

そして off (out) を迎える。このとき、on の恩を忘れたら、恩知らずと世間を敵に回す。

shonenba(koko-ichiban, ketteiteki-shunkan)
正念場（ここ一番、決定的瞬間）　the moment of truth

正念場、重大な局面、ここ一番、土壇場は、the defining momentやthe transformational moment とか、the pivotal point とか多くの類語があるが、絵になる表現を選べと問われると、the moment of truthを勧める。なぜか。

もともと正念場とは、歌舞伎・浄瑠璃で、主人公がその役の性根を発揮させる、最も重要な場面のことで、転じて、ここぞという大事な場面のことだ。

こんな場面は人生ではめったに生じない。マスコミ用語となって、意味が薄められ(water down)てしまった。

この一番で決まる（決定的瞬間）のも、この表現だ。相撲の解説者のアメリカ人が *Tachiai* is the moment of truth. と訳しているのを耳にしたとき、膝を打った。In Sumo, *Tachiai* is the moment of truth.（相撲では、立ち合いの一瞬で勝負が決する。）

森喜朗元首相が、フィギュアスケート選手の浅田真央について「大事なところで必ず転ぶ」とコメントしたことが顰蹙を買った。多くの生徒に「大事なところ」をどう訳すかと聞いたが、解答がなかった。せいぜい important time（critical ならまだしも）ぐらいだった。正解は the moment of truth。

オスカー受賞発表の前の TIME 誌は、ディカプリオ（*The Wolf of Wall Street* で主演）の写真とともに、「ここ一番」というときの表現に、The Moment Of Truth を大見出しに選んだ。結果は残念！「闘牛士が刺すトドメの一撃」が原意だが、トドメを刺す(give a fatal blow)ことはできなかった。

shiranu-ga-hotoke
知らぬが仏　What you don't know can't hurt you.

よく耳にする日常会話表現。

教科書的表現なら、みんなが知っているIgnorance is a bliss.しかし、アメリカ人には、気取った表現ととられる可能性もある。

他の表現を用いて解説しなければならないriskも生じる。それなら、What you don't know can't hurt you.ですませる。まさに、これが正解(Way to go!)と喜んで褒めてくれる、百パーセント通じる表現だ。

shinjite-ano-hito-wa-uso-wa-ittenai
信じて、あの人は嘘は言ってない。　Trust me he's not lying.

「信じて」と言えば、日本人は、Trust me.か Believe me.のいずれか悩んでしまう。

ネイティブはこんなふうに使う。She's really good. Believe me. She's not going to give you another problem, trust me.というように。

believeの「信じる」は、地上から出た枝葉のようなもので、はっきり見える。

I didn't do it, believe me.とは、言葉を信じてほしい哀願だ。I'm not cheating on you.（決して浮気なんかしていない）という言葉を信じるには、日頃の行いが要になる。この要とは幹のことだ。

trustは、この根っこの部分だ。その言葉だけは信じるけど、人間としてのあなたはまだ信用していないのなら I believe you but I don't trust you.となる。

集合論的に言えば、trustの中に believeが入るものだが、これが切り離されると立つ瀬がない。それならば、夫は妻に向かって、非を認めて、「二度とやりません」と告白して、信じてもらうしかない。

このときは、未来に関することで、Trust me, it won't happen again.となる。

過去の事実は変えられないので、真偽(true or false)のいずれか。しかし、未来は見えないから、その人間そのもの、その根っこの部分の素性(primary color)が問われる。だから、Believe me.では軽すぎる。しかし、inが加わると、土中の根に近づく。

Believe in me.はTrust me.と同類となる。Trust me.（もう二度と浮気はしない、信じてくれ）と妻の眼を覗くようにして、誓うしか

ない。妻は、そのとき、あまり語らず、I trust you.（もう二度とやらないわね。本気もだめよ）と睨（にら）み返すことだ。

shinjyu
心中　lovers' double suicide

　男女の誠の愛の"核心"(core)に迫る。惚れる (fall in love) と愛する (seriously in love) とは違う。愛には責任が伴う。愛は奪うものでなく、与えるものだと信じるエーリヒ・フロムは、Love is a practice.（愛は"行"なり）と言う。

　一歩踏み間違えば地獄と知りながら、止（や）むに止まれない恋人の意地（ご）。人に奪われるなら、あなたを殺してもいいですかという「天城越え」は歌謡曲でしか実現性のない情念の世界だが、えてして盲目の愛は危険すぎる。

　心中（しんじゅう）はstar-crossed loversの間で生じる。love suicideは、戦前の価値観と言えそうだ。ナニワ好みの和事（わごと）の代表作といえる『曽根崎心中』は荒事（あらごと）好みの江戸っ子にはピンとこないかもしれない。

　心中や情死はlove suicideとされたが、lovers' suicideとか、lovers' double suicideの方がネイティブには通じやすい。いっそのこと、Romeo and Juliet（恋愛悲劇）と超訳してみるか。

suki-dakara-wakarete
好きだから別れて。　Love me and leave me.

　こういう日本的情念は、西洋のロジックから矛盾（むじゅん）ととられるので、難訳語になる。こんなときに、欧米的ロジックはor (A or B)で、日本的思考は and と置き換えると、イメージしやすくなる。

　If you love me, leave me. では、ロジックは通ってもケンカになる。ならば、if を省（はぶ）いて、Love me and leave me. といこう。数回この表現にお目にかかった――耳でも。

　日本人には自然な and が、欧米人には苦手（にがて）なのだ。せいぜい、Love me, love my dogs. ぐらいだろう。

　愛から憎しみに移ろう。「坊主（ぼうず）憎けりゃ袈裟（けさ）まで憎い」はどう訳すか。Hate a monk, and you'll hate his robe too. なんかはどうだろう。

　If you hate me, you'll hate my English. こんな例文はいくらでも思いつく。

suki-da-to-i'i-nasai
好きだと言いなさい。 Tell'er you love'er.

「愛の告白」と言えば、99パーセントの日本の学生はconfessions of loveと答える。告白(confession)ぐらいの単語を知っている人を対象とした、私の質問だ。

ネイティブは、愛とはそんな罪なこと？ 懺悔(ざんげ)しなきゃならないこと？ と聞き返す。じゃ、あんたがたはどんな英語を使うのか、と問えばtell'erと答える。女の人だからher。lとリエゾンを起こして、テラー。「彼女を愛すること」はlove'er（love herの短縮）。

だから、Tell'er you love'er.「ぼくは君のことを愛していると、あなたの口から告白しなさい。」10秒かかる表現も、英語なら1秒か2秒で終る。テラユウラヴァー。

sukin-ship
スキンシップ physical contact

諸外国では、physical touchingがスキンシップの基本となっている。Give me a hug.というセリフは、だれでもがどこでも使う。

外国の婦人からハグを受けようとすると、逃げ出す日本人男性がいる。

日本はnon-touching cultureだ。touching culturesの人たちにとり、スキンシップはphysical contactのことだ。『プログレッシブ英和辞典』は、スキンシップを巧(うま)く解説している。

Personal [physical] contact（▶skinshipは和製英語）, physical contact between a baby and its mother.

私はスキンシップ文化とはtouching cultureで、日本はtouchy-feely cultureと解説する。

sukehru-meritto
スケールメリット economy of scale

どんなビッグ・ビジネスでも、現場を見失っては失敗する、というのがビジネスの鉄則(てっそく)だ。

スケールメリット（正しい英語に転換するとeconomy of scaleになる）の逆を行く発想だが、アメリカ国内で再び内戦(civil war)が起こるとすれば、それはトップ・ダウンとボトム・アップの二大主流によるものだろう。

この難訳辞典（本書）は、NONESチャンネルでの7年間にわたるバイリンガル・キャスター経験(action)という現場(where the action is)に負うところが多い。

zukezuke
ズケズケ　pull no punches

　大阪人はblunt（飾らない）で、politeな京都人と正反対、言いたいことはズケズケ言うから、パンチを飛ばし続ける。

　pull no punchesとは、遠慮せずにホンネトーク(talking bluntly)を続けることだ。blunt-spokenのアメリカ人とよく似ている。どちらもtalk straightのタイプ。

　歯に衣を着せながら話す(mince one's word) 京都人からすれば、大阪人は行儀が悪く (ill-mannered) 子供っぽく見える。大阪人からすると、京都人はツンとして(aloof)いるように見える。

　弱さを見せない、ぶっちゃけない人は、いつもplaying hard to getを装っているように見られる。大阪人はそれをエエカッコしいと蔑む。

　神戸人は、もっとサラッと垢抜けしている。京都は過去、大阪は今、神戸は未来と言われているように、神戸人は、横浜人のように、ジャーナリスティックな感覚に鋭い。

　大阪人と京都人を、このように突き離して見る。It's like the pot calling the kettle black.（目くそ、鼻くそを笑う感じやな。）

zukezuke-iu-hito
ズケズケ言う人　a brutally frank person

　イスラエルの日本びいきの学者と日本語で話をしていると、日本をほめる話ばかりで、話が進まず、学べない。英語で切り返すと、急に情報が入る。

　ジャーナリストとしての私は、英語が武器。日本語では、タテマエしか入らない。日本語という言語は、本音を封じ込め、タテマエで体裁を貫く、無難な会話を続けるのに向いている。

　ホンネとなると、やはり英語。相手も遠慮なく話す。

　英語で、あるイスラエル人に「よくもズケズケ言うね」("You're brutally frank.")と言ったとき、相手は腹を抱えて、笑った。大阪人の「ぶっちゃける」えげつなさも、すべてbrutally frankだ。

「えげつない」という関西弁は、大都会でも若者が使う「エグい」に近づく。この際、思い切って、格調の高い英語を覚えてしまおう。Eから始まる、お勧めのbig wordがある。それが一流雑誌によく登場するegregious（エグリージィアス）だ。実にひどい、はなはだしい、言語道断な、という意味で使えるが、私もイメージができず、なかなか覚えることができなかった。そこで工夫した。egreを「エグイ」と音で連想しながら、覚えることにした。

ストンと落ちた。　　That got me.

このオノマトペも、英訳に困る。こんな場合、私は、英語のヤマト言葉を探す。そう、同じく頻度数が高い口語表現だ。すると、giveとgetに戻る。

thatとは、その（今の）発言（説明）のこと。

getは、思いを最もダイレクトに伝達するときに役立つから、オノマトペの役を司る。

「その一言で、彼女はメロメロになった。」That got her.（耳には、ザッガラーとしか聞こえない。）

「それでスカーッとした。」That turns me on.

スネにキズ　a guilty conscience

スネにキズのある人間は、自分の良心をめったに口にしない——することができない。だから、ひそかに自分を苦しめる。しかし、仏教でいう、苦悩の外在化(externalization)によって救われる。

だから、私は執筆中に、千手院（信貴山、真言密教）で、護摩行に加わる。煩悩を焼除する内護摩は、私が下山してから行う。これを私なりに「残心の行」と表現する。

この煩悩(evil passion)をキリスト教では、lusts（肉欲）のようなcarnal desiresと同一視させているようだ。

さてどちらか、と同時通訳者は悩む。こうなれば、中立の道(the third alternative)として、guiltyを使うより他はない。

私は執筆であれ何であれ、没頭すると周囲が見えなくなってしまう。そこで、思考を遊ばせる。…そうだ、世界中に通じる、a guilty conscienceを使ってみよう。

ずぼしだ

　集中力や持続力（併せてgrit）に自信のある私は、gritty personだ。どこかにguilty pleasure（密かな悦しみ）を隠している。誇りは見せてもホコリは見せてはならないもの。

　ところで、叩けばホコリも、スネにキズ（どちらもguilty conscience）も、神道風に考えれば、祓い清め(cleanse)なければguilt-freeが得られない。欧米人の好むmiseryやsadnessといった表現では意が尽くせない。温泉地や断食道場で執筆するのもguilty pleasureのひとつだ。

zuboshi-darou
図星だろう。　Bingo!

　Bingo! は、ビンゴを知っている人なら、すぐに使える。Bull's eye. もお勧め。ボーザイと耳に入る。坊主の眼でなく、牡牛の眼のことだ。こちらから、相手に「図星だろう」と得意気に言うことは、Gotcha! これはアメリカ英語。ガッチャと発音する。だが、イギリス人も、真似をするようになった。

　TVシリーズ(*BONES*)でイギリス人の医師が登場する。アメリカでは、「ゴッチャ」と言うんだね、と。アメリカの医師はニガ笑い。アメリカのテレビのキャスターも使う日常英語（I've got you.の短縮形）は世界で通じるようになった。

　辞書ではbull's eye、Bingo! 一息英語に抵抗を感じる人は、You hit the nail on the head. こういう常套句を使えば、言葉のエネルギーは落ちる。

sumeba-miyako
住めば都。　Nothing like home.

　一番よく耳にするのがNothing like home. 英語は短ければ短いほど、インパクトが大きい（エントロピーの法則）。

　住み慣れれば、どんなに貧しく不便であっても、それなりに住みよく見えるものだ。つまり、「慣れ」だ。解説的にいうと、Any place grows on me.（どんな場所でも好きになるもの）となる。growのonは応用が利く言い回しだ。

　納豆も食べていると口に慣れてくる、という場合でも、Natto grows on me. と言える。納豆の代わりに、この難訳辞書でもよい。This CURIOUS dictionary grows on me. と。

すれすれ　too close

「すれすれ」という日本語のオノマトペは、便利すぎて、英訳に困る。「すれすれ」とは「触れ合いそうなほど近いさま」だから、closeをイメージすればよい。

「すれすれの命びろい」なら、That was close.

ニアミス（あぶないところだった）のときでも、このセリフが使える。もう少しで、ある基準や限界に達しそうなさまなら、That's close.

「スゲー、君はほぼ正解だ」ならSo close You almost made it.

マスコミがよく用いる「接戦」の口語訳はtoo close to call。

どちらが大統領に選ばれるか、開けてみないとわからないくらいの接戦だという場合に使われる。

すれすれは、「摩擦が多い」ときでも使われる。「二人の間柄がすれすれ」という場合、They are too close to each other.

何が起こっても、おかしくない状況は、too closeでいいのではないか。

二人の間は、すれすれで、見ていてハラハラするなら、They're too close for comfort.でよい。

この表現は絵になるので、TIME誌の記事の見出しにもなった。GE社のジャック・ウェルチとハーバード・ビジネス・レビュー誌の若い女性編集者との仲がささやかれたときだ。日本の週刊誌なら、これだけでもカメラマンに尾行させるだろう。

この二人のアツアツの関係も英語の見出しにすれば、Too close for comfort.

しかし、天下のGE社はこれぐらいのスキャンダルでは、信用を落とすことにならない。

Why? Because they are too big to fail.

このtoo big to failは「大きすぎて、倒産はしない、いや、国がさせるわけにはいかない」というニュアンスだ。

やばくて、すれすれの会社でも、大手電力会社は国家がらみの大企業はすべてtoo big to failなのだ。

私が率いる私塾（紘道館）はtoo small to failだ。

seigi
正義　the right thing to do

「正義」は日本語のようだが、外国語ではないかと思うことがある。

justice となると、もっとわからなくなる。司馬遼太郎が、「正義という日本語が最初に使われたのは、信長が比叡山の僧侶を皆殺しにしたときだ」と述べたときは、やはりそうだったのか、と膝を打った。genocide（集団虐殺）を正当化するにも justice が要るのか。

justice（正義）を証明するには、勝つことしかない——いかに残酷な手段を用いても。これが victor's justice（勝てば官軍）——勝者が正義——という思想。

『新約聖書』でいう「ハルマゲドン」(Armageddon)の考え方だ。

a battle between good and evil at the end of the worldのことだから、善が悪を抹殺しなければ、地球を正義で守ることはできない、というヘンな理屈になる。

ここから、勝って裁ける立場になった国が正義（justice）なのだという、強弁が生まれる。正義の人（勝者）が言うことがthe right thing to do.

道義の国（かつての日本）の人——私を含め——にとり、正義の国の人のロジックは理解できない。

seken-tei
世間体　for appearances

世間体とは「見た目」のことである。であれば外観(appearance)にsをつけるだけでよい。appearancesなら、「見た目」や「世間体」「体裁」として、幅広く使える。次のようにappearancesを省くこともできる。「それでは世間体が悪い」That would look bad. 「世間体がいい」はlook good。

「ほとんどの日本人は、世間体を気にしすぎる」はMost Japanese worry too much about what other people think of them.

今の日本は、外国人観光客で溢れている。そのうちに海外から難民も増えてくるだろう。otherがforeignに代わりそうだ。

「世間体なんか知ったことじゃない」Who cares?

appearancesは次のように使える。「世間体をつくろう」はkeep

up appearances か for the sake of appearances。

「ぼくは世間体を気にしない」はI don't care what others think of me. または I don't worry how I look to other people.

　京都人が「まあ、おぶ(tea)でもあがっておいきやすか」と言えばIt's about time.（ぼちぼち引き上げてもらえますか）のこと。

　だが、大阪人は「早よ帰れっちゅこっちゃ」と超訳する。

　京都人の心は、それほど冷たくはない。「世間体というものがおます」(Just worry about appearances.) という伝統的な気配りがある。It's best to keep the message unsaid.（言わぬが花。）
「なんヤそれ」と開き直る大阪人や、過重な慇懃無礼(politely rude [barbarous, boorish])だ、と頭で決めつける東京人は、京都人から「難儀な人たちどすな」と鼻であしらわれる。

 コーヒー・ブレイク

世間のしがらみ（fetters）は男を縛るのか

　最近の女性は、なぜ男性が驚くぐらいバリバリ働くのか。

　生物学的に、メスはオスより強い。ホームレス、自殺は男の方、というのが相場だと言われている。それだけだろうか。いろいろな男性のホンネに迫ったところ、男には女にないしがらみがあるからさ、という声が多かった。

　しがらみとは、柵(fetters)のことで、水流をせき止めるために、川の中に杭(stake)を並べて、物事をせき止めるもの。

　束縛するものとは、fetters, bonds, chains, shackles（手かせ、足かせ）のこと。チェーンやシャクルは、まず奴隷や個人をつなぎ止める手錠や足かせのようなものだから、ちょっと酷。そこで、一番よく使われるfettersが無難に見える。

　よく使われるとはいえ、fettersも足かせそのものだから、残るはbonds。bondは、結ぶ（縛る）もの、紐、帯。(break one's bonds＝束縛を脱する)

　いとへんが多くなると、日本文化に近づく。bondsという絆もfamily bond, a bond of friendship, bonding（仲間意識、仁義）というふうに使われる。bondは、人を縛る、くくる、とじる（すべて動詞はbind）から、人を窮屈（縛られる＝feeling boredか

ら）にさせる。

人は家に縛られ(home-bound)たり、職場に縛られ(office-bound)ると、世間とのつきあい(social contacts)を失いかねない。

それ以外に男社会では、学閥(old boy networks)がある。それに、社内での序列(pecking order)があり、上役の顔色をうかがわざるをえなくなるから、男はつらいよ、となる。その男の社会の延長に電通があった。

その掟を象徴する「鬼十則」があった。しがらみだらけの男社会だった。ところが24歳の女性社員――本来、しがらみから解放されるはずの――が自殺した。

コンプライアンスばかりの日本企業社会が徐々にunfettered（足かせを取り去られた）されていく。

自由な身である先生が、無理してまで、だれも挑まなかった『難訳辞典』で身を縮めて（driving another nail in the coffin＝棺に釘を打つ）おられるのですか。

Because I'm duty-bound. Uh….I'm face-bound.（世間に対する義理というか、いや面子に縛られててね。）

英語道とは、私にとり極道（極める道）。これを貫くことは、メンツ・ビジネスなのだ。

seken-no-hito
世間の人　the general public

「世間」という眼が気になる人が多い。

「世の中」という場合でも、societyやreal world、そして「世人」は常にpeopleでよいが、世間の眼がこわいという場合の世間なら、other peopleとなり、簡単にtheyで代弁できる。

「私は、世間が言うほど厳しくはない」ならI'm not as tough as they say I am. でよい。

other people's money（他人のふんどし）で利殖し、荒稼ぎする金融業は、よく虚業と言われるが、世間の人とは必ずしも特定の人間ばかりではない。やはり、もっと広くthe general publicがいいのでは、と思った。

その証拠は前述の"MAX PERKINS, Editor of Genius"（天才編集者、マックス・パーキンズ）という本だ。

Maxwell Evarts Perkins was unknown to the general public, but to people in the world of books he was a major figure, a kind of hero. (『MP』p3)

知る人ぞ知る。その人たちは、書物の世界（世間）の人たちのことだ。無冠の英雄という触れ込みで、私の心はさらにときめいた。天才作家は、天才編集者によってつくられるということを実証してくれた本だ。

A. Scott Berg（ピューリッツァー賞受賞作家）の英語が気に入った。さり気なく使われたthe general public（世間の人）が一番無難なように思われる――よく耳にするからだ。

zetsuboh

絶望　hopelessness

The Economist誌に、こんな格調の高い英語があった。Hopelessness is a mental illness.（絶望とは精神の病。）

「オレはもう人生に絶望した」を英訳すれば、I don't find life worth living any longer. となる。

ただ、絶望とは、となると、受験勉強という試練を通った人はまず、despairを思い浮かべる。たしかに、He killed himself in despair (driven to despair). という表現は、憶えやすいし、使いやすい。客観的にみれば、この方がより美しい書き言葉になる。

しかし、死に直面した人間に感情移入すると、hopelessがより近いのではないだろうか。He's hopeless, helpless and homeless.

余談ながら、東京の生徒に「捨て猫」はどう訳す？と聞いた。

英検1級クラスは、a stray catとすぐに出る。TOEIC満点クラスはan abandoned (unwanted) cat (kitten)と、もう少し、リズム感がある（英語耳ができている）。

プロの同時通訳者なら、文脈に気を使い、気を利かせてownerless catぐらいの英語を使うだろう。

そんな肩書きを求めず、ただ英語を一から学びたい読者には、ホームレスキャットを勧める。アイムアホームレスキャット、バットアイムノットホープレス、ヘッヘッヘッ。

こういう人を歓迎する、お祭り型の英語検定試験がある。ICEE (Inter-Cultural English Exchange)だ。人は交流(exchange)によって、口語英語(oral English)を身につけていく。

If you want English, live it. このリヴェット(live it)が聴き取れなかったらFeel it.（フィーーレッ）。まだ聴き取れなかったら、Experience (your) English. でいこう。これなら、通じるだろう。

私の40年前の『日米口語辞典』がまだ使える。This is the dictionary for the hopeless. この難訳辞典はhopeless people（捨て猫同様の人たち）のための辞書だと考えてもよい。

senaka-wo-miseru
背中を見せる　lead by example

「背中を見せろ」をShow your back. と訳して伝わるわけがない。模範(example)を示して、導く(lead)ことだから、lead by exampleで決まり。

その反対に、陰で、いや後ろから人を動かす行為はlead from behindだ。使えるようで使えない。

zeni
ゼニ　hard cash / the bottom line

ゼニはmoney? 直訳すればそうだが、マネーとゼニとは温度差がある。

moneyは、金庫に眠っているカネで、通常、手の届かないところにある。しかし、ゼニは、いつも手の届くところにあるから、温もりがある。

ユダヤ人のビジネスマンの中には、あなたの言っている「マネーは信用できないね、そのカネにキスをさせてくれ」という金盲者（かねもうじゃ）(dough-nuts＝ドーナツとは、金大好き人間のこと)がいた。信用貸しなんか信用しない。「今、現ナマを積んでくれ」というスタイルだから、詐欺にひっかからない。

このように、温もりのある現ナマはhard cashのことだ。『ナニワ金融道』の金貸しは、必ずカバンにつめ込んだゼニを見せるから、迫力、いやド迫力がある。

ゼニ、そして「もうけ」がすべて、という発想のことをthe bottom lineと言う。複式簿記の発想では、帳尻（ちょうじり）（赤字か黒字か）がす

べてなのだ。

For Manda Ginjiro, the bottom line is all that matters.
（萬田銀次郎にとり、大切なのはゼニだけだ。）

zero-kara-yarinaose
ゼロからやり直せ。　Start over.

from zero とか from nothing はまだ重い。ぜい肉を取って、over でいこう。ゲームオーバーのあと、もう一度やり直すから、over だけで十分。

live over your life は、生まれ変わって始める、という意味だ。

ゼロベースで、徹底的に、あれやこれやと論じ合うなら、talk things over だ。

zero-behsu-de-kangae-ru
ゼロベースで考える　with an open mind

前向きとは、必ずしも forward ではない。反省も加わるから backward の意味も含まれる。いや、もっと柔軟な路線が浮かぶかもしれない。だから正解は open mind なのだ。環境変化に対しても、前言をひるがえすなど、柔軟な思考を持つ (with) ことだ。
『ニューヨークタイムズ』紙は、トランプの前向きな姿勢をこう表現した。

He was open minded about some of his positions, uncompromising about others. (Nov. 24, 2016)

妥協のない件もあるが、ヒラリーを刑務所にぶち込むといった暴言は、ゼロベースで考える、と公言したのだ。ゼロベースも和製英語で、直視しても通じない。だからゼロ思考も open-mindedness と超訳してみよう。

sensaku-zukina
詮索好きな　inquisitive

curiosity を「好奇心」と直訳することをためらう。I was curious but I did not ask. という言葉の裏は、「好奇心は罪 (sin)」なのだ。

欧米社会でよく耳にする英語表現に Don't be curious. がある。

彼らの潜在意識の中に、こんなことわざがある。Curiosity killed the cat.（好奇心は身の毒）だから、Don't be curious. は「あまり詮索をするな」(Don't be inquisitive.) に近くなる。警戒心を与えるこ

とになる。いや、きっと後悔することになる。

「鶴の恩返し」という物語も、好奇心が仇になった話だ。仕事場をのぞかないでという約束を破って、のぞいてしまった、仕事場の女は、人間でなく、なんと鶴であった。男はすべてを失った。

『旧約聖書』にアブラハムの甥のロト(Lot)の妻が塩の柱(the pillar of salt)になった話がある。ソドム滅亡のとき、神は、彼と家族だけは助けるつもりであったが、逃げる途中、神の言いつけに背いて、後ろを振り返ったからだ。好奇心は犯罪、いや罪なのだ。

Curiosity got the better of me.（好奇心に駆られました）と言えば、大概の場合は、大目に見てくれる。しかし、もしInquisitiveness got the better of me.と言えば、（まず言わないが）許されることはまずない。

世の中には、根掘り葉掘り聞きたがる、好奇心の強い人間がいる。overly curiousタイプは間違いなく世間から嫌われる。

ところが、curiosityそのものは必ずしも、敬遠されるとは限らない。私のように芸術家肌で、しかも科学的思考の持ち主は、ジャーナリストに向いている。art, science, journalismを結びつける思考のエンジンは、好奇心(curiosity)だ。

科学者であれ、芸術家であれ、curiosityは命なのだ。riskyだからこそ、ロマンに繋がるという発想なのだろう。

out of professional curiosityと言えば、刑事コロンボでなくても、許される。

Detectives and journalists can be tolerated. というように、一目置かれた存在だ。

それでも、inquisitiveな相手には閉口することがある。Are you cross-examining me?（反対尋問をかけてるのかね？）とブロックしたくなる。

Don't be so inquisitive.だけでいい。相手も、I'm just curious.とjustを加えて、ガードを固めるだろう。

  コーヒー・ブレイク

好奇心は人を殺すか、Can curiosity kill humans?

すでに述べたように、好奇心(curiosity)も、知識欲で留めてお

けば、好感が保てるが、詮索好きとなると、嫌われる。

とくに一神教の国では、神への冒瀆として警戒される。素直な信者はsheep、疑問を持つ信者はgoatsとは、なんという偏見。

たしかに山羊は悪魔面をしているが、神国を守るために、山羊を犠牲にしてはならない。sacrificial lambs（いけにえの小羊）を解放するために、少しひねくれて(being cynical)、curiosityについて語ってみよう。

"The CYNIC's Dictionary"でcuriosityを引くと、Little more than another name for hope. (J.C. Hare)と出ている。（ちょっと度を越した、希望の新たなる別名。）

たとえ冷笑的な観方であっても、それなりに希望の曙光を見いだして頂きたい。

今、ここに、Ian Leslie著の"CURIOUS"という面白い本がある。この本は、秀才ではなく天才向きの人を対象に書かれたものだから、この喫茶店に集まった読者には、きっと役立つはずだ。

アインシュタインは、「ぼくには、これと言った才能はない。しかし、好奇心だけは負けなかった(passionately curious)」と言ったし、レオナルド・ダ・ビンチは、「好奇心こそが芸術的創造力の原点だ」と言った。英語道のエンジンもcuriosityだ。

私が最も尊敬した、CNNインタビューアーのラリー・キングは、ブルックリンで育った幼少の頃からinquisitive（根ほり葉ほり聞くタイプ）でWHY?という質問を連発し、大人たちを困らせたものだと、私に語った。

彼には、なんでも知ってやろうという、ジャーナリスト特有の、貪欲なまでの好奇心があった。彼には世界一のジャーナリストになろうという志があった。

志を貫徹するための好奇心はepistemic curiosityという。だから、事実(facts)だけに満足しない。Facts kill creativity.（事実は創造性を殺す）という哲学があった。そしてゲストに対して人間的に興味をもった。

出たとこ勝負（go live＝ライブでやる、出たとこ勝負）という彼の信念は、empathic curiosity（共感的好奇心）に支えられたものだ。彼はimmediacy（一期一会）に賭けるという、プロ・ジ

ャーナリストの精神を誇らしげに語っていた。

次に、プロへの道を阻む、移り変わりの激しい「好奇心」(diversive curiosity)がある。diversive(気晴らし的な)好奇心は自然体(effortless)でいいのだが、unchanneled(方向性が定まっていない)ので、コロコロ変わりすぎる。

私の英語道本を読んだ大ファンが私に会いたいといって上京し、私の秘書に会わせたのはいいが、興味が私から秘書に遷ってしまった——道から外れた。よくある。

束縛のない(unfettered)好奇心はいいが、ぶれすぎる好奇心は困る。志の問題だ。志があれば、わき目もふらずに(effortfully)、好奇心を追い求めるはずだ。

まともな科学者のように。これがepistemic curiosity(知的好奇心)だ。エピステミックとは「認識論の」と訳されているが、難解だ。真実を求めんとする知識欲。求道心もこの中に入れたい。

「メキキの会」の出口光会長が本気で求めておられる、好奇心溢るる同志(ベンチャー・ビジネスマンに多い)とは、epistemic curiosity seekersのことだろう。

人間的に深い関心を寄せることができるempathic curiosityもいいが、度を越すと危険だ。diversiveな好奇心は横恋慕(love someone's lover)といった問題を起こしやすい。

これ以上の話は、居酒屋がいいかな。ここでは話せないことがある。冗談、ま、今晩はここまで…。

zensho-shimashou
善処しましょう。 Let's see what I can.

We'll do the best.ではあいまいすぎる。positivelyを使って「前向きに検討します」と言ったところで、後の紛争の種になる。

公式の場では "We'll deal with it with an open mind." となる。

日常会話では "Let's see what I can."

前向きと言えば、日本の平均的英語学習者は in a forward-looking manner のようなビッグワード(big word)を好んで使うようだが、open mind はビッグワードではない。

openは前だけでなく左右、そして背後にまで気を配ることだから、前向きな姿勢は、善処するうえで欠かせない。

sente-ga-uteru
先手が打てる　proactive

秘書には大きく分けて二通りある。指示されて動くreactive secretaryと、上司の心を読んで、先手を打ってくれる、うれしい秘書がいる。

後者は、proactive secretaryと呼ばれ、戦略的秘書と呼ばれ、経営者にとり、高い買い物になるが、必ず優秀な参謀にまで昇格する。

さきがけとはproactiveのことだ。

souiu-koto-ka
そういうことか。　That explains it(a lot).

「それでわかった」のそれはthat。itは見えないままだが、thatは、itがすでに顕われている。「今の話を聞いて、納得がいった」という場合、その解説でitが見えたということだ。That explains it.は決まり文句。

「よーくわかった」なら、a lotを加えてみよう。それでもピンとこない相手には、Figure it out.「自分の頭をひねって、自分で解答を求めよ」と押しつけるべきだ。解答を自分の頭の中で求めよ、ということ。

秀才たちに与える教訓とは、真の解答は、与えられるものでない、自分の頭の中にある、Figure it out.だ。

質問も解答も自分で探し求める天才から学べ、と言い続けている。

soubana-teki
総花的　all things to all people

総花的とは、すべての関係者の機嫌をとるために、満遍なく利益・恩恵を与えること。もともとは、総花とは妓楼または茶屋などで、客から一同の者に出す祝儀を意味した。

わかりやすく言えば、pleasing everyoneということだ。generousかliberalな態度だから、世間から歓迎されやすい。

9.11事件から十数年経て建てられたOne World Trade Center（ワ

ン・ワールド・トレード・センター）は、総花的なPR効果を狙ったものであった。

アメリカの市場の粘り強さ、New York の未来像と、誰にとっても (all people)、全幅メリットという花 (all things) があるから、ニューヨークでは all things to all people（総花的）と評された。

soron-sansei
総論賛成　　agree in principle

principle とは、総論、原理原則の意味だから、大筋において同意することになる。in は見えないものだから、見える (on) 各論 (details) は交渉中に煮つめなければ、あとで取り返しのつかないことが起きる。

各論を煮つめたあとの原則は、見える形で残るので、act on principle（合意事項から外れずに行う）になる。in と on はこのように微妙に違う。

The White House has agreed in principle to free hostages. なら、人質交換 (swap) について総論賛成したが、最後の一人の米兵のために、グアンタナモの極悪人5人の引き換えという条件までは同意していなかった、という意見の食い違いは必ず起こる。総論賛成、各論反対（disagree over delails）での交渉では、決してツメ (the final stage) を怠ってはならない。

soko-wo-nantoka
そこをなんとか。　　I'm begging you./ Begging you.

I know what you mean. But just do it. では喧嘩になる。
「そこをなんとか」は「弱さ」からの交渉術、negotiating from the position of weakness だから、こんなときこそ Please（Pleeese と引き伸ばそう）という伝家の宝刀を使おう。

伝家の宝刀は抜かざるところに妙味ありだ。

Please. を p・l・e・a・s・e と伸ばしてみて、それでも効き目がないときは I'm begging you. を使ってみよう。ペコペコ哀願するのだから、目線はあくまで下。土下座よりましだろう。

母がだだっ子を叱るときなどに使うのがお勧め。
Be quiet, please.
大人同士の会話では、よく耳にする Begging you.

私なら、I'd (really) appreciate it if you'd write him a letter of recommendation for me.（勝手なお願いとは存じますが、あの人に推薦状を書いていただけませんか）とへりくだる。really を加えると、恐縮している様子がうかがえる。

it が使えれば英語の達人、if が使えるようになれば英語の名人。

そつがない　play it safe

涙を見せられると、男は負ける。女は涙で勝負するのが気に食わないという私の説と、ルーシー・バーミンガム女史（日本外国特派員協会の元会長）と意見は食い違ったが、涙で人心を操縦することは、男であれ女であれ良くない、で落ち着いた。

Facebookのマーク・ザッカーバーグ(CEO)の肩で、あの男勝りのシェリル・サンドバーグ(COO)が泣いたという事実がニュースとなり、二人でその真実に迫ってみた。

（ICEEの）ジャーナリスティック・インタビュー（最終ラウンド）のデモンストレーションは、私にとって真剣勝負(play for real)だ！

インタビューアーとしての私はそつなく、話を進めた。I played it safe.

受けに回った彼女には、品格があった。She played nice.

その手にのる　fall for it

罠(trap)や餌(bait)などの誘いは、詐欺師がよく使う「手」だ。

2016年10月10日号のTIME誌のカバーには、ニンマリ笑ったプーチンの写真が載った。

Russia wants to undermine faith in the U.S. election.
DON'T FALL FOR IT.

（ロシアは、アメリカの選挙への信仰をひそかに崩そうとしている。

その手（罠）にのるな。）

トランプを手玉にとろうとしているプーチンは、共和党に有利（民主党に不利）な、裏工作を画策している。アメリカの選挙民は、「飛んで火に入る夏の虫」(play into the hands of Putin)になろうと

している。

「その手にのるな」の英訳(Don't fall for it.)は決まっている。

Don't be a moth (drawn) to a flame.のことだ。夏の虫を蛾に替えたまでだ。

(sono-hanashi-de) gutto-kita
(その話で) ぐっときた。　　That got me.

That got to me.でも、ネイティブ感覚で通じる。「身につまされる」ぐらいの感情移入も get to で表現できる。しかし、to を省くと、もっと骨身にこたえる表現になる。「う〜ん、納得したね」とも。

言葉数が少ないほど、情感エネルギーが高くなり、心の垣根が消え、英語がノビノビと使えるようになる。これぞ私流の言葉のエントロピー理論で、この仮説を証明したのが「give と get の法則」だった。

I get you there.（君の言っていることに説得されたよ。）

You got me there.（一本とられたね。）

I got you.（君のことが理解できた。説得されたよ。）

You got me.（納得したよ。）

さらに You got me. は「降参したよ」「あんたに惚れたよ」「弟子入りするよ」にまでエネルギーは高まる。

エントロピーがゼロに近いのが get と give だ。「先生のそばに置いてください」——その言葉で私はメロメロになった。She said, "Have me around, sensei." And that really got me.

「僕には君が必要だ」という a killer sentence（その一言で参らせる）も、斬れる(works)。

That got her.（その一言が、彼女をコロリと変えた）これは斬れる表現なのに、1秒以内、ザット・ガット・ハー。いや、映画で耳にする英語では、got her でガラ。

(sono-hanashi-niwa)ura-ga-aru
(その話には) 裏がある。　　playing (word) games.

「裏と表」は「ホンネとタテマエ」のごとく難訳語だ。

ウラやオモテという字義に惑わされず、文脈を摑もう。言葉のシンボルを追うのは、翻訳家の基本かもしれないが、瞬間芸といわれ

る同時通訳（字幕翻訳に近い）では、シンボルを超えて、流れをイメージする反射神経が必要だ。

「その裏は？」What's the catch?

「奥歯にモノがはさまったような言い方はよしてよ。」Stop playing the game.

「行間（裏）を読め。」Read between the lines.

「行間の裏の裏を読め。」Read beyond the lines.

　ゲームそのものが不正直(dishonesty)だと言われるのは、自分のエゴ（ハラ＝hidden agenda）を隠し、詩やレトリックだけで、有利に話を進める術だからだ。

　日本人の美意識に合わない「小賢しいやつ」「姑息な人」「裏表のある人」「口の達者なお調子者」はすべてgame playersで通じる。

sono-manma-no-hito
そのまんまの人　　what they say one is

　自分を紹介するときに、「私は見たままの人間です」と言うときは、This is the real me.でよい。

　第一印象を強調するなら、What you see is what you get.を付け加えるのも一案。口語表現の方が親しみを覚える。

　ブラック・パンサー(The Black Panther Party)の創設者の一人が"Power to the People"という本を書き、TIME誌からインタビューを受けた。ドナルド・トランプについてのコメントが「（世間の目にも映った）そのまんまの人」と表現したところがニクい。そして、ちゃっかり自説をのべる。

Donald Trump, the guy is what the people say he is. He's a racist and bigot, etc.... (*TIME*, Oct. 17, 2016, p48)

　黒人のことをblackと呼ばず、person of colorと位置づけている。発言にデリカシー(subtlety)が感じられる。他の人もそう思うなら、彼はそのまんまの（聞いたままの）人なのだ。He is what they say he is.

sora-namida
空涙　　crocodile tears / fake tears

　空涙とは、悲しくもないのに、相手をだまして流す涙のこと。つまり「うその涙」のことだ。

うそと決めたら、fake tearsが使える。a fake smileと同じように、英語が口語体になる。

さて、使い方であるが、crying crocodile tearsもいいが、weeping crocodile tearsと言う人もいる。ピューリッツァー賞受賞者のA. Scott Berg氏は、shedを使っている。

Perkins was not shedding crocodile-tears.(『MP』p175)

女性の空涙(fake tears)は、emotional manipulations（感情操作）のために使われるので警戒すべきだという人がいる。

辞書には、crocodile tearsが出ている。ワニは獲物(えもの)を食べる前に、涙を流すという。

もっと口語的表現を用いると、fake tearsやfake smile（ビジネス・スマイルのこと）。アメリカ大統領の笑いは、plastic smile（目が笑っていない表面的微笑）と映る。

sorya-kimetsuke-yo
そりゃ決めつけよ。　That's your stereotype.

Good-looking women are cold (aloof).「美人はつんとしている（冷たい）」と言えば、That's your stereotype. I'm good-looking. But I am not cold. こんな返答をする美人はまずいないが、「そもそもアメリカ人」とか「そもそも日本人」とタイプ分けする人は、外国で攻撃されやすい。

「ユダヤ人とは」と言えば、「ユダヤ人も、いろいろいて…」とstereotypingはやめた方がいいとの忠言を受けることが多い。

あるアメリカの知識人が、Japanese scholars don't qualify their statements.（日本の学者は言葉を限定しない癖がある）と述べたことがある。

Japanese, except for myself, are... と"限定"(qualify)すればいいものを、一般論で決めつけてしまうから、誤解を招く。

生徒が Japanese are... と言えばSpeak for yourself.（自分個人に限定せよ）と忠告する。

前述したDr. Phil（フィル博士）は、アメリカの女性に憧れて渡米したいと言ったウクライナの女性に対し、I think it's wrong to stereotype American women.と釘を刺していた。

sore-demo-nattoku-shinai
それでも納得しない。 Give me reason.

　名古屋外国語大学教授時代に、私と呼吸のあった、デゾニエという、しつけにも厳しいアメリカ人教授がいた。ある日、隣の教室で、女子大生を叱っていた。大声だから、よく聞こえた。

　Don't give me excuses; give me reason (s).

　多分、遅刻の常習犯だろう。電車に乗り遅れた、目覚ましをかけなかったのは、すべて言い訳であり、納得のいくreasonではない。

　授業料が払えなくて、深夜のバイトが重なって倒れたというケースは多い——今どきの女子大生のことだ。これもexcuseだろうが、情状酌量(extenuating circumstances)の対象にはなる。つまり、「納得」とはreasonの有無と関係がある。

　デゾニエ教授が言い訳(excuse)をする女子大生に言いたかったことは、Reason with me.（ぼくを納得させてくれよ）か、Give me reason.（ぼくを納得させてくれよ）ということだった。

　一時的に「（説得されたが）納得しなかった」と言えばBut he (she) didn't get convinced.となるが、giveならもっと容易になる。He (She) didn't give me reason.

　すでに述べたが、You got me.の中にはreasonが含まれる。冠詞抜きのreasonは、納得そのもの。a reasonは、ひとつでも辻褄の合う理由のことで、reasonsと複数形になると、どんな理由でもいいから、とにかく納得させてくれ、となる。ニュアンスが微妙に違う。身も心も奪われた状態でも、reasonをgetすると、「騙された」とあとから告訴することは、絶対ありえない——たとえ相手が詐欺師であっても。「いい夢を見せてもらった」と感謝して、相手の罪を責めず水に流す。

　この種の腹(grit)も、陰徳(pay it forward)なのか、良きサマリア人の「徳」や、世間へ「恩送り」をする人のハラにも、納得させるreasonがある。

sore-demo-boku-wa-yatte-inai
それでも僕はやっていない。 I just didn't do it.

『それでもボクはやってない』という日本映画（周防正行監督）のタイトルが、こう英訳されて、膝を打った。justというワサビが効

いている。

justは、自分の立場を強く、正当化する(justify)意味なので、「これ以上突っ込んでもムダ」というニュアンスがある。

I think…と言えば、ネイティブは、Why?と訊くが、I just think so.と答えれば、それ以上のwhy攻めに遭うことはない。justは「おまじない」になる。

(sore-wo) kakugo
(それを)覚悟。　That's the price to pay.

You must be ready to accept the consequences.

正式な講演通訳か、ビジネス交渉の場面では、このような美しい表現が好まれるが、日常会話ではもっとくだけた表現の方が好まれる。

「ツケを払わされる」は You've got to pay for it.「大変なツケを払わされた」は I paid the terrible price for it. となる。「られる、される」といった受身思考を能動的に切り換えることだ。

You get what you pay for. この場合の「get」は accept consequencesのことで、支払った額に応じた結果を覚悟せよ、ということだ。

sorosoro
そろそろ。　It's about time.

「潮時」(high time)という文学的表現もあるが、「時は今」the time is ripe for 〜というせっぱつまった状況でないかぎり、big wordsは避けた方がよい。今が潮時なら、it's an opportunity.で十分。「物にはすべて潮時がある」なら、There is a (right) time for everything.がお勧め。

「そろそろ」「ぼちぼち」は、It's about time.とくだけた方が、お互いの距離が縮まりやすい。aboutをはずしても通じる。

son'na-hame-ni-naru-yo
そんな破目になるよ。　That's what you get.

getが自然に使えると、英語道有段者（黒帯）だ。

米大統領選ディベートで、トランプがヒラリーに最後に浴びせた、この表現は辛辣だった。

This is what you're going to get when you get her.（ヒラリーが

選ばれたら、こんなひどい結果になるんだよ。)

さりげなくgetを使って、えげつない本音を薄めている。when you get her（彼女が大統領になれば）をgetですませるこの庶民感覚。トランプは、「本音を言え」と相手に迫るときにもGet it out. と子供でもわかる表現を用いる。

娘にはこんな英語も使ったはず。Honey, you're getting a new tooth.（新しい乳歯が生えてきたね。）

son'na-mondai-ja-nai
そんな問題じゃない。　That's not an issue.

「あの人は、そんな人じゃない」「あの人に惚れてるんじゃないの？」「そんな問題じゃなくて…」。恋心は a problem であっても、an issue ではない。

an issue は争点のことだから、クールに語り合うべき (debatable) 問題のこと。好いた惚れたはホットな個人的問題だから、debateでは解決できないことが多い。

ディベーターや交渉者が好む表現のひとつ。That's a problem, but not an issue yet.

taika-naku-sugosu
大過なく過ごす　get through the day

一年間を大過なく過ごすは、get through the year。

最後まで試合を続けた（続投した）は、get through the game. だ。このthroughの中に、「いろいろあった」（通過した）という意味が込められている。

「艱難辛苦を通り抜ける」はgo through a lot.

「オレがどれだけ修羅場をくぐってきたか、オマエにわかってたまるか」は、You never know what I went through.

dai-sansei
大賛成。　I couldn't agree you more.

「賛成」ならI agree with you. で、「大」をつけると、very much? まだシロオビ。

クロオビ英語は、日本人が苦手とする否定形のnoを用いることだ。moreを否定すればよい。Couldn't agree with you more. と。

「君は最高のキャスターだ」はYou're the best anchor I've ever

met. となる。文法的には正しいが、英語らしい発想はnoというスパイスを使うことだ。I've never met a better anchor. のように。

こんな斬れる表現を教える番組がNONES CHANNELの「GLOBAL INSIDE」だ。視聴者に向け、毎週Glad you're home.（お帰りなさい）と、心の中で語っている。

7年間も続けていると、慣れてくる。住めば都とでもいうか、英訳すれば、Nothing like home. 斬れる英語はnoから始まる。

taido-de-shimese
態度で示せ。　Prove it.

Show it. ではまだ軽い。有言実行を相手に強いるわけだから、証明(proof)が必要となる。秘花（秘めたる美）を愛でる日本文化で、隠さずに顕わせと迫ることは、不粋(uncool)なのだが、顕われたものを善しとする欧米文化では――古代ギリシャ時代から――"証明"がすべてなのだ。

見えないものを見せることをproveというが、この証明ゲームが、日本人が不得意とするdebate（ディベート）なのだ。

英会話を始めて、何度も耳にしているが聴き取れなかった頃だ。Give me an example. と聞いて、ハハーンそうか、とわかったが、この例証も平均的日本人が苦手とする発想なのだ。

ようし、英会話とはディベートのことではないか、意地になってもディベートを学んでみよう、と一念発起したのが20歳の頃だった。Turns out (As it turns out), I've proved myself.（結果、私なりに意地を示した。）男の意地を示せ！はProve yourself a man. だ。

Prove it. との出会いは、中学生のときに観た映画『シェーン』の一場面だ。圧巻のジャック・パランスが相手を挑発するために使ったProve it.（そこまで言うなら、態度で示せ）という表現だ。やっと聴き取れたのは、高校生になってからだ。

takaga-hanashi-kotoba-saredo-kotoba
たかが話し言葉、されど言葉。　Talk is cheap, but speech isn't.

このことを述べたのは、哲学者で歴史家のTom Wolfe（トム・ウルフ）だ。

スピーチこそスーパーパワーだと、近著、"The Kingdom of

Speech"の中で喝破(かっぱ)している。話し言葉はちゃちなもの。だが、スピーチはそうじゃない。「たかが」と「されど」を使い分けた。

English is just a language, but it's the language. というふうにaとtheを使い分けるのが、私の得意とするところであったが、今回、トム・ウルフの言語哲学はもっと深遠だ。

生物学者のダーウィンは、人間は鳥たちからspeechを学んだといったが、チョムスキーは、いや人体の特殊な器官から派生したものだと、違った見解を出した。しかしチョムスキーは言語の源は、未知だと断定を避けた。

この発言に気を強くした、トム・ウルフは言う。「ダーウィンは、室内に引きこもり、自分の犬だけを見て育っている病的な人間だ。そしてチョムスキーは、エアコン中毒患者で、言葉を巧く操っているだけで、スピーチの本質がわかっていない。ぼくは真実を発見した」と。

その真実とは「スピーチとは、attribute（象徴）なんかではなく、artifact（文化産物）そのものだ」と言う。ホモ・サピエンスは言語を文明の武器にまで高めた、と言う。言語というものは、たかが道具でなく、武器なのだと。

英語は世界最強の武器なのだ。トム・ウルフの言語武器論を多分に意識して書かれたものが、この辞書だ。

tatakeba-deru-hokori
叩けば出るホコリ　a dirty little secret

a little secretとは、他愛(たわい)もない秘密ごと。その反対がa skeleton in the closet（押し入れに隠されたガイコツ）。

どんな立派な人物でも、dirty little secretsはある。The Economist誌（July 23rd, 2016, p46）の見出し(A dirty little secret)が気に入った。

天然ガスは、石炭や石油以上にクリーンであるという無傷の名声が、メタンのリークにより傷つけられ始めた、という。天然ガスですら、叩けばホコリが出たというわけだ。

tade-ku'u-mushi-mo-sukizuki
蓼(たで)食(く)う虫も好(す)き好(ず)き。　Takes many kinds.

和英辞書の定番は There is no accounting for taste(s). 説明口調

が強すぎるのが、タマにきず。

「世の中には、いろいろな人もいる」と置き換えると、It takes many kinds to make a world. となる。

耳にする英語は、Takes many kinds.（テイクスメニーカインズ）だ。相手もネイティブなら Sure it does.（ほんとだね）とくる。

「どんな人にも、それ相応の配偶者がいる」という意味なら、They deserve each other.（お似合いのカップル）。そのカップルが水商売で知り合った仲なら、「似たり寄ったりのカップルだ」They deserve each other. と、同じ英語となる。このように状況によっては、ほめ言葉にもけなし言葉にもなる。

tabako-suttemo-iidesuka
たばこ吸ってもいいですか？　Mind if I smoke?

Do you mind closing the door behind you? と言えば、No.（どうぞ）と答えるように、と教わってきた。

私は、ニューヨークのタクシーの運転手が Mind if I smoke? と問えば、Yes.（吸わないでくれ）と答えることにしている。

そして、Because I have a little bronchitis.（ちょっと気管支炎でね）と答えると、オーケーといって、諦めてくれる。

YesとNoの違いを教えるのを、英会話の第一歩としている。映画など観ていると、たばこを見せて Do you mind? と言うネイティブがいる。答えは Yes. でも No. でもなく、Please. という人が多い。

tabuh
禁句／禁忌　taboo / off limits

英語学習者にとり、カタカナ英語は危険だ。鵜呑みすることはタブーだ。

ただし、カタカナ英語がそのまま使えることもある。タブーがそれだ。Homosexuality is taboo here. のように。

オバマ大統領がgayで、ミシェルが男性であるというニュースは、メディアではタブー（トランプが大統領に選出されるまで）であって、こんな場合に使われるタブーは off-limits（out of bounds）が正しい（日本語のオフ・リミットは和製英語）。

単数の off-limit は出入禁止。タブーは「問題発言」（politically incorrect）にまで薄められた。

アメリカでは、テレビにPC番組が登場して久しい。なんでもあり、The sky's the limit.（青天井）となった。

日本も近づきつつある。Japan's getting there。

tabun-ne
多分ね。　It's probable.

Probably it will rain this afternoon. と言えば、80パーセント以上の確率がある。口語表現ではChances are…が用いられる。

多分と言えば、多くの日本人はmaybeかperhapsと答えるが、大人の会話では、確率論(probability)が入ってくる。

probableの確率は、まず間違いない。いや、ひょっとしたら、嵐になるかもしれない、という場合はpossibleになる。絶対ありえない、とは言い切れない、という感じだ。英語は数学的なのだ。

tamashi'i-wo-uru
魂を売る。　It's a sell-out.

「ふと魔がさした」が、The devil did it. なら軽犯罪、彼女にキスを求めたのも、魔がさしたから、と言えば無罪。

しかし、じっと悩んだうえに、悪魔（通常マネー）に魂を売り渡す(sell the soul out to the devil)行為は重犯罪だ。

金のために——あるいは脅しに負けて——魂を売った芸術家に対して、欧米社会では、手厳しい。He sold his soul to the devil. と言う。

私は長い文章を好まない。He sold out. でも通じるから、私なら使う。

こんな米語も。It was a sell-out.

闇の権力により葬られたマイケル・ジャクソンは、よく口にしていた。Never sell your soul to the devil. と。

tamatama
たまたま　by accident

偶然はby accident。accidentallyは書き言葉にとどめておこう。by chanceでもよい。

「たまたま出会ったんだ」（別に密会していたわけじゃない）It was just a coincidence.

もっとくだけてIt so happens (that) we met there. と、いやもっ

とくだけることができる。We just met there.

My brother was hit (run over) by a Korean truck driver. と私の幼児体験を語ったとき、相手の韓国女性はIt was an accident. と即座に答えた。I'm sorry. と枕詞(まくらことば)が欲しかった。

そんな個人的な感情はさておき、It was an accident. とは便利な言葉だ。「たまたま」で許されるケースが多いからだ。

a coincidence（偶然の一致）という場合は、因果関係とは別に生じたことなので、弁解に使える表現だ。

相手も、「よくあることだ」(Happens all the time.) と相鎚(あいづち)を打ってくることがある。

chikuchiku
ちくちく　cynical

京都人があけすけな大阪人を見ると、ズケズケ。大阪人から京都人をみると、ちくちくとなる。ホンネを抑え、ちくちくと刺すから、「いけず」と形容されることが多い。

「いけず」とは、関西地方で「意地が悪い(spiteful, mean)」ことを指す。spitefulは少し言いすぎだが、ストレートに言えないから冷笑的になる。かといって、そんな気質を音感的に捉えたらちくちくとなる。針を刺すならneedling。needleが口語的に使われるときは、毒舌(どくぜつ)に近くなる。

give someone the needleは、いびったり、人をいらいらさせることだから、トゲ（毒）がある。プライドの高い京都人は大阪人に向かって、「あんたには言われたくない」と怒るだろう――無言で。

むしろ、私が通訳するなら、They're just cynical. とトーンダウンする。cynicismは冷たいが、笑いがあるから、都会的センス(urbane taste)とユーモアセンスは認めているわけだ。内心、認めていなかったりして…。

chi-ni-ashi-wo-tsukeru
地に足をつける　keep oneself grounded

ポップ・ミュージックのプリンスといわれた18歳の青年(Shawn Mendes)のセリフが、歳のわりにはしぶい。"You just gotta keep yourself grounded."（*TIME* Oct.31, 2016. p19）

プレッシャーを伴った、チャレンジングな仕事が増えてくる。め

まぐるしい変化に取り残されてはならない。

「しっかりと足を地につけておかなくっちゃ」という気迫は、keep oneself grounded がピタリ。G語（G-words：grip, grit）と get がペアを組めば、ground という名詞も、もっと幅広く使える。例えば Get your feet on the ground. のように。

chame
ちゃめ（茶目） playful

ちゃめとは大人にとって「遊び心」(playful spirit)となる。子供や子犬にとって"じゃれて"いるだけ。茶目っ気のある、とは be full of fun か playful のこと。

茶目っ気とは playful spirit のことだ。英語を学び、そして教えるには、何も恐れず、人目も気にしない童心(childlike innocence)が必要だ。

子供が遊びにふける(be engaged in play)とき、心奥(しんおう)にある dream world を実社会(the real world)に反映させようとして、世間からとがめられないから、ノビノビと(effortlessly)創造性を伸ばすことができる、と Peter Himmelman 氏は著書 "Let Me Out" の中で述べる。

この子供たちの playfulness から生じた positive thinking が creativity を産むと。茶目っ気という childlike mindset がないと、クリエイティブな辞書も編めないということか。

John Locke（ジョン・ロック）は infant mind は、tabula rasa (blank slate)、つまり白紙の状態だと言った。最もふさわしいディベートのジャッジは、かくありき。

charenji-suru
チャレンジする　take on

人（他国）より一歩先んじたいという one-upmanship ゲームは、男の世界だけではない。女性もワンアップマンシップ（人を出し抜く術）というパワーゲームを演じ始めている。

TIME 誌はこういう globe trotting women が世界に羽ばたく姿を taking on the world（世界にチャレンジ）するという口語表現で表わしている。

チャレンジを challenge とそのまま使うと、誤解されやすい。

GM、IBM、PEPSI、デュポン、ロッキード、Yahoo!、Avon と女性ばかりがトップに君臨（くんりん）し始めた。

tsui-kiratte-mitaku-naru-otoko
つい嫌ってみたくなる男　a man everyone loves to hate

　女心（おんなごころ）はわからないが、「にくい人」とは、好きではないが嫌ってみたくなる男性のことなのだろう。

He's a kind of guy every woman loves to hate.
「つい」ケチをつけてみたくなるショウなら、こんな風に訳せる。
It's the show everybody loves to hate.

　もっといい訳があれば、教えていただきたい。

tsuh-kah-no-kankei
ツーカーの関係（以心伝心）　speak the same language

　お互いにビビビとくる関係なら、言葉はいらない。ツーカーの仲だからだ。それなのに speak the same language とは一見矛盾（むじゅん）のように見えるが、言語とは必ずしも「人間だけのもの」とは限らない。

　The caravan and the desert speak the same language. という表現がある。

　ウマが合う、呼吸が合う、ツーカー。これらはすべて speak the same language、つまり言語によるコミュニケーションが不要という状態だ。

　禅で言う「以心伝心」も speak the same language だ。
「隻手（せきしゅ）の声を聞け」（Hear the one-hand clapping）は、言語や論理を用いるとわからなくなるが、言葉を捨てると、わかる。

　わかる？　そう、言葉や思考が邪魔になることがあるということ。the language of omens という縁起（えんぎ）の言葉が言霊（ことだま）の世界にある。

tsurai-sentaku
つらい選択　tough choice

　I left my company. It was a tough choice.
　I left my wife and kids. It was a hard choice.
　tough も hard と同じように使われるが、微妙に違う。hard は「つらーい」「身を切るような」選択だ。清水（きよみず）の舞台から飛びおりるような心境は、やはり a hard choice だろう。

tegowai
手強い（相手）　tough

強面（恐面）する相手はfearされるから、tough。He's a tough act to follow（前の人がすごすぎて、あとがやりづらい）。

tough negotiator（勝負強い交渉人）に見るごとく、外面的な強靭さがtoughnessだ。

卵の殻はtoughであっても、中身がsoftである場合（生卵）が多い。ゆで卵はhard-boiled（固くゆでた）と表記されるように、中まで固い。

優秀な人とは文脈的にbright（学校での成績がよかった）な人だろう。学歴だけが輝いているエリートはsmartと形容される。

IQの高い人(high IQ people)は、大企業では有利なsmart guysであっても、street-smart（中小企業やベンチャー企業に強い）ではない。近江商人は、"はしこい"(street-smart)と呼ばれていた。

IQ gets you hired. EQ gets you promoted.（IQは就職に役立つが、EQは出世に役立つ）という格言もある。

「勝負強く見える」のがtoughであれば、見えざる心の強さ(strong)はhardになる。

いい参謀とは両側面を持つ。She looks tough.と言っても、She looks hard.（非情に見える）という英語は耳にしない。He's tough outside, but soft inside.とリズミカルなセンテンスで覚えておこう。

te-wo-sashi-noberu
手を差し伸べる　reach out (to 〜)

心を拡げるなら、open one's heart。

同じ心でも、「知的な好奇心」となると、one's mindとなる。open your soulとは言わない。

「腹を割る」なら、level with someoneだ。その前に、相手にreach outして、それからコミュニケーション（relate toという語彙が使われる）が始まる。

人と人が、電話やメールで連絡し、お互いに接触を持つときには、最も無難で応用の効くreach out (to 〜)が使われる。

tensai
天才　genius

　天才をgeniusとすれば、秀才はtalentというのが私説だが、少し無理がある。

　マックス・パーキンズはトム・ウルフをa man of enormous talent, geniusと描写している。talent豊かな人はgeniusとだぶらせている。

　パーキンズは、才気溢るるトム・ウルフの作品を遠慮なくカットし、文体を整えた。

"Did Wolfe take your suggestions gracefully?"
（ウルフは、あなたの提案を潔く受けてくれましたか？）

He would not give in easily.（そう簡単には妥協してくれなかったのが常だった。）

　納得には時間がかかった。二人はゴーガンとゴッホのような芸術的な愛憎交錯関係(ambivalent relationship)にあった。

tenju-wo-mattoh-suru
天寿を全うする　live out one's life

　天から与えられた職業のことをcallingという。私にとり英語道(the Way of English)を貫き通すことによって、天寿を全うする(live out my destiny)ことができるような気がする。

　その途中で他界しても、「天寿を全うした男」という評価を得たいものだ。

「天寿を全うする」はlive up to a ripe old ageという訳が標準だろう。

　しかしこれでは、若くして牢獄で生涯を終えた吉田松陰は、若死にしたがゆえに、浮かばれなくなる。殉死とは、年齢とは関係がない。

　Yoshida Shoin lived a short but intense life.と表現し続けてきた私だが、死者（たとえばマイケル・ジャクソン）に対して「天寿を全うした」と讃える表現などあるのか、としばらく悶々としたものだ。

　そんなときに、TIME誌の10 Questions（April 7, 2014）で、こんな、なんでもない口語表現に出食わした。

We grow hay for the animals, but it's primarily a sanctuary, a place where animals get to live out their lives.（我々は、動物のために、干草(ほしくさ)を育てた。しかしそれは動物たちが生き永らえて、天寿を全うする聖地なのだ。）

live out their livesの表現がニクイ。out（全うする）の中には、万感の想いが込められている。こんな難訳辞書を、13歳から毎日続けている私の当用日記と同じように、天寿を全うする日まで書き続けたい。

I want to live out my life.

touge-wo-kosu
峠を越す　turn the corner

「峠」という漢字が和製だとわかったのはいいが、「峠を越す」の英訳がまだ絵にならない。車を使うアメリカ人とは、upとdownの感覚が違うようだ。スリムアップ（やせること）の正しい英語がslim downであり、（教育の）レベルダウンがdumb downと気づいたのは、速読、速聴のおかげだ。

ヒアリング(listening)に弱かった私は同通（同時通訳）で何度か泣き、アメリカ大使館勤務の頃は、人と会ってアウトプットする時間を減らし、もっぱらインプットに力を入れた。そのおかげで、やっと峠を越すことができた。

「峠を越す」も最初は、over the hillではないかと勘違いしていたが、多量なインプットにより、誤解だと知った。

over the hillは「（人生）下り坂」になるから、ネガティブになる。turn the cornerはポジティブだ。cornerには窮地やピンチという意味がある。

tougen-kyo
桃源郷　oasis

和英辞書で見るとa paradise on earthとかShangri-La（シャングリラ）が出ている。パラダイスは天国だが、決して行きたいところではない。死後の休憩所としては、ふさわしくない。

ユーモラスな仏教徒に言わせると、死後は、天国より、地獄へ行きたいという。その理由は簡単。天国には、友人は一人もおらず、淋しいからだという。

仏教徒ジョークといえども、言い得て妙だ。

Shangri-Laも架空の楽園で、ユートピアすぎる。

生駒山に有精卵を売っている農家がある。看板が「桃源郷」であった。何千というニワトリが自然環境で育っていた。テンポの速い音楽を聴かせて、一日に何個かの卵を産ませるといったノルマもない。水も野菜もすべて自然。

さて、この桃源郷をどう呼ぶか。前述した"The Alchemist"(『アルケミスト—夢を旅した少年』)に戻ろう。

The oasis is neutral ground. No one attacks an oasis.

これだ。私塾紘道館は、人が恐れるブラックホールと自虐的に喧伝していたが、最近、英検以外にTOEIC満点という常連組が流れ込んできたので、紘道館は、梁山泊(『水滸伝』から)を廃して、oasis(オアシス)と呼ぼうかなと思っている。英語難民大歓迎。

dohzo
どうぞ。　Here you go.

Please.ではない。お願いだから(やめて)という場合ならpleaseは使える。

「テイクアウトですか、どうぞ」なら、To go?だけで通じる。

注文の品を眼前で渡すなら、Here you go.

現金を前に差し出して、Please.(後生だから受け取ってください)と言えば、まるで裏金。

こんな英語を耳にしたら、私は忠告したい。There you go again.(またドジったね)と。

dobyo-ai-awaremu
同病相憐む。　Misery loves company.

映画『ベストセラー編集者パーキンズに献ぐ』(Genius)を観て、天才編集者パーキンズの伝記を原書で読み、ますます、この悲哀に満ちた男に惹かれていく私だ。

ヘミングウェイ、フィッツジェラルド、トム・ウルフ。これらの天才作家はすべて女難(trouble with women)と闘った。Miserable. その傷を癒しながら、編集を続けた。つまり彼は、He put those gifted writers out of misery.

四度目の結婚を迎えたヘミングウェイは、最もドナルド・トラン

プに似た気質で、大らかだったが、やはりスネに傷(a guilty conscience)はあった。

なぜ、彼らの心情が理解できたのか、その理由は簡単、パーキンス自身もmiseryの人間だった。御しがたい女房との間にトラブルは絶えなかった。

彼はwriterとしても通用した。人に「なぜあんたは書かないの」と言われて、「いや、編集者は影で、光になってはならない（彼の心情を慮った私の超訳）」と言い続けた。

つまり、Fellow sufferers pity one another.とあったが、文章が長すぎて、私の美的センスに適わない。

"MAX PERKINGS"の読後感を、私の英語で、ひとまとめしてみたい。

Perkins put gifted writers out of misery, by putting himself out of misery.

ところで、miseryに関して、一言。文筆家としての私が、恐しくて、もう二度と観たくないが、ついつい観てしまう、映画がある。それが『Misery』。スティーブン・キングのホラー映画だ。

(dokoka) kuru'u
（どこか）狂う　go wrong

「どこで歯車が狂ったのか」「どこでボタンをかけ違ったのか」という表現が好まれるが、英語では簡単。

Something went wrong (somewhere), I don't know why.

「我々二人の間が、なぜこんなことになったのか？」(I wonder what went wrong with us?)

「どこかで、彼女がぐれ始めたんだ。」(She's gone bad somewhere along the line.)

「一緒になる相手を間違えたのか。」(Maybe I married a wrong woman.)

「いや、あの女がいけないんだ。」(No, you married a bad woman.)

ある米映画の一場面。地面から首だけ出している男（米人）にジャッキー・チェンが道を聞いた——救わずにだ。

あとで二人が再会。ジャッキー・チェンが怒る。「あのときのお前の教え方は、なんだ」

どこんじ

その米人、「いや、ちゃんと教えたぜ。反対の方向だけどな。」

そのときの英語はちゃんと覚えている。You gave me the bad directions? No, I didn't give you the bad directions. I just gave you the wrong direction.

日本人も中国人も、badとwrongの区別に弱いようだ。

do-konjyo
ド根性　grit

根性(こんじょう)があれば秀才になれる。しかし、天才にはなれない。秀才は努力する。しかし達成したら、やめる。天才のゴールには際限がない。

だから、ドリョクにドがつく。ドドリョク。いったん、この道と決めたら、ドドーッと怒濤(どとう)の勢いで、熱中する。期限付きの秀才の力が及ばないところだ。

大阪でも、このドがモノを言う。ド根性がそれ。ドてらい奴がそれ（佐賀ではガバイ、名古屋ではドエリャー）。

どうも「仕事の鬼」を表現するには濁音が必要だ。このド語は、英語にはない、いやある。それが、今、アメリカの経営者が注目しているgrit（ド根性、ねばり）だ。

大阪だけでなく、東北人（とくに天災や人災の犠牲になっても、めげなかった）福島の人たちのねばり（resilienceとtoughness）は、すべてgritなのだ。

短期決戦型のアメリカの経営者が学ぶべきは、「ナニワ英語道」を動かしている、このgrit。Get gritty.（ド根性だ！）

> ☕ **コーヒー・ブレイク**
>
> ### 英語をモノにするには、Grit（ド根性）が要(い)る
>
> 英語の心を求める、英語道を極める旅を続けるには、ド根性が要る。まるでこの英語バカは"極道(ごくどう)"。ド阿呆(あほう)とかゴクドウと濁点がつくと、gというアルファベットがglitter（ギラギラ光る）する光沢(こうたく)を発する。
>
> 佐賀県のガバイ、名古屋のドエライ、大阪のドテライはすべてgutsyで表現される。ナニワ英語道にとり、gritという、ド根性の価値は、gold standardであり、かなり普遍的だ。

どこんじ

　まずネバリだ。原発事故直後に見せた福島県民のあのネバリだ。perseverance（堅忍不抜）という英語がbig wordでなくなったくらい、使いふるされた。

　最近、世界中で話題をさらっている、Angela Duckworth（アンジェラ・ダックワース）の快著"GRIT"を読んで、これは私が求めていた、腹芸(gut play)の肚（土が加わるとgrit）のことではないかと思った。

　表紙には、passion（情熱）とperseverance（忍耐）となっているが、辞書訳ではピンとこない。

　ギラギラと脂ぎった執念とは、口語的に表現すればstick-to-it-ivenessとなる。このねばりとド根性が天才(grit)と秀才(talent)の差となる。

　talentはT-wordで見える。ところが、見えないgritのG語(G-word)は土（ground）と関係があるから、globe（地球）、geography（地理）と関係がある。

　人体でいえばgenes（遺伝子）、genom（ゲノム＝生物の全遺伝情報）である。生命体は、そこから発生(generate)するのである。

　だから、『旧約聖書』の「創世記」はGenesis。そして地球はGaia（ギリシャの神はGaea）、地球は母なのだ。

　ギリシャのguneとはwomanのこと。gynophobia（女性恐怖症）。gynecologyは婦人科医学で、婦人科医は？　そう、ガイネコロジスト(gynecologist)。

　生殖器官はgenital organs。これらは、自然に発生(generate)したもの。

　天才(genius)とは、(genetically) giftedという意味である。それならば、天賦の才能とは、biological-givenなのか。grit（ド根性）も、生まれつきのものとなる。

　いや、Grit grows.とこの著者はいう。氏(nature)と育ち(nurture)の相乗効果で、ド根性は育つ。見えない、gritとは、人格の根っこの部分である。

　gritが幹(character)となり、開花すると、結実する。これがpersonality。これらは、ある程度、客観的に評価される——talentとして。

gritという名の天才

ところで、テレビ・タレントというのは、英語ではない。TV personalityという。タレント議員とは、タレント（才能）のある議員のことではなく、メディアに取り上げられている政治家のことだ。風格や貫禄（英語ではgravitas）がない。重力(gravity)がない。風のようにフワフワ(fluffy)した、目立ちたがり屋(attention-getters)。

英語で言うtalentとは、社会に還元されうる才能のことで、もっと重い。重力(gravitational pull)がある。

だから——秀才とはtalentのことである。世のために役立つ優秀な人材はtalentである。しかし、そのtalentでも勝てないのがgritという名の天才である。

talentは頭がいいが、耐え続けることができる人材だとは言い切れない。自分の会社がやばいことを分析し、やばいと知ると、倒産する前に飛び出すtalent社員が勝てないのが、残務整理をネチネチ続けるgritty（愚鈍）な社員である。

短期決戦型はtalent。長期決戦型はgrit。前者は、倒れる前に逃げ、後者は逃げず倒れたあとも立ち上がる。この"七転八起"(fall seven, rise eight)が、gritのシンボルだ。

著者のAngela Duckworth女史は、この日本人好みの言葉を座右の銘として、壁に貼っているという。

秀才が華やかな桜とすれば、天才は地味な梅だ。style（外見）よりsubstance（中身）、虚より実。やはり最後に笑うやつはgritty guysだ。

めったにヘコたれないことで知られているフィンランド人のド根性(the Finnish spirit)は、まさにこのgrit（フィンランド語でsisu）であろうと、Angela女史は睨んだ。このスィースゥというguts（ド根性）は、いじめっこの（武力にモノをいわせる）ソ連の攻撃（the Winter War＝冬の陣）に対してもじっと耐え抜いた、という苦難の歴史の産物なのかもしれない。

フィンランドの教育水準の高さは、宿題がない、競争させずに、自由奔放に遊び心で学ばせるから（映画監督マイケル・ムーアの炯眼）だけではなく、耐寒、耐雪で培われたフィンランド人

のsisuというgrit（ド根性）があった。

　人は根っこの部分がしっかりしていれば、必ず大成する。gritとは、要するに扇の要のようなものだ。広げれば、派手なmind、heart、地味なsoul、spiritがパッと姿を顕わす。

tossa-ni-kangae-ru
とっさに考える　think on one's feet

「自分の頭で考えよ」はThink on your own.

　Don't be swayed by others' opinions.のことでもあるから、独立思考ともいえる。日本の英語学習者の耳には、independent thinkingの方が入りやすい。

　She's on her own.は自分の頭で考える(figure it out)ことができるから、「彼女は自立している」となる。そんな独立心旺盛な女性は変化に強く、とっさに考えることができる。

　Such women can manage any situations.（どんな場合でもうまくやっていける。）on their feetの足は「行動」をシンボライズするから、その場その場にふさわしい立ち居振る舞いができる。

「先生は現場力がありますね」と私の即興がほめられたことがある。現場力？　どう英訳すればいいのか。「なんとか力」という日本語にとらわれず、とっさの言動に強いて置き換えるならYou can think and act on your feet.だけで十分だ。

docchi-mo-docchi
どっちもどっち　like a pot calling a kettle black

　理研で相次ぐ論文（STAP細胞）不正が発覚した。『夕刊フジ』が「一体どうなっている？ 科学界」という見出しを載せ、小見出しに「どっちもどっち」という、斬れる日本語表現を使った。瞬間、That's like a pot calling a kettle black.（目糞が鼻糞を笑う）と頭の中で同時通訳した。

　科学界の人間をすべてひっくるめて、「どっちもどっち」とか「どんぐりの背くらべ」と表現するなら、Six of one or half a dozen of the others.と訳すだろう。

　理研のトップに選ばれた人は、欧米人感覚を用いれば、first among equals（目立ってしまったドングリ）というところか。訳

は、文字通り (literally) より visually の方が記憶に残りやすい。

towa-iu-monono
とはいうものの　that said

Having said that. の短縮形が That said. だ。

ネイティブ同士の英語として、TIME誌などの書き言葉の中でもしばしば登場する。愛は告白するもの、と言ったものの、私は女房に対して「愛してる」なんて言えない。

ナニワの落語家の月亭可朝に向かって、当時、よくテレビに出ていた細木数子が「このテレビで、奥さんに愛してると言いなさい」と、いつもの命令口調で言う。そのとき彼は、「愛してる？ センセ、それ外国語でっせ、いえまへん」と答えたので、周囲が笑った。そして私も。

「恥ずかしくて言えない」というのが伝統的な日本男子の恥じらい。しかもテレビで……。Can't tell.

> **コーヒー・ブレイク**
>
> ### I love you. は「愛しているよ」と訳していいものか？
>
> アメリカでは、家を出る前でも、お互いに夫婦が I love you. と言う。「じゃね」という調子なのだ。
>
> あるアメリカ映画でこんな感動シーンがあった。父を憎んでグレていた息子が、やっと父親の愛情に気付いたときは、時遅し。警察官に連れていかれる車の中。後ろの窓から、初めて父に投げた言葉が "Papa, I love you." だった。父に聞こえないのは仕方がないが、その字幕が「パパ、愛してるよ」であった。白けた。直訳しては困る。
>
> 数人の生徒に聞いたが、「パパ、本当にありがとう」「パパを誤解してたよ」「言えなかったけど、好きだったんだよ、お父さん」から、ただ「ごめんね」等々の訳が集まったが、「愛」と訳した生徒は誰もいなかった。
>
> アメリカ人の I love you. の love は、like に近い。「気に入っている」ぐらいかな。どうしても love を使いたいなら、少しだけてみよう。you を ya に変えて、I もとって、Love ya.（ラヴヤ）ぐらいに薄めたらどうだろうか。

日本人の愛にはスレ違いが多い。目よりも耳の感覚の方がより強烈な場合だってある。Love is deaf. でもいい（「恋は盲目」の項参照）。相手に面と向かってI love you. を使うときは、それだけの覚悟が要(い)る(Love at your risk.)のだ。

tomodachi-jya-naika
友達じゃないか。　What's a friend for?

「こんなときにこそ友達のよしみで」という意味で、よく使われる。for friendship's sake(out of friendship)なら、友情出演のときの依頼にも使える。

「水くさいぜ」という場合なら、この表現がお勧めだ。

　もっとくだけると、Come on! と力強く迫ることだ。その後に「昔からのなじみじゃないか(for old time's sake)と付け加えるのも芸のうち。

　Are we old-time friends? と同じ意味だが、より迫力がある。

　friendsの代わりに、*sayoku* activistsとかold-time prison matesでもよい。

dorai
ドライ　businesslike

　ドライを『ウィズダム和英辞典』で引いてみると、businesslike（事務的）、practical（実際的）、calculating（打算的）、unemotional（薄情）と並んでいる。unemotionalは冷静だが、薄情（unfeeling）ではない。それはともあれ、ドライの反対はウェット。logicの反対をemotionと捉えて融合（fusion）させてみよう。

　こういう対位法（counter point＝音楽用語）を、筆者は「英語で考える」と定義している。英語をペラペラしゃべることが、英語で考えることではない。対(OR)で考えてみよう。同辞書には、ウェットはtender-hearted; sentimentalと出ている。私の訳はemotionalだ。

　日本のビジネスマンがなぜロジックに魅(ひ)かれるのか。それは、ベタベタしたウェットな関係から、カラッとしたロジックに解放されたいという潜在意識にありそうだ。

　人は、なんらかの柵(しがらみ)に隷属(れいぞく)している。そこではどうしても、切

っても切れないベタベタ、ネチネチした因縁がからんでくる。からっとした、さっぱりしたという美的感覚でlogicを捉えてしまう。

They are right for the wrong reason.

正しいが、それは、誤解に基づく理解だ。

「さっぱりした」はemotionの次元で、logicのそれとは無関係なのだ。They are ～と日本人をひとくくりにしてはならない。日本人をtheyと呼んだ白洲次郎と同じ轍を踏むことになる。

日本人の私も、そのように考えていたときがあった。英語を究めようとして、日本語を究めてみようという気になった。英語で考えるとは、苦行(challenge)であるが、それだけやりがいがある(challenging)。

最近オバマ前米大統領が、22年間続いたwet foot, dry foot（濡れた足、乾いた足）政策にピリオドを打ったという。アメリカの土を踏んで、そこに住むキューバ人がdry foot。キューバから脱出して、海兵に捕まったキューバ人は、国へ戻される――これがwet foot。このキューバ人地位調整法にまったく思想はない。

日本人の美的感覚はもっと深い。なかなか、辞書だけで解説できるものではない。

toriaezu

とりあえず。　For now.

「とりあえず、乾杯。ところで『とりあえず』は英語でどう言うんですかね」と突然私に振られて、あわてたことがあった。

もと米大使館の同時通訳者であった、この私がである。今ならわかる。for now だけでいい。

「とりあえず大学を卒業して、とりあえず結婚をしまして…」という、いい加減な人もいる。I just got out of college.

And I just got married... というように just を使う人も多い。

あまりに身近な言葉なので、通訳に困る。

Let me suffice it here to say that I've had trouble translating "toriaezu" into English.

torikomi-chu-desu

取り込み中です。　I'm busy.

「今、取り込み中ですか？」It's a bad time?

真夜中の訪問は wrong time。

昼間でも、会っていいとき (good time) と都合の悪いとき (a bad time) もある。

ある米映画でこんなシーンがあった。男女二人のロマンの最中（つまり取り込み中）、夫が帰ってきた。三人ともまっ青。その三人が発した共通の難表現があった。なんだと思う。そう、Oh, my God! であった。

dorodoro
ドロドロ　down and dirty

政治とは、もともと a down and dirty game のことだ。

どんな組織でも派閥争い (turf battle) や内輪もめ (infighting) は避けられない。政治を原点の政事（まつりごと）まで戻せば、私闘（インターネット上でのドロ試合）は避けられる。

恥ずかしながら、紘道館内でも兄弟ゲンカは避けられない。一昔前の、ナニワの英語道場時代から50年近くたっても、嫉妬がらみの feud（争いや反目）は避けられない。ドロドロになる (go down and dirty)。この私闘で敗れた人間はボロボロ (down and out) になる。

瀕死（青息吐息）の状態は、まだ息が途絶えていないから、He's down but not out. となる。down までは必死になって救う。

しかし、out（語るに落ちる）になると、破門 (excommunication) は近い。トップより、トップをも動かす「空気」に裁かれてしまう。

a bad apple（樽内の他のリンゴも腐らせる）となると、「空気」により裁かれてしまう。「空気」は「和」と同じく、日本の justice に相当する。

tonde-hi-ni-iru-natsu-no-mushi
飛んで火にいる夏の虫　fall for

容易に相手の罠にはまる、という意味だから、fall for にとどめた。

夏の虫は、省略した。play into the hands of someone となる。

どうしても、夏の虫を使いたいなら、誘蛾灯に惹き込まれる、可哀相な蛾をイメージして、こんな文学的表現はどうか。

drawn to something like a moth to a flame

これに近い英語表現は、何度も目で、耳で出会っている。

日本軍が真珠湾に奇襲攻撃をかけるように、はめられた (set up)という場合ならbe lured into 〜（lureとはおびき寄せるの意味）か、be goaded into 〜（著者の私は、こちらを好む）の方が、絵になる。『ウィズダム和英辞典』に、おもしろい表現があった。A fool hunts for misfortune.（著者の私は、まだ耳にしていないが）

なるほど、戦術的成功、戦略的失敗のモデルとされたPearl Harbor Attack（真珠湾攻撃）とはこのことか。しかし私の好みは、『ジーニアス和英辞典』のlike a moth to a flameに変わりはない。

don'na-shudan-wo-tsukattemo
どんな手段を使っても　whatever it takes

よく耳にする口語表現だが、日本人の耳に入りにくい。そして使いにくい。

日本人の耳に入れようとすれば、through every possible legal means availableとbig wordsを使えばよい。

またはtakeの代わりに、be necessary for 〜 to 〜の構文を使えば、日本人には好まれる。リズム感に乏しいが。

meansの前にlegalを入れると、法的手段となる。ethicalを入れると、あらゆる「人脈を使って」となり、姑息な印象を与える。

方法論よりも、どんな努力も惜しまない、という姿勢を打ち出すなら、Whatever it takes.

nakaseru
泣かせる　break one's heart

80歳を越えた歌手の菅原洋一（不運な歌手人生にめげず、歌い続けた）に、娘がママ（妻）と共に、一家を代表して賞状を与えた。その時の言葉が「泣かせるな、お前」だった。

この執筆中、TV番組から、たまたま耳にしたセリフも、ふと同時通訳してしまった。

"You're breaking my heart." と。

こんな家族——私にはあまり縁がなかった——には、私ももらい泣き (cry along) してしまう。

そのあとの老人歌手は一言続けた。「言葉を失ったよ」(I lost

speech.) と。この言葉は蛇足。

nakama
仲間　　one of us

　日本人はウチかソトで考える。仲間か他人か、日本人かガイジンかと。

　欧米人の感覚は、そうではない。usかthemという区別でイメージしがちだ。

「あいつはまるでガイジン」He's one of them. と言えば、日本人の中でも浮き上がっている人のことだ。その場合の英訳はforeignersではなく、one of themである。

　トンデモ本は、私ならanything but booksと直訳するが、アメリカでヒットした同類の本のタイトルは、なんと "Them" であった。店頭で平積みされていた本を手に取って、立ち読みしたが、なんと、「陰謀説」(conspiracy theories)を信用する人たちの無知を暴いたものだ。

　陰謀説などナンセンスと決めつけるその作者は、常識派(us)のつもりだが、theyから見ると、themなのだ。

「やつは、我々の仲間だったのに」(He used to be one of us.) と捨てゼリフぐらいは吐くだろう。

naka-yoku-suru
仲良くする　　get along

「和」のシンボルを togetherness とすれば、常に側にいることだ。「仲違いしない」(get along) ことだ。

　欧米とは違って、日本では、口論すれば仲違いになり、「和」が吹っ飛んでしまうことが多い。

「我々は口論（けんか）せず仲良くやっている」とは、We're getting along (fine). になる。ただ従うだけなら、go along がよい。

　だから、「右へならえ」の項で述べたが、「右向け右」は Go along to get along. となる。

(naze-watashi-dakega) kon'na-me-ni
（なぜ私だけが）こんな目に。　　It's just not fair.

　子供のセリフ（兄弟げんかのときなど）としては、よく耳にする。

大人のセリフとしては、What have I done to deserve this?

自分の不幸を呪うときなど（「こんな私に誰がした」の項参照）。「だれが」より「なぜ」の方がパンチが強い。より具体的になる。Why me? Why now? Why he? と。だから Why me? のあとに、It's just not fair. を加えれば完璧。

natsukashii
懐かしい。　Feels like old times.

あの頃が懐かしい (I miss those old days.) でもよいが、ひとつの形容詞で形容することは難しい。it が省略されている feels like でも、seems like でもよい。

ちょっと飛躍して、Give me a home where the buffalo roam. という「峠の我が家」のラインが「懐かしさ」を伝えてくれる。

give を使わざるをえないとなると、この「懐かしさ」がいかに難訳語であるかがよくわかる。

nanika-kawatta-koto-wa-naika
何か変わったことはないか？　What's new?

news より new の方が「間」が縮まる。

Nothing (new). なら "No news is good news." と一言加えることで、温もりが加わる。等しい間柄は一息英語だ。

Are you new here?（見かけないが。）

Yeah, I'm not from here.（そう、よそ者です。）

Do I know you?（どこかでお会いした気がするが。）

But I know YOU.（私の方は、あなたのことを知っていますが。）

nani-ga-ki-ni-kuwanain-da
何が気にくわないんだ。　What's your problem?

相手がピリピリしているときには What's eating you? とか What's your problem? がストレートでわかりやすい。

What happened? は、相手が怪我をしているようなときなら、いいだろう。

Where'd you get that?（that は、見える怪我など）

nani-wo-shitemo-yurusare-ru
何をしても許される　get away with it all

トランプは「スターだったら、女性に何をしても許される」とい

う発言で、多くの女性を敵に回した。しかし、トランプの「勢い」に勝てなかった。

If you're "a star", you can get away with it all.

通常「なんでも」はmurderで代用されるが、「殺人でも許される」よりitでボカし、そしてallでにじませたのはTIME誌の名人芸だ。

スターを"a star"と引用符で囲んでいるところは良心的だ。

TIME誌の記者は、トランプをスターと呼ぶことに躊躇しているのかも。

namae-make-suru

名前負けする　　fail to live up to one's name

欧米ではこんな表現はあまり使わない。

彼らは、not live up to one's expectationsという言葉をふんだんに使う。「期待に添うことができない」という意味だ。expectationsの代わりに、reputationsでも通じる。

日本人ほど、「名前負け」にこだわる民族はいないだろう。ぎこちなくても「名前負けしないように」は、Live up to your meaningful name!というより他はない。

または、Do justice to your great name.（立派な名前を泣かせちゃいけませんよ）ぐらいでとどめておこうか。

nantoka-naranai-ka

なんとかならないか。　　Do something about it.

このイギリス人好みの英語（Can't something be done about it?）のニュアンスについて、ヘンリー・スコット・ストークス（Henry Scott Stokes）記者に聞いた。

アメリカ人が真似のできない、婉曲的な表現だという答えを期待していたが、その反対で、かなり強制力の強い表現だという。

押しの強い女性と言えば、カトリックに改宗した、ルイーズ（パーキンス夫人）を思い出す。

夫に向かって、Max, why won't you try it once?（一度でもいいから、カトリック教を試してみたら）と改宗を促す。

それに対し、夫であるパーキンスはAnd have you tried Buddha?（じゃ、君も仏教に改宗したらどうかね）と、家庭内での宗教戦争

が続く。(『MP』p343)

耐えかねたパーキンズは、娘たちに、Can you do something about your mother?（あのお母さん、なんとかならないかね）と哀願したという。

nantoka (yatte-iku)
なんとか（やっていく）　get by

「なんとかやっています」は、I'm getting by. でよい。

映画『男はつらいよ』の訳は"I get by." だった。これでいいのだ。

How can you get by on this much a month?
（1ヵ月にこれだけで、どうしてやっていけるのかい？）

日常会話は、短い方がいい。気取らない表現がいい。だからgetが増えてくる。

「二人は仲よくしているか」は、Are you getting along?　We get along fine. これでいい。

そう、「なごやか」「仲よく」はget alongだ。harmoniouslyという抽象名詞は避けよう。

nantonaku (mahne)
なんとなく（まーね）。　You could say that.

「好きなの？」と問われると、今時の若い娘は「微妙」と返す。英訳すれば、Sort of.（耳にする発音はソーラ。ヤーレンソーランソーランのソーラだ）。

Sort a、Sorta と空で考えよう。

他項で述べたが、なんとなく繰り返してみたかった。

「それって、先生、認知症の顕われですか」と側近の人は突っ込む。

「まーね」か「なんとなくね」と返す。

そんなときの日常英語がYou could say that.だ。

決めつけのcanではない。そう言えば、そう言えないこともない、はcouldでボカすことができる。

ボケが好まれると、could（仮定法）が増えてくる。

ni-shinpuku-suru
〜に心服する　be sold on

アタマでわかっても、ココロに疑いがあったら、心服しないモノだ。「心服」とは「納得」の異名でもある。

「心を奪う」は、他動詞を用いて、steal one's heartだと述べた。しかし、steal one's soulとは言わない。

soulは身体から切り離せないから、まるで心臓や肝臓のような大切なものだ。それを「たましい」(soul) という。

「日本刀は、サムライの魂」という場合は、S語を並列して表現してみよう。

The sword is the soul of the samurai. と。

決して、soulを簡単に盗めるheartと混同しないように。

最近のジョークで身震いを覚えた。He stole her heart. とは、「彼は彼女を殺して、心臓を移植のために奪った」という意味で使われていたからだ。

売られるということは、所有権を放棄したということだから、「納得する」という意味で使われる。I'm sold on that. あの考えに、しびれた。納得した、という意味だ。

洗脳された人間を知的に説得してもムダだ。「騙されているのだよ」と説教してもムダだ。「騙されてもいいのだ」という心境を「納得」という。

もう相手を訴えないというハラが決まっているのだから、よく使われるI'm sold.は奴隷制度の名残りかな、と思うことがある。

新興宗教(cult religion)の恐ろしいところは、カリスマ性のある教祖のbrainwashingかmind controlにより、信者が奴隷のように売買の対象にされてしまうsell them down the riverという恐ろしい現実である。

「君はあの教祖に魂を売ったのか」はAre you sold on that cult leader?でよい。

魂（心でなく）が奪われた、骨抜きにされたのか、という意味だ。

(niwa) ha-ga-tatanai
(〜には) 歯が立たない　no match for 〜

Fifty Neanderthals cooperating in traditional and static patterns were no match for 500 versatile and innovative Sapiens. ("Sapiens" p36)

『サピエンス全史』著者のYuval Noah Harari（ユヴァル・ノア・ハラリ）のこの文章には、情報が詰まっており、機能的に美しい表現だから、すぐに下線を引いた。

ネアンデルタール人が、人類の祖先であるサピエンスには歯が立たなかったという。

50人が500人に立ち向かって勝てるわけがない。古いやつが新しいやつらに勝てないのはテクノロジーの差かと思いたくなる。いや著者は、ばらばらな旧敵を破るのは、社会性（チームワーク）と思考力だと言う。つまり認識革命(the Cognitive Revolution)により、知恵がついたのだと言う。

ラスコーの壁画を見て、2万年前のクロマニヨン人達の知恵はたいしたものだと思っていたが、百万年前の類人猿たちの闘争史を描いたこの本はすごい。

サピエンスの知恵がオーストラリアを廃地化させたというくだりなど、読んでいてハラハラ(sitting on the edge of the chair)させる。いずれ白人がチャンピオンに。

Native Americans were no match for the whites. そして、その白人にも大きなツケ(terrible price)が。白人黒人盛衰記開幕！

nuruma-yu
ぬるま湯　comfort zone

ラクな地帯のことだからcomfort zone。

get out of your comfort zoneというふうにコロケーションで覚えておこう。getは便利だ。そして、使える英語の音読も。

愛情いっぱいの温室は、a warm cocoon of love。

cocoon（繭）は、心地よい暖かなカバーの意味で用いられる。

サッカーのコーチは、選手に対し、comfort zoneから引っぱり出し、ケツを叩(push from behind)こうとする。これをpositive stress trainingと呼ぶ。

ne-ni-motsu
根に持つ　bitter

「根」そのものは grudge に近い。(He has a grudge against me.)

しかし、よく使われる口語表現は bitterness か hard feelings だ。

Any bitterness or hard feelings after that?（そのあと、根に持たれることはないかい？）

Not a chance.（そんなことはまずない）と答える。

韓国人の中国やソ連に対する「根」は「恨」（ハン）に近いもので、grudge かもしれない。

grudge とは、a persistent feeling of ill will or resentment from a past insult or injury だから、過去から引きずってきたものだ。

この「恨」（ハン）に対し、反日感情は歴史的に見れば生傷に近いもので、怨（私怨）と同一視すれば resentment になる。

bitterness よりも熱い、フランス人が好んで使うルサンチマン（恨み）だ。生傷に近い敵意は、やっかみも含めた恨み節だ。

こんな風に使う。The 40% of Crimeans, who are non-Russian, are resentful against Putin's Russia.

急に軍事的に乗っ取られた200万人のクリミア人が、ロシアに対し怨を抱かないはずがない。そのうちマグマのようなルサンチマンが流れ出し、「恨」（ハン）の溶岩となって固まってくるだろう。

いろいろな「根」の訳は考えられるが、共通分母は bitter（「苦い」「辛辣な」が原意）が無難だろう。

~no-mae-ni-~nashi,~-no-ato-ni-~nashi
〜の前に〜なし、〜の後に〜なし　a once and future King

「木村の前に木村なし、木村の後に木村なし」。柔道界の鬼、木村政彦のことだ。There was no Kimura before him or after. のことだが、『木村政彦はなぜ力道山を殺さなかったのか』を読み、力道山の騙し討ちに遭ったのだと知って、これまでの疑問が氷解した。

よく耳にする斬れる表現をひとつ。Kimura was a once and future champion of judo.（木村の前に木村なし、木村の後に木村なし。）

(no) meiyo-no-tame-ni
(〜の)名誉のために　　with no disrespect to 〜

in all fairness to 〜「〜のために少しだけ弁護すると」という意味なら fairness がよい。

強く弁護するなら、to do justice to 〜 (〜さんがあまり可哀相なので) がよい。

冒頭に私が挙げたのは、自己主張のできないモノ (人間以外の生物も含め) にも当てはまる。

Those are rats, with no disrespect to rats. (やつらはネズミだ。ネズミの名誉のためにいうと、べつにネズミは嫌いではないが。)

I'm not an anti-Semite.「私は反ユダヤ主義者ではないが」と言いながら、イスラエルのパレスチナ対策を批判するようなもので、これもあまり fair とは言えない。

nomeri-komu
のめり込む　　lean in

「のめり込む」とは、本人が何かに没頭することだ。lean into something というふうに使う。

何かに、「傾く」様だが、誰かに「もたれる」なら lean on someone となる。

FacebookのCOOであるSheryl Sandberg (シェリル・サンドバーグ) がCEOのマーク・ザッカーバーグの背にもたれて泣いた (crying on his shoulder) ことが話題になっているが、彼女の話題の書 "LEAN IN"(女性達よ、のめり込め＝私訳) では、職場で泣く女性の emotional honesty を否定してはいない。

日本外国特派員協会のルーシー・バーミンガム元会長とNONES CHANNELで対談をしたが、女性の涙は決して emotional manipulation (情的操縦) のために使うべきではないことで一致した。

noren
のれん　　credit / good name

のれん (暖簾) とは shop curtain のことだが、そこには symbolic value がある。good will と呼ばれるゆえんである。店の信用 (credit) を象徴するものだから、何代もかかって磨き上げる (build up the good name of the store) もの。

谷崎潤一郎が、ため息をついたのは、上方（大阪）商人の、のれんに対する執着心であった。

　商いは、牛のよだれ、とにかく「続ける」ことが、信用に繋がるのだ。

　同じcreditでも、この「のれん思考」は、アメリカのビジネス感覚とはほど遠い。家族(family crest)が信用だといくら説明しても、のれんに腕押しだ。No use talking to the brick wall.

noren-ni-kizu-ga-tsuku
のれんに傷がつく　reputational damage

　会計学でいう「のれん」(good will)とは、無形固定資産(intangible fixed asset)のことだ。古ぼけた店に、一人だけ愛想のいい店員がいる、あるいは、可愛い受付の娘がいる。そのために客が集まってくるから、売り上げが上がる。その価値は、計上できないから、簿外資産(off-book value)のようなものだ。

　人間そのものが、のれんになる。それが信用となる。「のれん」とは、西洋人のcreditに伝統（ミチ）を加えたものだ。

　英語道やICEEという英語実技（オーラル）検定試験は、政府により公認されたものではないが、"空気"により公認されたもので、私が「顔」である。このカオが信用になる。

　私の面子がかかっている(I run a reputational risk.)から、私の名前そのものが、のれんとなっている。

　私が最も恐れるのがreputational damage（のれんに傷がつくこと）だ。この辞書も私のメンツ・ビジネスの一環だ。

(noroke-wa) gochiso-sama
(のろけは) ごちそうさま。　Enough.

　Don't make me feel jealous.は誤解を招きかねない不穏当な発言だ。

　欧米人の嫉妬の感覚には、手に入れたいという所有欲がミエミエ。のろけ(a silly little jealousy)を「ごちそうさま」と笑いで返すといった風習はない。

　だから、ストレートに不愉快を意思表示すればよい。すでに述べたThat's enough.

　いや、もっと他にある。ごちそうさま(I'm full.)以外に。アメリ

カ人なら、もっと露骨に、Don't brag about your wife. と言っても笑いがとれる。イギリス人は、もっと控え目に反応する。I'm rather uncomfortable. ぐらいの感情を抑えて笑いをとるだろう。

hanasaka-jiji'i
花咲爺　alchemist

　花咲爺とは、枯れ木に花を咲かせたという翁のおとぎばなし。

　枯れ木に花は咲かない。A dead tree never flowers.

　しかし、枯れ木に花を咲かせる心境と言えば、この辞書に取り組んでいる私の心境に近い。誠の花を咲かせるのに、年齢は関係ないと言えば、まるで能の世界のようだ。

　花咲爺に近い英語表現と言えば alchemist（アルケミスト／錬金術師）に近い。

　An alchemist understands the forces of nature. And he wants to show you his extraordinary powers.（アルケミストは自然界のエネルギーを理解している。そして彼は自分の超人的な力を示したいのだ。）("The Alchemist" より)

　なるほど、花咲爺そのものではないか。

　紘道館の館長たる私が、老骨に鞭を打ちながら、このライフワークに挑むために「空龍」と改名したのも、alchemist（錬金術師）を目指したものだ。いかなる英語難民にも花を咲かせてやりたいという、能の翁の心境だ。

hanashi-ga-nagaku-naru
話が長くなる　complicated

　映画の字幕の訳からでも学ぶ。「話が長くなる」という字幕の英語がcomplicatedだったりすると、うーんと唸ってみたくなる。

　complicatedは確かに「複雑」だが、その訳は、あまりにも静態的すぎる。「話が長くなる」と字幕風に考えれば、すでに絵になっている。相手もそれ以上、Why? と突っ込まない。

　to make the long story short から始まる長話より、It's complicated. と辞退する方が奥床しい(graceful)。

　字幕に出会ってから数ヵ月経った。同じ文脈で、この形容詞と四、五回、出会った。よーし、この難訳語の本にも登場させよう、と意を固くした。ところで、同じ期間に、complexという形容詞に

もたびたび出食わしたが、こちらは単純に複雑なだけ。

ha-ni-kinu-kisenu
歯に衣着せぬ　tell it like it is

ありのままに（修飾語を用いず）話すことは、大都会では危険だ。

かつて和英辞書通りに、mince one's wordsという言葉を使ったことはある。しかし、耳にしたことは数回しかない。辞書の英語を丸暗記することは勧められない。

頻度数の低い英語とはしばし絶縁する。よく耳にする英語を、本当に聞いたことがあるのかと問われれば、I heard what I heard.（聞いたものは聞いた。）

「それを活字でみたのか」と問われると、I saw what I saw.

readよりsawの方が、迫力がある。肉眼の方が証拠能力は高い。

Tell it like it is. はしょっちゅう耳にする。

hara-no-suwatta
腹の据わった　centered / principled

空気に流される政治家が国民に見離されるのは、政治家の信条がぶれたときだ。公約なんか風と共に去りぬ、では困る。どかっと、腹が据わっている人でないと、頼りにならない。

さて、この「腹の据わった人」となると、英訳が難しい。そんなときに登場するのが、C語だ。カリキュラムの"核"(core)が、そして創業者の信念がぶれない(principled)人が、組織体にとり、大黒柱(gravitational center)だ。ぶれない人材が組織を支える。

どんな変化球にもビクともしない、腹の据わった人のことをa well-centered personという。円満な人格者はa well put-together personだが、centeredとなると、C語だけあって、心柱(central pillar)——つまりcriticalな存在になる。

私の教育哲学の"核"(core)は空のパワーである。力がなければ、人に優しくすることも、救うことも、concord（和）をまとめ、committeeをcontrolすることもできない。諸々の悪事は、弱さから派生するものだ。

日本の大学の弱さは、トップがリーダーシップを発揮できないことだ。教授会という元老院に牛耳られた形だけの学長では、お飾

りのままで、統率力がないからもろい。マネー・マシーンと化した、日本の大学そのものがタイタニック号のように沈んでしまう。

hara-wo-waru (onaji-mesen-de-katariau)
腹を割る（同じ目線で語り合う）　level with

　目線を等しくして語り合う——腹蔵なく語り合う——ことを英語ではlevel withと表現する。Let's level with each other.というように、関西人（京都人を除く）は"ぶっちゃける"(level with)力を交渉力のひとつと考える。

　鰻の料理も上方では腹を割る。政治力がモノを言う東京では、鰻を背中から引き裂く。

　私がハラ芸コミュニケーションを欧米人に説明するときにTA (Transactional Analysis：交流分析)を用いることがある。

　日本人の「甘え」はP－C（親と子供）だ、と。そこには、言い訳はゆるされない。Just do it.と言われると、Yes, sir.で答える。これで巧くいく。

　しかしアメリカ人は、それじゃ大人同士の関係は生まれないと反論し、A－A取引を持ち出す。Adult to Adultなら、Why-Becauseというロジックによる応酬が可能だ。

　日本人がディベートに馴染まないのは、Parent–to-Childの「甘え」をどこかで期待しているからだ、と答える。

　日本でEQ（情感指数）を加えなければ、腹を割って、対等の立場で話し合う(level with)することはできない。

　ましてやディベートに「道」を加えた「究論道」とは、「説得」（他動詞）と「納得」（自動詞）の中庸（バランス）を求める「道」のことだ。そのテコの支点(fulcrum)が腹（ザ・ハラ）なのだ。

haru-wa-akebono
春はあけぼの。　Dawn defines spring.

「春と言えば、あけぼの」。この「と言えば」がとっさに英訳できない。しかし、それを定義(define)と置き換えると、スンナリ訳せる。「定義する」「象徴する」と言えば、日本語のニュアンスを殺ぐことになる。となれば、「NY と言えば OWTC」と大和言葉調で表わした方がよさそうだ。

　最近、アメリカは西半球で一番高いOWTC (One World Trade

Center)(1776f, 541m)を建てたために、自由の女神がかすんで見えるようになった。TIME誌は誇らしげに This is going to define New York.（これでニューヨークの看板ができた）と述べた。

同じく、The Sky Tree defines Asakusa. と言ってもいい。

634mのスカイツリーは、東京タワーを矮小化(dwarf)させたように、Tokyo Tower defined Tokyo.

1776fは、アメリカ建国の年、634mは宮本武蔵（ムサシ）を象徴している。

大阪では通天閣か。Tsutenkaku defined Osaka. 今はあべのハルカスがふんぞり返っている(arrogant-looking)。だからdefinesをdefinedと過去形にした。

handoru-wo-nigiru
ハンドルを握る　　get behind the wheel

日本人が使う車のハンドルはsteering wheel。自転車の場合はhandlebar。

ハンドルを握るとは、wheelの後ろに回る(get behind the wheel)ことだ。

通常、handleは（作業などを）行う、こなす、担当する、処理する等々の意味で使われる。

「彼女ならうまくやってくれる」はShe can handle that.

thatは、解決すべき問題。ゴキブリ退治でも、厄介な人への対処でもよい。

hi-asobi
火遊び　　play with fire

ちょっとした浮気(have an affair)なら、flirtation の域を出ないので、すぐに鎮火できる。

火遊びはほどほどにせよ、ならばStop fooling around too much.

しかし、いったん恋心に点火すると、uncontrollable になる。だから、Don't play with fire.（情事には気を付けろ）となる。

子供に対してはDon't play with matches.

play with fire とは、play with love と同じ意味になる。

恋がメラメラとflare up（炎上）すると、鎮火できなくなる。口論も同じ。Never fight fire with fire. というではないか。

peen-to-kita
ピーンときた。 I just knew it.

ピーンとくるのは、カン(勘)だ。(「カンだ。」の項参照)

カンそのものは、intuitionやfeelingだけでも、間に合う。この難訳辞典ではできるだけ、抽象名詞は外したい。躍動感が薄れるからだ。

I knew it.「やっぱり」が近い。最初からピーンときた、という場合がそれ。

しかしカンだけの判断(playing one's hunchという)となると、その根拠が説明できない。そんな場合は、私はjustを使う。そして読者にも勧めたい。

justはjokerであり、magic wordである。

hiaringu-ni-yowai
ヒアリングに弱い have poor listening comprehension

I'm poor at hearing.と言えば、「私は難聴(hard of hearing)でして」となるから、気をつけよう。

聴き取り能力に乏しいのであれば、be poor at listeningである。

日本人の英語の発音が問題なのはlisteningの方で、hearingではない。

President Reagan can't hear but can listen. You can hear but you can't listen. (耳が遠いレーガンは、ヒアリングは弱いが、リスニングは強い。君たちはその反対で、耳がいいのに、英語が聴き取れない)と言ったとき、大阪ではバカ受けした。

音声学の大家 Alfred Tomatis は "The Ear and Language"(Moulin刊)の中でこう述べる。

The voice reproduces only what the ear hears. (p87) と。

耳に入った英語(what one hears)しか音の再生はできないということだ。よく聴け。Listen up!

高校(関西学院)一年のときの私は、英文法には自信ができた頃なのに、聴き取り能力がさっぱりで、英会話の時間が一番苦痛だった。ネイティブの発音を必死にlistenして、再生できるように、カタカナ発音記号で行間を埋め、教科書を真っ黒にした。そのためLはカタカナ(子音)、Rは母音中心にひらがなで書いた。

CRITICAL は「コれれコ」、ク・リ・ティ・カ・ルと5音節で再生しても、ネイティブの耳には入らないと思ったからだ。

コれれコはさらに、**コぅれれコ**（ロ）。Lはカタカナ、Rはひらがなで表記。Lをルと発音すればウが入るので黙音にする。日本は母音の国だから、ラリルレロはr行で統一する。

「よく聴け」は Listen. レスン（ナ）とする。（　）は半黙音（私の造語で、息の音しか聞こえない）。

Japan は、ジュペン（ヌ）。通常は日本人の耳に入らないので（ヌ）。しかし、力強く発音すると突如（ヌ）となる。ついでに、Japanese は、ジエプニーザとエとニを太く書く。高低アクセントでなく、強弱のアクセントに変えた。

hisashiburi
久しぶり。　It's been a while. / Been a while.

I haven't seen you for a while. を縮めたもの。

親しい間柄では、ピジン英語の Long time, no see. でオーケー。

It's been a while since we met last time. では長すぎる。

タメ口（対等に口を利く）ととられないためには、It's been a while. を勧めたい。It's を省いて、Been a while.（ベンナワイル）と言っても、タメ口とはとられない。

Been a while.（1/2秒）だけで通じる。「ベナワイ（ル）」はしょっちゅう耳にする。

hisokana-tanoshimi
密かな愉しみ　guilty pleasure

秘花と言えば、hidden flowers と、なんとなく情緒的だが、欧米人はおおむね(by and large)隠花植物は好まない。だから、こっそりする「悦び」はすべて guilty が伴う。

松屋の朝の焼魚定食（440円）で、好きな紅ショウガ（人工の着色剤がない）をどっさり、ご飯にかけて食べるのも、ひとつの guilty pleasure ではないか。

1週間くらいの断食は思考の回転を速める。

ひらめきは、満腹(full stomach)状態からは決して生まれない。そんなときに「すげえだろう。この empty-stomach thinking の成果は」と吹聴したくなる私だ。これもちょっとした guilty pleasure

だ。

hitode-busoku
人手不足　understaffed

我々は仕事に追われているのに人手不足だ、という場合、overとunderを使ってみたらどうだろう。

We're overworked but understaffed. スポンサーのない番組はunderfunded programだ。

これにunderpaidを加えれば、「この会社はブラック企業なんですよ」と自嘲的に語ることになる。

hito-no-sei-ni-suruna
人のせいにするな。　Don't blame it on others.

Take it on yourself. でもよい。

周囲に当たりちらす人、a person who takes it out on othersは、どの職場でも嫌われる。

You've got yourself to blame.「自分しか責める相手はいない」が、たくましい企業のスローガンだ──マスコミはそれをブラック企業と呼びたがる。マスコミ批判が増えてくると、blame game（足のひっぱり合い）が始まる。

hito-no-hukoh-wa-mitsu-no-aji
人の不幸は蜜の味　Schadenfreude

誰からも祝福されていいはずの超美人が、不幸のドン底に落ちたとき、まず喜ぶのはマスメディアの人たちだ。人の不幸が甘いのだ。読者の深層心理を知り尽くしている。

それをドイツ語で Schadenfreude（シャーデンフロイデ）という。shadeは気の毒なこと、freudeは喜び。

『ロングマン現代英英辞典』はこう解説している。A feeling of pleasure that you get when something bad happens to someone else.

中学生の英語力でもわかる平易な解説だ。

他人の不幸や災難を喜ぶ気持ちのことで、このドイツ語は教養ある英米人が好んで用いる。

hitori-ni-shite-hoshi'i
一人にしてほしい。　Give me space.

　Give me privacy.（一人の空間がほしい。）これでは一人になりたい権利を主張しているようで、日本社会では、水くさいと取られかねない。

　Leave me alone. は「ほうっておいてほしい。」（気の許せる相手）でよいが、ちとわがまま。

　Let go of me. は「（ベタベタしないで）解放してほしい。」

　Give me time. は「長い眼で見てほしい」というおねだり。

　Give me space. は、「干渉しないでほしい。」たまたまアメリカ映画で耳にした黒帯英語。これなら難訳語である「間（ま）」の活用にもなる。「お互いに、距離（間）が必要ね」という場合、We need to give each other space. で通じる。

「猫は距離を保ってくれるが、犬はどうも"間"がとれなくてね」は、Cats give us space, but dogs don't.

 コーヒー・ブレイク
「一人」はlonelyかaloneか

　なぜ、オールドミスの記事を書くのか。2017年の新年号（The Economist誌）の、マッチメーキング・ビジネスで知られている、Gray & Farrar社（ロンドン本社）の広告が、私の心に響いたからだ。

　Don't be a Christmas single.（クリスマス・シングルなんて、わびしいよね。）

　真っ暗闇の全ページの中から、金色のたった一行が異光を放っている。「クリスマスって、淋しいよね。」

　これじゃ、相手のいない一人ぼっちの人間は、この広告主に電話してみようか、という気にもなる。「淋しいよね」は私のおどけた超訳だ。

　私も、家庭があるような、ないような、白洲次郎的な生き方をしている、a free-spiritだが、決してlonelyではない。しかし、私はaloneである。

　何、違いがわからないって？　そんなときは、センテンスで、

口で聞かせて教えることにしている。

Musashi was always alone (by himself), but he had never been lonely. と。

まだわからないって？ Listen. He was not alone; he was by himself.（彼は一人じゃなかった。彼の横に、自分がいたじゃないか。）彼のそばに (by)。

まだわからないって？ それでも君は検定試験の鬼？「ここには誰もいない」をどう訳す？

「Nobody's here.」

「ノウバディー？ でも君がいるじゃないか。文法的に言えば None but me. じゃないか。」

「ナン・バット・ミー？」

「そう、私を除いてだれもいない。ぼくを除いてだれもいない、がロジックだろう。」

「英語という言葉から離れてみよう。」

「いや、ぼくは、英語をマスターしたいんです。」

「だから英語から離れよと言っている。…君は英語から離れたら淋しいだろう、クリスマス・シングル。」

「なんですか、それ。クリスマスケーキは知っていますが…」

「それは、一人ぼっちで lonely だという意味だ。しかし alone の人は、必ずしも淋しくはない。孤高の人には、淋しさはない。Loneliness is ugly. Aloneness is beautiful. 独りでいて、凛としている。美しい。かっこいい。Way cool（超クール）。

しかし、loneliness は、誰かと together（一緒）である人と、自分とを較べて、みじめになる。やっかむ。妬む——ugly。超 uncool!

このままでけっこう（I'll accept myself.）、これが禅の教えで、aloneness を自覚せよ、という。禅のこころは acceptance。これが英語道の心構えであるべきなのだ。」

hito-wo-miru-me-ga-aru
人を見る眼がある。　　I'm a good judge of people.

「眼」とは真贋を見抜く力のことだ。

人の話を「信じる」とはbelieve、人そのものを「信じる」ときはtrust。

a good judge of peopleとは、その両方を見たうえでの判断力のことだろう。

故・松本亨博士（1913〜1979）に英語で挑戦したいという果たし状を書き、それを受諾してもらったときは身の引き締まる思いがした。

「どうしてこんな不躾な私に会ってくださったのですか」と訊ねた私にニッコリ笑ってI'm a good judge of people.と答えられた。

私が26歳のときで、30歳近くも上の英語界の天下人（NHKラジオ講座担当講師）に挑戦したものだから、私は無謀だった。あのときの松本亨先生の笑顔は今も忘れない。

hinekure-te-iru
ひねくれている　cynical

ひねくれた人は、素直(straight)に物事を見ない。物事を冷笑的に眺めるから、cynicalである。

オバマがchangeとhopeをキャンペーン・スローガンにして大統領選に立ち上がったが、素直に信じない人が多く、彼らをすべて、自分の足を引っ張るcynics（ひねくれ者）と決めつけたものだ。

日本人がよく使う「ネクラ」もcynicsの訳で通じることが多い。

キリスト教では、素直な人をsheepと呼び、ひねくれた人をgoatsと呼ぶ傾向がある。

羊は天国へ行けるのでいいが、cynicsだからという理由で地獄に堕とされてはかなわない。

hinekure-mono (nekura)
ひねくれ者（ネクラ）　cynics

ひねくれた枝ぶりは、twisted branchesという。人間の心理でもひねくれた人はtwistedになり、誤解されることはないが、こちらは、あまり使われない。むしろnatured / peevish / cross-grained / crankyという表現が近い。

とはいえ、こちらも、まあ使われない。むしろ、difficult（気むずかしい）という言葉だけで十分伝わる。

「ひねくれた」という形容詞が日本で使われる頻度数とマッチング

ひねくれ

させると、どうやらcynicsという超文化訳が使えそうだ。

ひねくれた人間といっても、べつに他人に害を及ぼすことはない。ただ、空気を乱したり、周囲を暗くさせることが多い。「また友人が亡くなった」「葬儀屋が喜ぶよな」。こんな天の邪鬼は、座を白けさせる。

決して、西洋で言うdevil's advocate（悪魔の代弁者）ではない。会議を盛り上げるために、あえて反対の意見を述べるのだが、日本の社会では、そうした人間は「和を乱すヤツ」というレッテルが貼られることが多い。

この種の「天の邪鬼」を英訳すればcynics (cynical persons)となる。

英語道を志す人には、「素直」を捨てて、まずひねくれることだな、と冷笑的に(cynically)忠告することがある。

Aubrey Dillon-Maloneの"The CYNIC'S Dictionary"を開いて、cynicの定義を一つ拾ってみる。

a blackguard whose faulty vision sees things as they are, not as they ought to be. (Ambrose. Bierce.)

（物事をあるべき姿というメガネで見ず、ありのまま見ることと勘違いした下郎。）

つまり、deathと聞けば、奴隷にとっての解放(slave's freedom)だと冷笑する人のことだ。

だから、cynicismとは、Unpleasant way of telling the truth (Lillian Hellman)なのだ。「不快な方法で真実を語ること」とは、まさにひねくれている。

私がアンカーマンをつとめるNONES CHANNELの番組でも、このcynicismをcuriosityと対比して取り上げたが、ふと感じた。日本でいうネクラとは、cynicsのことではないか、と。

言葉や思考の裏を見る人は、日本では、ネクラなのだ。面接で成功する人は、ネアカ人間に限られる。というのは、「素直さ」が歓迎されるからなのだろう。

疑う人は、皮肉屋、ネクラ、そしてディベーター。いやだ、いやだ、いやだ。ひとつシニカルな定義が浮かんだ。Cynic: Debater in Japan. まだ笑えない。

hihan-wo-ki-ni-suru
批判を気にする　sensitive to criticism

　マックス・パーキンズは、F. Scott Fitzgeraldについて、こう述べる。He was always the gentleman. Sometimes he needed extra support——but the writing was so rich it was worth it.

　紳士的で文体も充実しており、それなりに立派だったが、援助の手を差し伸べる必要があった、という。

　エクストラ・サポートとは、半狂乱の妻と、財政的苦慮のことだ。パーキンズはその金策に翻弄されていた。

　彼の難点は、ズバリこれ。Scott was especially sensitive to criticism.

　ヘミングウェイから女々しい奴と言われたことを一番気にしていた。

　ヘミングウェイに憧れて、雄々しく振る舞おうとしたが、トム・ウルフ的な儚い人生を送ってしまった三島由紀夫は、フィッツジェラルドのように「人間失格」を売り物にする、太宰治が大嫌いだった。論壇で太宰をケチョンケチョンに酷評した情景とだぶってくる。

bibiru
ビビる　tense up

　「芸能人vs日本好き外国人」というTV番組を見ていてわかったことは、日本人は、外国人にビビっている、ということだ。

　大勢の日本語ペラペラな外国人は「ビビる」というオノマトペを耳にして、ほぼ全員が大きく首をタテに振っていた。

　日本人が電車の中で、外国人のヨコに座らないだけではない。日本男性は外国人の女性に近寄らず、外国人女性が日本男性に近寄ると、ビビって逃げ出すという。

　このビビるはget cold feetかget scaredだろう。足が冷たくなるのではなく、「恐怖を覚える」ということだ。

　しかし、ビビるという日本人特有の恐怖をひとまとめにすると、tense upがベストだ。こわがる、ギョッとする、びっくりする等々の形容詞も、ビビりというオノマトペに集合される。

　白人ぎらいな、白人映画監督のマイケル・ムーアは言う。"When the whites get near me, I always tense up."と。

hyaku-to-ban-wo-yobe
110番を呼べ。　Call 911.

同じインパクトのある米語は、映画でよく耳にする「コール、ナイン・ワン・ワン」だ。Call the police. ならまだしも、アメリカでは「コール、ワン・ワン・オウ」では通じない。日本滞在の長いネイティブには通じるかも。

hyappo-yuzutte
百歩譲って　Assuming you're right, 〜

「万が一」（そうだったとしても）は仮定法だから、ifを使うが、Assuming（と仮定すれば）を使うことを勧める。英語の世界はif（推定）だらけだ。

アメリカの文化人類学者のEdward T. Hall（エドワード・ホール）博士が「私のクラスでは生徒に "Don't assume" と教えています」と述べられたとき、驚いた。証拠に自信のないときに、assumption（仮定）を多用する弊害を説かれていたのだ。

映画『男はつらいよ』の「万が一」（まずありえない）というセリフがChances are…と字幕に訳されていて、違和感を覚えた。

Chances are とは likely に近く、日本人がめったに使わない仮定法ではないからだ。

『オックスフォード・イディオム辞典』の例文を示そう。

The chances are that he'll come if he can finish work on time.（時間通りに終われば、彼は来るはず。）

もうひとつ、仮定法の問題を解いていただこう。

「電車が遅れても、来るだろう。」"If the train doesn't come on time, he / she will come."

この訳は正しいか。日本人の先生なら、正しい。

ネイティブなら he / she が it (the train) になるから、文法的に間違いと判断するだろう。

ネイティブのロジックでは、「電車が遅れても、電車は来る」となる。主語はあくまで電車なのだ。見えないもの（人であれ、なんであれ）は、省かれる。

万が一、社長が倒れても、なんとかなるだろう。Assumingはいいとして、「なんとかなる」はどう訳せばいいのか。Someone else will manage it. となる。倒れた人が主語では困るからだ。

hyotto-shitara-ne
ひょっとしたらね。　It's possible.

possibleとは「ありえないことはない」というから、確率は極めて低い。20%以下だろう。80%以上はprobableだから、「起こらないことはまずない」と正反対になる。

もっと絵になる表現を用いるとpossibleはcanで、probableはwillで置き換えることができる。

マーフィーの法則によると、What can happen, will.（ひょっとして起こるかもと思えば、多分起こる）となる。

急いでいるときに限って、電車が目の前で発車してしまったという経験は誰にでもある。

hiraki-naoru
開き直る　tough it out

これはもう勝てないと思ったときに、弱音を吐いて、救いを求める（子犬のようにgo belly up）か、それとも、強気な姿勢で開き直るかの、いずれかしか生き残る方法はない。

後者がtough it out。「死んでから化けて出てやる」というのは、bluff it out（こけ脅し）に過ぎず、はったりが効かなかったら、逃げるしかない。

tough it outとはケツをまくることだ。追いつめられて攻撃的になるときでも、死を覚悟していればtough it outが使える。cf. Ms. Koike has toughed it out in politics.（小池女史は、政界で開き直ってきた。）

余談ながら、『ハリー・ポッターと死の秘宝』の映画（死にゆく主人公）を観ていると、ハリー・ポッターが使った英語は、I'm ready to die.（死ぬ覚悟はできている）であった。なるほど、彼は、すでに開き直っていたのだ。

コーヒー・ブレイク

shameとguilt──広島・長崎への原爆投下はshameかguiltか

新渡戸稲造が危惧したBushidoの死は、本当か、氏の杞憂

(groundless fear)なのか。『超訳 武士道』（プレジデント社）を著した私の好奇心は、そこにあった。

礼儀作法・品格を学べという教えは、文明国の人間に必要なものだ。反論の余地はない。その根源は、儒教、仏教、神道にあるといってもピンと来ず、私の好奇心は深まる一方だ。

最近、また好奇心の虫が蠢き出した。真珠湾攻撃がsneak attack（騙し討ち）と汚名を着せられ、広島・長崎への原爆投下が正当化されたのも、当時の外務省役人のチョンボ（drop the ball）によるもの。だから外務省がオープンに謝罪する必要がある、という人物（杉原誠四郎氏）をNONESチャンネルの番組「Global Inside」のゲストにお招きしたことがきっかけだ。

騙し(trap)たのは、日本でなく、アメリカのルーズベルト大統領であり、彼が仕組んだ罠(a set-up)にまんまとはまったのは、外務省の不手際というもの。

ロジックによれば、騙して買わせた売手責任(caveat venditor)か、騙されて買わされた買手責任(caveat emptor)か、真っ向から対立する。だからディベータブルだというのが文明国では常識なのだが、日本の左右非対称の超論理によれば、西洋のsymmetrical logic（左右対称のロジック）は存在せず、泣き寝入り(grin and bear)に終った。

きたない一！と武士道は呟いた。武士道にもとることは"恥"であるが、同じ武士道という価値観を重んじる杉原氏は、恥(shame)を罪(crime)で裁こうとされている。

外交特権(diplomatic privilege)により外務省の犯罪を免責(immunity)させてはならない──だからディベートをしようと息巻いておられる。

そこで、武士道復活を望む私が取り上げたいのは、ゴーディングの犯罪性についてだ。

goadとは、（家畜、象などを追う）突き棒のことだ。

アメリカという闘牛士(bullfighter)は、日本という闘牛(bull)を殺す前に、突き棒で刺し続け、競技場へ駆り出すのだ。

競技場に出されて、殺されたくない牛をけしかけて、見せ物のためのステージに上がらせるにはかなり痛い突き棒(goad)が要

る。

それがHull Note（ハル・ノート）だ。なぜ有無を言わせない要求をアメリカが出したのか。このWHYがディベートの出番だ。

アメリカという国の「突き」の戦略

1940年の10月、三選を狙うルーズベルト大統領は「あなたがたの息子たちは、絶対に、絶対に、絶対に戦場へ送りません」と絶叫して、そのfake newsで厭戦ムードいっぱいの米国民のハートを捉えた。なんという名演技。日本というおっかない闘牛を追い込む戦略はでき上がっていた。その仕上げがハル・ノートであった。

1941年11月の国務長官ハルによる対日提案がそれ。日本は中国、インドシナから完全撤退せよ。（中華民国国民政府以外の）中国における政府・政権を否認せよ。絶対に呑めない要求であることはアメリカ側がイチバン知っている。これほど効果的な最後通牒はない。

日本からのfinal noteは、開戦に間に合わなかった。ワシントンの外務省担当者は、当日遊んでいたという。

騙したのは、きたない日本であって、騙されたアメリカはその犠牲という前例がつくられた。

平和を好むルーズベルト大統領が、原爆投下を正当化させるには、これほどの演技が必要だった。アメリカはいつもこの手。1846年のときもそうだった。同じgoadingという騙しのテクニックでメキシコを挑発(instigate)し、戦争に追い込み、メキシコをぶん取った。

アメリカという国は、「突き」の戦略だ。フェンシング（fence＝柵）は中で突きあう格闘技だ。

harpoonという捕鯨団の銛も突きだ。

映画『白鯨』は、エイハブ船長の私憤を描いたもので、『聖書』の知識がないと楽しめない。白鯨のモビー・ディックは神で、神に逆らう墨衣の船長は悪魔だ。

神か悪魔か——こういう発想は武士道にはない——という相反する価値に、けじめ（justiceという言葉が使われる）をつけるの

は、突きだ。天国か地獄かという二者択一のロジックだ。勝者が正義で敗者を裁くという発想で、西洋の騎士道もその延長にある。

　私は、『白鯨』のエイハブ船長（グレゴリー・ペックが演じる）の大ファンで、何度もビデオを観ている。最近、紘道館でもう一度観たが、なんとあの白鯨が当時の日本軍に、エイハブ船長がハル長官を参謀としたルーズベルト大統領に、だぶって見えた。

　日本軍は、戦闘や戦術に長けていても、戦略で負け続ける。日本人が犯し続ける「失敗の本質」が改められることはない——空気に負けない究論（ディベート）に目覚めるまで。

　相手の土俵に乗らないことをモットーとする武士道精神は、必ず復活させなければならない。

hinkaku
品格　gravitas

『国家の品格』が翻訳本でdignityと定義されて、概念は明確になったのはいいが、反面、残念なことに「品」と「格」という言葉が放つエネルギーと陰翳の光芒が殺がれた。「品」も「格」も同じく難訳語なのだ。

　品格の中には、manners（礼）もあり、気品(grace)もあり、見えざる気骨(character)もあれば、外面にも表われるpersonalityも含まれる。国家が誇るべき精神(spirit)も、含まれてしかるべきであろう。友人のジャーナリストであるボイエ・デメンテ(Boye De Mente)はcharacterと訳した、サムライ気質を日本人の真骨頂と捉えていた。

　どの訳もしっくりしないな、と悶々としていた私は、適訳を2014年1月20号のTIME誌で見つけた。

　She (Yellen) didn't have the gravitas for the top job, …（p45）
（イエレン女史［FRB議長］には、最高職にふさわしい「厳粛さ」がない…。）

　初の女性連邦準備制度理事会総裁に「貫禄」といった「重厚さ」の欠如を未証明の段階から指摘するのは酷であろう。

　gravitas（厳格さや品格）は、ラテン語のgravis(serious)から派

生した、私好みの言葉だ。引力 (gravity) を感じるからだ。

　日本人の使う「ハラ」をgravitasと訳すこともある。日本人の品格とは、道 (moral compass) から外れ（ぶれ）ず、引きつける人間的磁力性ではないだろうか。サムライにgravitasを感じるのは筆者だけだろうか。

hin (kaku) ga-nai
品（格）がない　no class

　品格は、日本人が好んで使う抽象名詞だが、一言（ひとこと）で英訳できないもどかしさがある。だから、文脈から考えてみよう。

「彼女には品格がある」は、She has class. である。classに冠詞は要（い）らない。

　the classes and the massesと言えば、一流（上流階級）と二流（一般の人々）の違い以上の隔たりがある。

　一流の人にはふさわしい高級感、上品さ、品格が備わっている。それらをひっくるめてclass。庶民階級にはそのclassがない。資産があってもclassがない。品がないというのもno class。

　イギリス人がアメリカ人を嗤（わら）うのもno class。moneyで買えないのがclass。アメリカ人も気づいてきたのか、お互いに品の無さをなじり合い始めた。"He ain't got class."（やつは品がねえ。）

　英語にも品（格）が必要と思う。たとえ、ハイクラスの (classy) レストランで食事をしていても、お里が知れてはまずい。Don't give yourself (your background) away.

　フランス人はこの上品さ (elegance) をchicと表現し、イギリス人をも no class (chic) と見くだすこともある。

futen
ふうてん　a free-spirit

『新和英大辞典』の訳が役に立つ。瘋癲（ふうてん）。〔狂気〕lunacy, mental derangement…そして「定職を持たずにぶらぶらしている人」という意味で、a vagrant (vagabond), an idler without a regular job,《口》a lackerとある。武蔵といえば、あの『バガボンド』（放浪人）の、という若者が増えてきた。漫画の影響は大きい。

　フーテンの寅 (Torasan, the vagabond) は、ぶらぶらしている。しかし、テキヤという天職 (calling) がある。そこで私は『日本国語

辞典』をはじめとする辞書などで「風天」を調べた。

それは、梵語（中国仏教では、サンスクリット語をこう呼ぶ）のVayuの訳語だという。古くはベーダ(Veda)であって、火天、月天とともに三神の一つとされていたが、のちに守護神となり、仏教や密教に取り入れられたとのことだ。

軽々としているところ。まるで寅さん、その姿は胎蔵界曼荼羅では老人の形をとり、いろいろな姿に変わる。この「風のようなお人」を思い切って超訳するとa free spirit（慣習にとらわれず自由に生きる人）になる。

fuhdo
風土　culture

日本の政治風土の風土はpolitical culture、企業文化はcorporate culture、社風はcompany's cultureでよい。

精神風土と言えば、私はethos（エトス）を選ぶ。このように使われる言葉は風土によって変わるから、通訳・翻訳者は、一瞬たりとも油断することは許されない。そういう精神的alertnessを武道家（いや、芸能界でも）は「残心」と呼ぶ。だからプロ通訳者は、読書を欠かすことはできない。

その言葉は、だれがどこでどのように使ったのか。そしてその文化的背景は。

だから私は和辻哲郎の『風土』にはまったのだ。風土学とは、climatology。

私は和辻説を更に、敷衍（おしひろげること）して、社会昆虫学(social entomology)に手を染めた。欧米文化はハチ(bees)、日本文化はアリ(ants)と、シンボライズして、前者はefficient (lineally)で、後者はeffective (spirally)である、と比較発想学的に捉えると、同時通訳がきわめて容易になる。

ハチのcultureはタテで△で、行動パターンは直線型、アリの文化は◯で、循環論理的で、スパイラル・ロジックを好む。

(fuhu-no) ma
（夫婦の）間　distance

白洲次郎は、夫婦が巧くいくコツをこう述べた。

「それはね、一緒に暮らさないことだよ」と。つまり、空間的、時

間的な「間」が要るということだが、この「間」は英語ではdistance（距離）と表現することができる。spaceを使う人もいる。

We're giving each other space.（我々夫婦はお互いに距離を保っている。）

Other marriages stay together, because of a distance. (『MP』p101) 他の結婚がうまくいっているのは、お互いに「間」を大切にしているからだが…。

その「が」のあとは、パーキンズと妻ルイーズとの関係だ。この風変わりな夫婦(an odd pairing)は、ルイーズの身内から見ると、二人の関係はこうなる。

Opposites attract, but *they* never really get together in anything. (『MP』p101)
（違ったもの同士はお互いを惹きつけ合うものだが、「二人」は、どこまでいってもぶつかり合ったままだった。）

家に帰って、娘たちを見ない父と、家を飛び出した母がうまくいくはずがない。妻のルイーズが改宗してカトリック教徒になったときは、クールなパーキンズもあわてた。distanceをとり、別居すればよかったのでは、と無責任な発言をしてしまう私だが、どっこい、パーキンズは律儀にも (faithfully)、同居のまま耐え続けたのだ。

 コーヒー・ブレイク

覆面（mask）はinvisible

一般的に使われるのは、masked (veiled)である。a masked burglar（覆面強盗）。実名を隠して書くモノ書きは、an anonymous author。

覆面捜査員は、an undercover police officer（copを使えば口語体）で、人目を引かない（道路標識を無視した）覆面パトカーはan unmarked patrol carである。

このように、状況により、覆面の訳はコロコロ変わる。

そこでネイティブがよく使う表現を用いると、invisibleになる。黒人はよく「オレたちはinvisibleだ」と開き直る。

捕虜になった日本兵の前で、イギリスの婦人が平気で裸になったことを知った会田雄次は『アーロン収容所』の中で、白人のイ

ギリス人にとり、有色の日本人は、羞恥の対象にならない、家畜同然だったと回顧する。

peopleでなくcattleなのかと、反論すればカドがたつが、本来ヒューマニズムとは、人間を中心とするイズムなのだ。ならば、invisibleの方が中立だ。

イギリスの貴婦人は、日本人捕虜を、犬と同一視していたのだ。そこにいるが、いないというのが猫という存在。これを猫側からすればinvisible（透明な存在）なのだ。

… book editors should remain invisible; public recognition of them, he felt, might undermine the reader's faith in writers, and writers' confidence in themselves.（『MP』p6）

編集者は透明人間。よもやライターの自信や信念に傷をつけることはすべきでないという、編集哲学を貫いた人物だった。こういう信念の持ち主が、マックス・パーキンズという名の天才編集者であった。

世間の評価が気になれば、読者が抱く作家に対する熱い思いを裏切るな、とは黒子に徹しろ、ということだ。

米大使館で同時通訳していた頃、師から「Be invisible.」（影に徹しなさい）と言われ、その言葉が今も私の脳裏を駆け巡る。

これまで170冊近く著してきたwriterとしての私の人生を振り返って、いい作品は、必ず黒子に徹したよきeditorと呼吸が合ったときに限られる。

よきeditorは、忍者のようなもので、invisibleである。それでいて、いや、だからこそ、invisibleであるべき武士が最も恐れる相手である。よき女房、よき参謀とはことごとく、よき編集者なのだ。

editorship（編集道）を貫いた忍者パーキンズの見事なinvisibility。何度も、泣いた。半ば物書きとしての私の人生の大半は、編集者たち（100名はゆうに超える）との格闘の人生であった。

パーキンズは言う。A writer's best work comes entirely from himself.

ライターのベストブックは、本人から生まれるものでなくてはならない。編集者はcreates nothing, adds nothing to a bookとい

い、せいぜいhandmaid（女中、手助け）だと、自らを粛す。まさに武士道でいう「葉隠」の精神であり、writerとしての私は、どうしてもinvisibleなeditorに憧れてしまう。

(bushi-wo) koe-te
(武士を) 超えて　beyond bushido

「武士道」は、Bushidoだけでも通じるようになった。the Way of Warriorと直訳したほうが親切かもしれない。

TIME誌（March 17, 2014）でも使っているから、全世界に通じるはずだ。ただし、闘士だけの「道」ではなく、あらゆる分野にも通じる価値観とすれば、刀剣から離れる必要がある。そのときに用いるのがbeyondだ。

Samurai: Beyond the Sword（同誌p41）は、まさに日本刀のように斬れる表現だ。私の英語道(The Way of English)もbeyond the wordだ。もっとも、私の英語は日本刀だと標榜しているが。

My English is the Japanese sword. The Way of English is beyond the actual sword. というところか。

futamata-wo-kakeru
二股をかける　play both sides

「日和見する」straddling (sitting on) the fence は、どっちつかずの高みの見物を決め込むといった感じ。両サイドの二股をかけるのはdouble-dealing（二股膏薬）となり、顰蹙を買う。

男が二人の女を、または女が二人の男を二股かけることは、two-timingというが、あまり勧められない行為だ。

経営者と組合に同時に近づいて争わせる(playing management and labor off against each other)という、姑息なコンサルタントがいる。日常会話ではplaying both sidesだけでよい。

マッチポンプ（マッチで火を点ける一方、ポンプで消火する意）とは、意図的に自らが問題の火種を作り、発火させておいて、自分がもみ消し、それを自らの手柄にする(get the credit)といった、ずるがしこさ(shrewd)だ。

まさに、知能犯(smart crooks)になる。

He starts a fire and puts it out to get all the credit he doesn't de-

serve.と冷笑的に解説したことがある。
futari-wa-oniai-no-fuhu-da

二人はお似合いの夫婦だ。　They deserve each other.

　反対の意味もある。「似たり寄ったりの夫婦だ」「蓼食う虫も好き好きだ」(There is no accounting for taste.) という嫌みたっぷりな表現でも、They deserve each other. とさらりと訳してみよう。

　では「おしどり夫婦」は？ a happily married couple か a loving couple。Two of a kind.（似たもの同士だね。）映画『For Whom the Bell Tolls』（誰がために鐘は鳴る）から。

　ちょっとおどけて love birds や perfect marriage では、ホメすぎ。そのように見えても、仮面夫婦(a plastic couple) が多いのだ。

　疲れる。やはり、無難で、公平な deserve で間に合わせよう。deserve は big word ではない。ネイティブが、日常会話でさりげなく用いる口語表現だ。

futari-wa-dekite-iru

二人はできている。　They're romantically involved.

　二人に気がある間は、being interested in each other。
　お互いに情が通い合うと being emotionally involved。
　それ以上深くなると being romantically involved。
　romantically は sexually とほぼ同義。love そのものが sex と同じ意味に使われるようになったのだから。

　They already have a relationship. と言えば、sexual の意味が含まれているのも、世の中がそこまで進んでいるからだ。

　文通をしたいという意味で「intercourse を求めています」と外国の男性に英文レターを送った日本女性がいたことで大問題となったのは、20年も前の話だが、インターネットや出会い系サイトの時代、たいした問題にもならないだろう。

　国際政治学では、the red line（越えてはいけない一線）という。オバマが、シリア政府が化学兵器を使えば、容赦しないと、the red line を引いたが、その警告は無視されたのに、報復はなかった。平気で the red line を破るロシアのプーチンが恐ろしかったのだろう。

　話を戻し、「できている」とは、お互いが the line（一線）を越え (cross) たときに生じた情交のことだ。男女間の一線とは、the redlineではないか、とふっと思う。

bucchaketa-hanashi
ぶっちゃけた話　the bottom line

「腹を割る」ことを、ぶっちゃけると関西圏では言うが、それに近いのがthe bottom line is 〜という米語だ。

　標準語では「正直な話」となり、軽くなる。まだお上品すぎる。

　the bottom lineとは財務諸表（バランスシートと損益計算書）の最後に落ちつく、収支のことだ。つまるところ、どれだけ儲かったかというソロバン思考だから、プラグマティックなアメリカ人には、通じやすい。

　交渉学では、「これ以上の値切りには応じることができない」というギリギリの線のことをいう。

puraido-wo-suteru
プライドを捨てる　swallow one's pride

「捨てる」だからといって、give up を使ってもらっては困る。通訳ブースから英語に訳される言葉を耳にしたネイティブは首をかしげるだろう。

　prideは、誇示することが許されても、捨ててはならぬものだ──断じて。だが時と場合によっては、呑み込ま(swallow)ざるをえないこともある。S語だから、表面(surface)から内部の見えないところへ隠すことだ。

『源氏物語』を翻訳された、故・サイデンステッカー氏と辞書を編んだことがある。氏は、日本の学者が面子(メンツ)にこだわることをよく知っている。日本は学歴社会。社会的地位の高い人は、実にプライドが高くて、誤訳を認めようとはしない。権威、威信、そして沽券(こけん)にかかわる余り、面子に邪魔されるらしい。

　この場合のプライドは、vanityと訳すべきだろう。東京の大学を出ていない私は、英語界で表社会に出ることはまずない。

　そのことを知っていた、ある中国人が私に近づいた。「先生は、日本の社会では認められないでしょう。学歴不足ですから。でも中国なら出世できますよ」という。その理由を聞くと、「中国は、面子をかけて闘うからです。たとえば、英語は〈道〉であると言う学者と、いや英語は手段だから〈術〉ですと言う学者がいるとします

ね。こういう時、中国では、大衆の面前で、〈道〉か〈術〉で真昼の決闘を始めます。その論争を聞いている多くの学生たちは、勝った先生、あるいは気に入った先生についていきます。日本のゼミナールの仲間のようにベタベタ (clubby) したつきあいで、自分たちの先生だけについていくことはしません。」

なるほど、日本では、面子は競い合うものではない。原理・原則は捨て、先輩についていく。これが派閥につながる。政治の世界でも同じだ。中国人にとり、面子は金 (gold) のプライド、日本のそれは、銀のそれ。

私はあえて、self-esteem と呼ぶ。これ以上、踏み込めば、命をかけて闘うという、意地である。アメリカ人は日本の交渉者を counter-puncher だという。そう、先に手を出さないから、意地 (silver pride かな) なのだ。前面に出して闘うゴールデン・プライド (golden pride) ではないから、お互いが罵倒しあう面子バトルは避けられる。

プライドとは本懐と同じく、内に秘めるものであって、それを死守するのが、武士の魂、そして本分であった。

ちょんまげを切られた時から、日本のサムライは silver pride を失った（映画『ラストサムライ』よりヒント）。日本刀とちょんまげは、self-esteem の象徴であった。

pride は swallow できても、self-esteem は呑めない。女は愛に命を賭けるという（演歌の世界では）。しかし、その love は will（本懐）なのだろうか。will は swallow できない。本懐は容易に捨て去るものではない。

burakku-kigyo
ブラック企業　　sweatshop

低賃金、悪条件の工場（職場）のことを、日本では「ブラック企業」と呼んでいるが、black corporation では通じない。

「苦行労働（くぎょうろうどう）」としか訳しようのない sweatshop（労働搾取（さくしゅ）工場）が一番近い超訳ではないだろうか。

搾取工場の労働者よ、手を挙げなさいと言えば、私なら真っ先に手を挙げるかもしれない。それなら私も私もと、医者から編集者から、派遣（は）社員（けん）(temps) などが手を挙げるだろう。

職場という柵(しがらみ)から逃げられない奴隷状態の社員が、zombies と呼ばれるなら、ブラック企業とは「死に体」に近い zombie companies のことだろう。

アメリカの Reality TV は暗いテーマばかり扱うようになってきた。"Revenge" や "Walking Dead"。避難民の中には、多くの walking dead がいる。

 コーヒー・ブレイク
ブラック企業は blue?

これまで私を悩ませ続けてきたカタカナ難訳語のひとつが「ブラック企業」。この7年間、black companies という英語活字にお目にかかったことがない。質問されるたびに、sweatshop（労働搾取工場）かな、とぼかしてきた。

低賃金で長時間労働する企業は sweating system（苦汁(くじゅう)労働制度）が行われている工場だから、まだピンとこない。これだと、まるで奴隷制度だ。

sweat（it）と同じくS語だから、slaving for money で通じないこともない。しかし、れっきとした日本の一流企業（ユニクロ、ワタミ）までが、ブラック企業と週刊誌が派手に報道し始めると、翻訳できませんと逃げるわけにはいかない。

そんな折、私好みの米雑誌 "Mother Jones" が "All Work and No Pay" (Your workload has exploded. Corporate profiles are up 22 percent. The dirty secret of the jobless recovery.) という大特集をした。

このカバー見出しだけで、ブラック企業特集であることがわかる。仕事が増えて、給料なしとは、今のアメリカ、そしてその経済学の子分である日本の、今の惨状ではないか。

世界最大の経済大国のアメリカが悩んでいる。この現状を一言(ひとこと)で述べると、SPEED UP だという。

この表紙の英語が、一回読んだだけではピンとこなかった。

まずスキミング速読をする。black という言葉が一度も使われていない。二度目は、スキャニング速読をした。海底の魚類を追うように、魚群探知機で、狙いをつけた情報と、その流れを表わすキーボードをスキャンする。

現状は、doing more with less か——なるほど。Ah, the speed up.(あ、そうか、スピードアップのことか)。

ブラック企業のブルース

『ウェブスター辞書』の定義がある。Speed up: an employer's demand for accelerated output without increased pay.（給料を上げずに、生産を加速させようとする、経営者の要求。）経営学でいう生産能率促進のことだ。これなら、経済学の、そして経営学の原則に則った、赤裸々な姿ではないか。ブラックどころか、合理化のための、効率アップではないか。

では、この日本的（被害妄想的）な発想を、どう英訳すればいいのか。

テクノロジーとか組織力向上(organizational improvement)のために、仕事の量は合理化(streamling)のせいで減らされたという。

その英語がおもしろい。Get "rationalized" away となっている。日本人好みの「合理化」(rationalized)が引用符で囲まれている。ネイティブは、めったに使わないから、「合理化」という言葉は、読者にはピンとこないだろうが、あえて使ったという意味だ。

この表現をなぜ私が気に入ったのか、その鍵は away にある。

リストラ(restructuring)の正しい英語は be downsized だ。このブラック企業というのは、ダウンサイズの被害者だけでなく、残された人たちにとってもつらいはずだ。いろいろな仕事が回ってくる。これを英語では、offloading と言う。残された社員に厄介な仕事を放り投げること(dumping the work onto the remaining staff)になる。

いろんな仕事をこなさざるを得ない、ながら族(multi-taskers)が激増する。slave owners としての経営者は、仕事を outsourcing（外部委託）するだけでよい。

残された社員は slaves となり、テンプスタッフ（派遣社員。tempsだけで通じる）は、浮き草的な奴隷社員となる。ゴスペルかブルースのようなニグロ・スピリチュアルでも歌いたくなる。

次はオレがリストラの犠牲(fear of being downsized)か、窓際

社員(fear of being passed over)か、そんな恐怖(fear)に怯えている毎日が続く。暗ーい状態なのだ。

この暗ーい（英語ではblue）がブラック企業の実態なのだ。

居酒屋トーク
ブラック企業の実態はSpeed up

ブルーな気持ちになってきた。珈琲店では、これ以上語れない。居酒屋で話そう。

ブラック企業がなぜspeed upに結びつくのかわからない。あのあと、同じ記事に三度目の挑戦をした。

そのとき、本文の見開きのカバー見出しがThe Speed up（ザ・スピードアップ）になっている。ハッと気がついた。このシンボルが見えなかった。この英語武蔵の英語も、この程度だ。

complianceとかblackという日本人好みの英語のシンボルはないかと血眼(ちまなこ)になっていた私は、間違っていた。固定は死。ゼロ思考で考えてみれば、ブラック企業とは、ザ・スピードアップのことかもしれない、と気づいた。

人が減れば、経費が節減し、残された人が2倍働けば、売り上げは下がらず、営業利益はかえって上がる。

一人の新入社員の自殺により、電通が叩かれ、「鬼十則」というド根性(grit)論にまで飛び火した。ブラック企業退治が大好きなマスコミにより、醸(かも)し出された「空気」だ。

speed upはアメリカ型の効率（efficiencies＝ムダを無くす）の嘆き(grief)である。ブラック企業ブルースは、効率（effectiveness＝ムダでも、みんなが我慢すればいい）を重視する、日本人の愚痴(griping)である。

蛇足(だそく)ながら一言。speed upは日本語でもスピードアップ。しかし、日本語のスピードダウンは、英語ではslow down。速読を繰り返しても、the Speed upの意味が摑めず、三度目に、私の読書スピードをダウン(slow down)して、ようやく日米の企業風土の違いが見えた。

All work and No Pay（オールワーク・ノウペイ）がAll work and No Play（オールワーク・ノウプレイ）という、だじゃれ

ふるきず

> (play on words)の重みがようやくわかった。休み (play=遊び)がないばかりか、ペイもない——まさにアメリカはブラック企業化しているのだ。

furukizu-wo-hiraku
古傷を開く　reopen the old wounds

過去の古傷を暴き合うのも政治ゲームの一つと考える国もある。いくら謝罪しても、補償しても、まだ足りないという言動はthe game of reopening the old woundsに等しい。old woundsの中には、one's past misdeeds (scandals)が含まれる。

To do an exposé on his shady past.（彼の古傷を暴露する）という表現をよく耳にする。exposéとは、暴露記事、すっぱ抜きのこと。

相手の弱点(where it hurts)を突く(hit)ことも、交渉のテコとしては有力だが、この種の脅しを活かすタフ・ネゴシエーティングは日本人の苦手とするところ。

攻められる側は、Is it wise to reopen the old wounds?と理解を求めるより他はない。古傷は開かないだけで、消えていくものだ。Time heals the wounds.というように。

クリントンがドナルド・トランプに勝利を譲ったが、トランプもハラを見せて、このように、傷を癒す、と公言している。

"I want to heal the wounds of a divisive campaign." He lied.

> **コーヒー・ブレイク**
> ### 英語力はa frame of referenceで決まる
> 今でも英語の悪夢にうなされることがある。朝、frameという英語がイメージできず、四苦八苦している夢を見た。
> 「同時通訳者は、英語力ではない、情報力だ。だからFOR、つまりa frame of reference（評価基準系）を大きくすることだ」と生徒に教えていた私でも、奇襲攻撃を受けることがある。「frameとは何ですか」とある高校生に尋ねられて、言葉を失ってしまった。
> なぜこんな夢を見たのか。前日読んだ"Thinking, Fast and

Slow"(Daniel Kahneman著)のa framing effect（嵌め込み効果）のframeがイメージできなかったことに、夢の中で補償（心理学でいうcompensate）されたのではなかったか。これではコンピューターの同時翻訳者に負けそうだ。

急に不安になって、手元の電子辞書でframeを引いた。英語の輪郭が摑めなかったら、あえて使わず、人にも勧められない凝り性の(uncompromising)私だから、その言葉のイメージの枠組みを摑むため、『新英和大辞典』のframeの項を初めから終わりまで目を通した。

（窓などの）はめ枠に始まって、（建造物の）骨組みや（人間の）体格、そして（フィルムの）コマまではよかったが、用途があまりにも広く、途中で頭が混乱してしまった。これではコンピューターに負けると、ますます焦ってくる。

11番目の《米俗》のframe-upに出会って、ちょっと姿が見えてきた。〈人を陥れようとする〉陰謀、計画的にでっちあげること。make upは「でっちあげ」、set upは「やらせ」、frame upは「ぬれぎぬを着せる、とある。」

あっ、そうか。アメリカのルーズベルトが日本を真珠湾攻撃に追い込んだ戦略も、このframe upであったのだ。はめられた。Japan was set up. そうThey framed us up.

ノーベル賞受賞者でもある、ダニエル・カーネマンがなぜ、frameにこだわったのか。同書にこんな箇所がある。ある芝居好きの女性が一枚80ドルの入場券を2枚買った。ところが劇場へ着いて財布を開けてみて、チケットがないことに気づいた。そのとき彼女は、その芝居を見るために、2枚の券を買うだろうか、という疑問を投げかける。

もう一つのケースがある。ある女性がチケットを買うために劇場の売り場に着いたが、財布を開けてチケット2枚分の160ドルがない。クレジットカードしかない。さて、彼女はその後でクレジットカードで2枚分を買うだろうか。

思い込ませる文化と思考法

この二つのケースをtwo framesという。

多分、前者の場合、家へ帰るだろうが、後者は、カードでなら2枚を買うだろう。これで、はめられたことになる。前者はメンタルな面ではよくわかる。しかし後者は、どうせsunk cost（埋没費用）なんだからと、迷わずに、カードで支払ってしまう。

このinstant gratification（先楽後苦）という経済学がアメリカをダメにした。アメリカの資本主義は、消費者を、こんなふうに思い込ませてしまうのだ。これが洗脳に近い、a framing effect（嵌め込み効果）。それは、人をそして自分自身を、そのように思い込ませる（frame upさせる）文化だ。

だから、広島・長崎に原爆を投下したことを知って、失意に打ちのめされたトルーマン大統領は、時間が経つと立ち直って、開き直った。あの二発の原爆は、アメリカ人の命を救ったから、正しかったのだ、と正当化したという。

すべてのアメリカ人（あとの大統領）も、原爆投下を詫びることはない。アメリカ人がframing（罠）にはまったのだ。日本に対して、済まないと涙を流すのは、漫画の一コマに過ぎない。次のコマでは、原爆投下は正しかったと開き直っている。

自分の立場を守るためには、嘘をついてもいいというご都合主義は、アメリカ人を動かすプラグマチズムの流れを汲んでいる。

このようなアメリカ人気質をひとくくりにする、思考の枠組みをa frame of referenceという。通訳・翻訳者とコンピューターとの勝負は、このイメージ領域ともいえるFORで決まる。

thinking bubble（思考の気泡）という口語英語を使う人もいる。このバブルの大きさが、同時通訳者の実力を決定する。

故・西山千氏でも、sumo wrestlersを、とっさに「力士」ではなく「選手たち」と同時通訳されて、失笑された、という苦い経験を告白されている。弟子である私も、その話を耳にして、身の引き締まる思いがしたものだ。

私がstudent body（大学などの全学生のこと）が訳せなかったとき、「海外経験のない松本さんにはイメージができなかったのでしょう、気を落とさないで」と慰めていただいたものだ。師匠といえども、FORをめぐる静かなバトルは続いていた。

frameは古英語のframian（〜のためになる）にまで遡り、そ

れが「組み立てる」そして「建設する」そして、「額縁に入れる」「カタにはめる」「(人心を)操縦する」「わなにかける」「洗脳する」にまで、進化(or退化)し続けているのであろう。

　ウイルスのような英語の世界にframe upされた私は、イメージのしようがない奇語に遭遇して、ときめくこともあるが、暗い心境(a frame of mind)に落ち込むこともある。

　だからこそ英語術という「柵」から、必死に抜け出そうとした、光明が「英語道」(the way of English)であった。

　道とは嵌められた枠(frame)からの解放なのだ。

　目が覚めたら、この悪夢とのリベンジの闘い（心理学ではcompensationと呼ぶそうだ）が始まる。

　読者よ、私と一緒に闘わないか。

purei-bohi
プレイボーイ　the sport

　playboyは日本語ではよく用いられるが、日本では悪い意味で使われることが多い。butterflies (playing the fields)が近い。

　パーキンズから気の利いた表現を学んだ。I admired the 'sport', the social butterfly.

　ハーバード大で書いた論文が"Varied Outlooks"（「いろいろな外見」）であったように、ご本人も「社交上手な蝶」になって、服装には気を使った(He dressed well.)。

　誇り高きプレイボーイを通そうとした。そして、彼はスコット（フィッツジェラルド）をa great spirit（意気軒昂）と持ち上げた。

　かつて、アメリカの経営者を大阪のバーで接待したことがある。この野球ファンも、夜の蝶が大好きなビジネスマンであった。

　その男、急に「やくざとは何？」と訊く。とっさに私は得意気にstylized gangsterと、翻訳調に訳した。

　そのとき、バーのママが、「ヤクザ・ミーンズ・プレイボーイ」と答えて、周囲が笑って納得した。この超訳にはこの英語武蔵もシャッポを脱いだ。

　今なら、They're good sports.と超訳するだろう。a good sportとは、遊び慣れした人間で、ふられてもカラーッとした遊び人のこと

をいう。仕事のできる人に、ネチネチしたタイプはいない。

bure-nai
ブレない　be grounded

　カナダのShawn Mendesという18歳の青年が、オンラインでポップ・ミュージックのプリンスとして、TIME誌の10代コラムに躍り出た。若いとはいえ、英語も哲学もしっかりしている。

　The challenges keep changing—adapting to the workload, the fame, the pressure. You just gotta keep yourself grounded. (*TIME*, Oct.31, 2016, p19)

　私の18歳の頃を思い出す。毎年の当用日記の年頭は、「挑戦」から始まっていた頃だ。

　毎年、目指したい挑戦は変わる、という英語がすごい。気に入った表現はKeep yourself grounded.だ。しっかりと地に足をつけていれば、風向きがどのように変わろうとも、びくともしない。

「彼はブレない人」なら、He's grounded.

「私もブレないようにする」はI'll keep myself grounded.

　思想や信念でブレない人は、be principledがいいだろう。

「凜とした人」は、ブレないうえに、優雅さがある。grace under pressureと表現しよう。

funbaru
踏ん張る　tough it out

　よく使われるわりに、翻訳に骨が折れる。この訳は手に負えないから、何度も「あきらめよう」とするが、内なる声が私にハッパをかける。「踏ん張れ！」と。

　和英辞書を読むと、make another (one more) effortと、直訳的なものが多い。「土俵ぎわで踏ん張る」ならkeep one's footing (stand firm) at the edge of the ringでよいが、相撲を知らない外国人にはピンとこない。だから超訳しかない。

　tough it outにさらに、「歯をくいしばって」と凄味を加えてみよう。Grit (clench) your teeth!（歯をくいしばって、がんばれ。）

　ついでに、よく耳にするhold outも覚えておこう。tough it outの勇ましさは、外見にも明らかだが、hold outの方が、内面的にはより我慢強く耐え抜く、逞しさを感じさせる。

pekopeko (dogeza) suru
ペコペコ（土下座）する　kowtow

　土下座という発想は外国にはない。英国では女王が"Kneel."（ひざまずきなさい）と命令すれば、たとえ首相でも、うやうやしく膝を曲げる。

　中国には叩頭の礼というものがある。kowtowという英語表現はここから生まれた。卑屈に追従する（ペコペコする）ことを意味する。

　こういう態度は、欧米人は好まない。せいぜい帽子を手に持って、うやうやしく相手に接する程度だろう。hat in handはふだんでもよく使われる。

　"Prime minister, deal with the U.S. president hat in hand."（首相よ、米大統領と取引するときはうやうやしく。）

　この表現を用いれば、卑屈さは感じさせない。

betsuni ~ ni-warugi-wa-naiga
べつに〜に悪気はないが。　Nothing personal.

「個人的な恨みはないが」はNothing personal。頻度数では、これがナンバーワン。他にdisrespectやapologyを用いた、こんな言い回しもある。

　They're living like cockroaches, with no disrespect to roaches.
「ゴキブリを低く見ているわけじゃないが」と劣位の対象にも気を使うのが、プロの英語の使い手。

　地球年齢を考えれば、ゴキブリら昆虫類と比べると、人間（ホモ・サピエンス）どもはまだ胎児に過ぎない。

　I'm telling the truth, with apologies to Cro-Magnons.
（知的な大先輩のクロマニヨン人に申し訳ないが）こういう気配りが肝心。

hema-wo-suru-na
ヘマをするな。　Do it right.

「ヘマをするな」「ヘタを打つな」と、日本語の中には否定形が多い、英語で考えるとは、肯定マインドで考えることだ。
「くよくよするな」は、Don't dwell on your mistake.ではなく、Move on.

TPOに応じた正しい振る舞いとは、the right thing のことだ。thingかway。Do the right way.

Do it right.とは「空気に逆らわず、自然体で臨(のぞ)め」という意味だ。自然体とは、rightかproperのこと。

「空気を読め」とは、Get it right. この it とは空気、つまり、その場にふさわしい the right thing のことだ。

henjin
変人　eccentric

ふつうの人は、コンコルド（調和）の中に身を置く。これを数学でコンセントリック（同心円）という。中心を同じくするconcentric（center＝中心をcon＝共にする）という。与党の党首がコンセントリック。それに対する、野党の党首はエクセントリック。

変人(eccentric)と呼ばれた小泉純一郎氏が自民党の党首に選ばれたときは、世間が騒いだ。しかし、変人であっても奇人(weird person)ではないから、リーダーはつとまる。

治世のリーダーは、コンセントリックでなければならないが、乱世になると、エクセントリックなリーダーが出現する。下剋上(げこくじょう)(dog-eat-dog)の時代では、序列は機能しない。

与党を親藩大名(inside *daimyo*)とすれば、野党が外様大名(outside *daimyo*)になる。このinsideがoutsideに変わることを革命という。revolutionのことだ。revolve（ラテン語のrevolvere＝回転する）とは、軸を中心にして、回ることだ。革命にしても維新(restoration)にしても、外見からはrevolutionに映る。

eccentricな人間というのは、変人であっても、野党としての"核"(core)があるかぎり、尊敬に値する人物として評価される。円の中心に鎮座(ちんざ)(centered)しているからだ。

ロンドンにEccentric Clubというのがある。一度訪れたが、紳士(gentleman)ばかりで変人はいなかった。昔のイギリス紳士の伝統を継ぐのだという、誇り高き人の集まりであった。だから、日本の教育界では「狼」で通している私は、変人(eccentric)であっても、weird, uncanny, eerieなんかではない。

満月の夜に月に向かって、ウォーンと吼(ほ)え始めたり、狼に変身し始めたら、weirdな狼人間(werewolf)と呼ばれるに違いない。

werewolfはwerwolfとも綴る。werとは人間のことだ。昔の人間はwild（野性的）だったのだ。

　私はW語が好きで、飼いならされた羊人間（sheepleと呼ばれる）ではない。

boku-ga-iru-ja-naika
ぼくがいるじゃないか。　You still got me.

　I'm alone by myself.（私、一人ぼっちなの）と女性が言う。

　No, you're by yourself.（いや、君自身がそばにいるじゃないか）と言えば、その品性溢れる発言で尊敬される。

　淋しい、孤独よ、と言う人に対して、ぼくがここにいるじゃないか、と励ますときに、I'm here. では頼りない。You have me. これではピンとこない。

　haveをhave gotと置き換えると、口語的になる。You still got me.（ぼくがいるよ。）

　しかし、You've got me.（ここにぼくがいるじゃないか）と言えば、警戒されるかもしれない。

　英文法に忠実に記せばI'm here. とかThere's me here.（ぼくは透明人間じゃない）と無気味な存在になる。

boku-no-sanbo-yo
(ぼくの) 参謀よ。　You're my ears and eyes.

　参謀とは、軍隊では a staff officer となろうが、会社では an advisor か a counselor。口語体では a brain、または a right-hand person。状況により使い方が異なる。

　私のお勧めは strategist。首領に近い忍者か、お庭番。西郷隆盛の活躍も、お庭番(one's ears and eyes)として仕えたことから始まった。

　campaign strategist（選挙参謀）などは、まだ気を許せない。腹心の友となりうる参謀なら a confidant を勧める。秘密や私的な問題で相談できる相手だからだ。これも one's ears and eyes に相当する。

　『三国志』に登場する諸葛孔明のように、参謀は宰相と呼ばれる。英訳すれば servant-leader となろう。他の将に自己を売り込むことはない。

猿飛佐助のような忍者は trusted shadow samurai だ。忠誠心 (loyalty) があるかないかで、参謀の格が決定する。

日本ではなぜ、黒田官兵衛のような参謀が話題となるのかと問われるときに、こう答える。「コンサルタントはいつでも逃げられる——契約の範囲内で。」しかし、参謀は将と生死を共にする人、磁石の両極、または「糟糠の妻」（helpmate か war buddies とでも訳そうか）というところ。

殿と枕を共に死ぬ覚悟のできた部下が、理想的な参謀だろう——姫や子供を城外へ逃がしてから。

boketsu-wo-horu
墓穴を掘る。　He had it coming.

自分で自分の首を絞める。墓穴を掘るという行為はすべて、suicidal（自殺的）という表現でまとめられる。

「そんな発言をすれば、墓穴を掘ることになるよ」は、That would be suicidal. You would be digging your own hole. と直訳でも通じる。「あの発言で、彼は墓穴を掘った」なら That was a suicidal statement. And he had it coming.

「やっぱりね」は、I saw it coming.（墓穴を掘ることは、最初からわかっていた。）

hozo-wo-kamu
ほぞを嚙む（無念）　be chagrined

後悔する。すでに及ばないことを悔やむこと。(feeling distressed or humiliated)

返らないことを後悔することを、「ほぞを食う」という人もいる。「ほぞ」とは、腹の中央にある、臍の緒のとれたあと（へそ）のこと。ほぞとは、人に見せられない、聞かせることのできない、本心や心中のことを指すこともある。

その残（無）念さは chagrin（シャグリン）がぴったり。フランス語（chagrin＝悲しみ）が語源。

To my chagrin, she says she doesn't remember me.

（私にとって彼女は何だったのか——私なんかまるで存在しなかった［invisible］）。I didn't exist. そのまま直訳しても通じる。

He was chagrined at getting dumped by her.

(彼女に捨てられたことが無念だった。)

botsubotsu
ぼつぼつ。 It's time.

「そろそろ」「ぼつぼつ」は It's time. だけでよい。

It's time we had a coffee break.
(ぼつぼつコーヒー・ブレイクの時間ですね。)
It's time we heard from George.
(そろそろ、ジョージに一言(ひとこと)頂くことにしましょうか。)

hear の過去形の heard に注意。

to を使う場合もある。It's time to go.(ぼつぼつ出掛けるときだ。)to が要(い)らないときもある。It's time for bed.(そろそろ寝る時間だ。)

homeru (hyohka-suru)
ほめる(評価する) give credit to 〜

アメリカでは惨状の大学卒を尻目に、高卒者に有利になるような仕組みが行われている。IBMなどの大企業が中心となって、高校救済プロジェクト(P-TECH)をスタートさせた。Pathways in Technology Early College High School がそれだ。

P-TECHは、実戦力のある高校出の青田買(あおたが)い(get them young)と言える。テクノロジーに強い人材なら、べつに大学出でなくてもよい。ビル・ゲイツやスティーブ・ジョブズなど、tech-savvy(テクノロジーに精通した)な天才のほとんどは大学中退組だ。

そんな先見の明(めい)のあるIBMに声援を送る声がある。

"I give IBM a lot of credit for that."

(大いにIBMをほめてあげたい。)(*TIME,* Feb.24, 2014, p37)

 居酒屋トーク

演歌ブルースに多いW語

酒は涙か、溜息(ためいき)か。とにかく演歌には、water(雨)、wine(酒)、weep(泣き)とwetなものが多い。

water商売は情(じょう)(emotion)を汲み上げる(well up)井戸端(いどばた)(the well side)のようなところで、waitressをつとめるwomenが相手をする。客はそこで夢を語る。

たしかに夢はdreamだが、それを歌で昇華する。深層心理は井戸水(well water)か、マグマのようなものだ。well（井戸）は、古英語のwel（かなり、相当な）、そしてwelle（泉）からきている。ぶくぶく湧き出る水が原義であった。これは健康的で、さわやかなspring waterの若々しさを感じさせる。

本懐も、こんこんと湧き出る(to well up)、志(will)のことだ。「感極まる」ことをone's emotion is welling upと訳す。

西洋人は、loveとwillを切り離す。loveはwillと較べると一時的で、軽い。すぐにloveは色あせ、憎悪や嫉妬に変色する。すぐに切れる乾電池のように儚い恋だ。

高倉健が演じる東宝映画『居酒屋兆治』（最近もう一度観た）の愛は、強烈なスレ違いの恋（磁石的な愛と表現したい）の典型である。兆治は脱サラ後、恋女房と共に居酒屋を経営する。愚痴も言わずに健さん（兆治）についていく、おしどり夫婦。しかしこれではドラマにならない。そんなマグネティックな兆治に惹かれた、もう一人の人妻がいた。

かつての恋人であった兆治も、今じゃ妻帯者。近づきたくても近づけない。近づけばお互いに顔を合わせず、背中で話す。ご都合で結ばれた電池同士の恋ではないから、適合性や互換性といった次元の問題ではない。だから、より厄介だ。

この大原麗子演じる人妻は酒びたりになり、自殺する。兆治が初めて涙する。遅すぎた涙――スレ違ったまま。儚い恋の顛末。スレ違いの愛。武蔵とお通の関係に似ている。未完成の――それ故に美しい――磁石的(magnetic)な愛なのだ。日本的、あまりにも日本的な恋の物語。電池の愛と違って、磁石の愛は、余韻を残す。

その日の夜は、木馬館で大衆演劇を観た。座長が歌う演歌がwellとwillを一致させる。

…男は酒を友に酔い続け、女は夢を追って生き続ける…。

loveを失っても、willが残っている。恋を失っても、また戻って来る。――違った形で。

しかし、私の場合、willで支えられている。英語に捨てられたら、立ち上がれない。自分の英語に失望したときは、失恋に近い

痛手(いたで)をこうむる。そんなときは、独り酒場で美空ひばりの「悲しい酒」を聴く。そして癒され、再び翌日、英語道に戻る。

hon'ne-to-tatemae
ホンネとタテマエ　double standard

どの国でも、外向きの発言と内向きの発言は巧妙に使い分ける。

これが、diplomatic game の基本である。game は基本的に表（タテマエ）と裏（ホンネ）を使い分ける駆け引きのことだから、win-lose の関係が前提となる。

交渉の段階になるとwin-winを求めようとする。その上にwin-win-winがくる。この「三方善(さんぽうよ)し」は近江(おうみ)商人の商道徳であり、交渉で用いられる腹芸(the haragei)だ。

「原則としては自由恋愛、しかし私の娘には国際結婚を認めない」というのは double standard（二重基準）。

保育園やリサイクル施設などについて NIMBY (not in my backyard) という表現（わが家の庭にはご免、という意味で、近所には建ててほしくない、しかし、必要な施設を建てることそのものには異存はない）が用いられるが、これも一種の double standard。

hon'ne-wo-ie
ホンネを言え。　Get it out.

隠したいこと、そして、隠しているなら、より見たく、聞きたくなる。それは、なぁーに。それが英語のitだ。

ドナルド・トランプの英語は、子供でもわかる。相手に、Get it out.（ゲレラ）と迫っている英語をユーチューブで何度も耳にした。本当に言いたいこと(it)を、吐き出せ、と言っているのだ。

最近では、映画『The Winds of God』でGet it off. という英語と出くわした。offだから、off the chestのことで、（胸のつかえをとり＝ドロを吐いて）スカーッとしろという意味だ。offがスカーッ。

大統領になったあとも、止まらない。This is as good as it gets. It won't get any better. こんな英語を耳にした。「上出来じゃないか、これ以上よくならない」という、小・中学生でもわかる口語表現だった。

花でいえば、満開。これ以上は咲かず散るのみ。哲学的でもあ

る。getは単純であり、複雑なのだ。

> **コーヒー・ブレイク**
>
> ### ホンネを言ってもいいかい？（Can I be honest?）
>
> こう言うと、相手は身構える。honestとはウラオモテのないこと、つまりウソをつかないこと。Can I tell you the truth?と同じ意味になる。多くの外国人は日本人が好きだから、丁寧で、やさしい言葉を期待している。だから、Don't tell me the truth. Lie to me.とジョーク交じりの答えをする。
>
> Lie to me.とは、Be polite.のことだ。Don't tell me the truth.とは、Because it hurts.のこと。
>
> ホンネはめったに見せないもの。傷つくからヴェールで覆い隠しておくべきものだ。The truth hurts.だから、ホンネは真実と同一視される。
>
> You want the truth?（ホントのことを言ってもいいかい？）と言えば、No. Lie to me.（いや、タテマエだけにしてくれ）という会話を耳にする。
>
> 放言癖のあるトランプが「男がスター (a star)であれば、女に何をしても許されるのだ」と言ったホンネにカチンときた、ミシェル・オバマは怒りをぶちまけた。
>
> The truth is that it hurts.（ホンネを言わせて。あの発言はひどすぎる。）
>
> 「ひどすぎる」をもっと忠実に訳せば、「あれが、あの人のホンネよ」となる。訳は百通り考えられる。大統領夫人の心中、そしてその場の「空気」(psychology)まで勘案すれば、コンピューターの言語機能がいくら進んでも、翻訳は十分とはいえない。
>
> 地域にもよる。大阪はもっとえげつない(more hurtful)。ホンネはthe brutal truth（残忍な真実）に近い。

honmono
本物　the real thing

パーキンズは、多くの作家（トム・ウルフ、フィッツジェラルド、ヘミングウェイなど）を育ててきた。この編集者に、作家たち

は蠅のように集まってきた。彼の眼は何を求めたのか。本物だ。

彼の言葉は、The real thing。ブレークしてCharles Scribner's Sons社の儲けになることではない。本物を発掘して、世に知らしめる、という本物思考だ。

アメリカの文学史を語るエンサイクロペディックな名著"MAX PERKINS"は、いかに素晴らしい原石を研磨して、ダイヤモンドとして売り出したかという、血と涙の作品である。だからThe Real Thing（本物）が第一章の見出しになっている。

パーキンズが娘たちの前で、こう言った。「今晩、パパはね、スピーチをしたよ。大勢の人たちから the dean of American editors（全米編集者の重鎮）と呼ばれたよ。ああ、これでもうおしまいさ。」そのとき、娘の一人がこう反論した。

"Oh, Daddy, that doesn't mean you're through. You've reached the top."
（おしまいなんかじゃない。首位に立ったってことじゃないの。）

しかしパーキンズは、こう再反論したのである。

It means you're through.（いや、ピークとはおしまいということさ。）

このあたりが、男を泣かせる。"He's the real thing."

間 (ma)　pregnant pause

この「間」を静的に捉えると、time か space。欧米人はこれらをモノ(matter)として取り扱う。

ところが、日本人が使う「間」は動的なもので、時空を超える伸縮自在なるものだ。この量子物理の世界に存在する「間」（文化人類学者の Edward T. Hall（エドワード・ホール）博士は、「間」を the ma とそのまま使った）こそ日本文化の要だ。

日本人は give meaning to the space between rocks という風に、龍安寺の石庭の「間」を表現されている。

「間」は「空気」と同じく、状況により変化する(situational)ものだ。空気が読めない人は KY と呼ばれるが、これも「間」と"拍子"（武蔵の好きな言葉。rhythm のこと）が摑めない人。

アメリカ人に説明するには、この「間」はその状況（空気）にふ

さわしいX、つまり it のことだと、itを巧みに使う。「あの人は『間』が読めない」というのは、He just doesn't get it. で、その場は糊塗できる。

この it を分解すると、pregnant pause（孕んだ休止）となる。同時通訳の師匠であった故・西山千氏が critical pause がいいだろうと述べられたときには、膝を打った。「間」のタイミングを失えば、取り返しのつかないミス (critical mistake) を犯すことになるからだ。

男子相続をめぐり、皇室の存続危機が騒がれていたときは、国中の空気は重苦しかった。そのとき、皇室から吉報が届いた。紀子様が男子をお産みになった、と。日本中の空気が一変した。

そのときの TIME 誌の記事の見出しが Pregnant Pause（間）であった。直訳すれば「身ごもった休止」。

コーヒー・ブレイク
「間」の訳がなぜ critical pause になるのか

これまで「残心」の超訳がopen attentionであることは、「気を抜くな」の項で述べてきたが、まだ私自身がしっくりこない。たぶん、「間」という難訳語の考察が甘かったからではないか、と反省している。日本文化の鍵は、この「間」(the ma)にあるのではと、思えるのだ。

あまりにも「間」――「空気」もその一部――という言葉が、あらゆる場所でひっきりなしに使われているわりに、英訳はと聞かれると、四苦八苦するのが現状だからだ。

なぜか。ま、そのあたりから始めてみるか。コーヒーに砂糖とミルクを入れる前に一口、苦味を味わってみるか。こんな話がある。

ある日本舞踊の名取が、日本の芸事には「間」が大切よ、と言ったときに、それを耳にしたある外国人ゲストから、とっさに、じゃ、「間」はどのくらいの長さですか、何分、何秒、と聞かれ、名取も通訳者も答えに窮したという話を、どこかで聞いたことがある。

How many minutes does the ma last? という質問に泡を食った

という。
「間」という時間的距離を、真顔で問うた日本人は一人もいない。「間」とは、時間と空間を含んだ、計量不可能な超次元に属するから、∞（永遠）に近い「空」（スーニャ）なのかもしれない。しかも息づいた空間だから、死のsilenceではない。呼吸している(breathing)休止(pause)でしかない。

音楽用語のフェルマータとは余韻のことでもある。主客の両者の、いや周囲を巻き込んだ、ゼロ磁場といってもいい。

このzero gravityは、「間」であり、同時に"魔"にも転じるというから、その時間的距離感はその「場」が醸し出す、重力の綱引きで決定されそうだ。

あるとき、別の日本舞踊の名取が、「あのね、踊りと踊りの中間に『間』があるのではありません。『間』と『間』の中間に〈踊り〉があるのですよ」と何気なく述べられたときに、私は膝を打った。「初めに『間』が在りき」か。

これが振動する間、英訳すればthe maそのものの動態なのだ。アインシュタインを悩ませ、今話題になっている重力波(gravitational wave)の実態なのか。

「間」を読み違える危険性

故・西山千氏とたった二人でコーヒー・トークという、ぜいたくな空間では、いつもこんな話に漂流したものだ。
「間はどう訳せばいいのですかね、先生」と、水を向けたことがある。喫茶店でくつろいでいるときだから、鬼のコーチに対しても気軽に聞ける。

しばらく「間」をとった師は、「コレレコパーズはどうでしょうか」と答えられた。師匠の英語はまさにネイティブ。こと母語である英語に変わると、ネイティブの発音に戻り、ガイコクジンにシェイプシフトされる。
「ええ？ コレレコパーズ？」と問い直す私。同じスピードで答えられたが、集中して聞いたら、聴き取れた。Critical pause。

英語のリズムでは、ほぼ数音節に縮まるが、私の耳が日本語の音節に慣れていたのか、ク・リ・ティ・カ・ル・ポー・ズという

7音節で聞いていたのだ。

再び考え込んだ。criticalとは正か誤かのいずれか(either A or B)のロジックであり、それの正反対であり、日本的な正も誤も(both A and B)というロジックとは相容れない。白か黒かで、灰色ではない。

この排中律(excluded middle)という古代ギリシャの形式論理学(formal logic)の延長であるから、criticalは、ストレートに日本語に訳すわけにはいかない。

このpause（休止）を取り違えれば、それこそ取り返しがつかないミス(critical mistake)になるというから、まさに決定的瞬間(critical moment)だ。命取りになりかねない選択がcritical choiceだ。

故・西山名人は、「これは、私がどこかから耳にした訳でして」と限定され、いつものように、控えめな態度を崩されなかった。氏の思考回路（氏は英語と日本語の完全なバイリンガルであった）の中に、「間は魔」というバイカルチャル体験が内燃していたことは疑いもない事実だ。

この「間」を読み違えると、天国から地獄に堕ちることになりかねない。と言えば、武士道の世界に足を踏み入れたことになる。やはり故・西山千氏が選んだcritical pause（読み違えが許されない休止状態）に優る訳はない。

ma'a-ne
まあね。　I'd be dishonest, if 〜

日本語には言葉を濁す表現が多い。「まあね」「といってもウソになる」「微妙…」etc. 英語表現にも、あいまいな表現がいっぱいある。

Sort of.やKind of.は既に述べたので、この項では、ifを用いて、欧米人の「ぼかし」の術を紹介したい。それがI'd be dishonest, if 〜 I said yes（もし、イエスと答えるなら、ウソを言ったことになる）。仮定法によるぼかしの術だ。同じぼかしの術ではYou could say that.（まあね、あなたがそう言うなら）でもかまわない。

mainasu-ni-kake-yo
マイナスに賭けよ。　Defy the odds.

　oddsとは、勝ち目、賭け率のことだから、勝敗は時の運だ。だからbet five to one that ～（5対1の割で～）は、正しい賭けだ。それをbet zeroと直訳することはできない。

　しかし、zeroに賭けて、勝つという勝算があれば、それも賭け率(odds)を無視することだから、defy the oddsとなる。私はfight the oddsをよく使う。

　大阪を飛び出し、東京でも、ナニワ英語道で勝負したかった。「マイナスに賭けろ」と大胆に言い切った岡本太郎の本に、いたく触発されたことを覚えている。

　ダスキンの社是にもある、「得と損なら損をとれ」という大胆な思想も「マイナスに賭けろ」と同義だ。

　大都会の東京では、思考が短期決戦的で、損はサラッと捨て、得をガッチリ得ようとする人物が多い。秀才(talent)が多いからだろうが、そういう学歴秀才は、短期的に頭で勝っても、長期的には肚(grit)に負ける。

　Angela Duckworth（アンジェラ・ダックワース）の"GRIT"（邦題『やり抜く力』）の序文に、こんなセリフがある。

　In the long run, Dad, grit may matter more than talent.
（お父さん、長期的には、秀才肌より天才肌が物を言うんだね。）

　秀才は、正解を求め、確率が高く、有利な道を選ぶ。しかし、天才は、正解を求めず（失敗を恐れず）、確率を無視するので、これからの世――乱世――では光ってくる、というのだろう。

　秀才が集まる北野高校一年生（320名）の前で、「秀才は天才に勝てるか」というテーマで講演をし、小中と通じて首位を通してきたbest and brightest（エリート学生）に大胆な発想転換を求めた。

　アンケートを見て、こちらの方が驚いた。秀才が天才に勝つには、天才から学ぶことだ（秀才にはこの道しかない）という、彼らの勇気ある告白に身震いを覚えた。

　科学に強い（英語力はイマイチだが）文武両道を是とする同校に残したい私のメッセージは、Defy the odds too.（マイナスにも賭けよ）、そしてたまには、落ちこぼれよ(Drop out if need arises.)だ

った。これが、父兄たちに受けてしまった。

いや、if it works（もし、それがプラスに転じるなら）と限定した方がいいか。秀才を相手にするときは、気をつかう。

mai-pehse
マイペース　get one's own way

「彼女はマイペース」をShe's my pace といっても通じない。She gets her own way. が正解。もっとも、get を go に置き換えることもできる。

よく耳にする get one's own way するタイプの人は、押しの強いところがあり、どんなことがあっても、欲しいものを手に入れる。

She'll get what she wants. She dances/sings to her own music (tune).

この she を he に換えたら、「王将」を歌いながら、通天閣を背にして上京した頃の、かつての脂ぎった私の姿とだぶってくる。

ma-ocha-demo
ま、お茶でも。　Maybe, some tea.

日本語にはあいまいな言葉が多い。「ま、お茶でも」というふうに。そう述べた日本の言語学の権威に、今は亡きグロータス神父が噛みついた。欧米人でも Some tea, perhaps? と言うように、日本語はユニークという独断は危険だ、と反論された。

DVDで"Elementary"（TVドラマ「エレメンタリー」）を観ていると、Maybe, some tea. が出てきた。映画『時計じかけのオレンジ』では、a nice cup of tea という上品な英語が使われていた。この nice の中に、「ま」という息吹きが感じられた。英語にだって、あいまいさがあり、言葉を濁すことだってできるのだ。

ma-ga-sashi-ta
魔が差した　the devil did it

欧米人――とりわけ一神教国の――は、悪魔を巧く利用する。極端にいえば I didn't. The devil did it. という発想だ。

The devil made me do it. という表現も耳にした。日本人が使う「魔が差す」の「魔」は、ふとした「出来心」のことで、けっして evil force で表わされる邪悪さはない。

一神教の世界では、ちょっとした好奇心も、（進化論も含め）悪

魔の仕業と解釈されがちだ。

magure-atari
まぐれ当たり　fluke/ beginner's luck

「まぐれ当たり」は一回限りのものが多い。だから beginner's luck でもよいが、決まりは fluke。なぜか、F語が軽く、L語が遠心力を表わすから、両者がくっつくと、軽率なカップルが生まれる。

fleeting world は「浮き世」、fleeting は「つかの間」、fly は「飛ぶ」、flee は「逃げる」、fly は「ハエ」、flea は「ノミ」、flirt は「浮気する」。だから fluke は「二匹目のドジョウが狙えない」(No such luck) といった感覚だ。

すでに触れたが、世界的に読まれている Paulo Coelho（パウロ・コエーリョ、1947年8月24日〜）の"The Alchemist"（ポルトガル語原題"O Alquimista"、邦題『アルケミスト—夢を旅した少年』）は、難解な英語はなく、きわめて読みやすい。音読してもいい低エントロピー教材だ。

牧師になるより、羊の群 (a flock of sheep) を率いる羊飼い (shepherd) の道を選んだ男の物語。羊の群れは flock（じっとしていない群れのこと）で、そんな気儘な群れでも、真剣に狼から守るには、強力なリーダーシップが要る。

masaka-kon'na-koto-ni
まさかこんなことに。　Who saw it coming?

None saw it coming. を決まり文句として覚えておこう。

None ではピンとこない人には、疑問詞を使って反語で考えてみよう。Who saw it coming? と。

「まさか」を強調したまでだ。少なくとも I never saw it coming. より強調的だ。

Beatlemania（ビートルマニア旋風）は、アメリカ人にとっては、まさに予期せぬ (unexpected) 出来事だった。

TIME誌が選んだ見出しが America Never Saw It Coming であった。さすが。

mata-sono-hanashi-ka
またその話か。　Not again.

　I've heard that before. でもよいが、結論は「もう結構」(That's enough.) のことだから、その中間の Not again. がよい。

「耳にタコができた」は、I've heard so much about it, and I'm getting sick of hearing it again. のことだが、結論を言えば Don't rub it in.（それ以上繰り返し言うな。）

　rub には、傷を摩擦するという意味も。

「むし返さないでほしい」なら、Don't take that up again. か Don't get it started again. すこし堅い表現なら rehash を使う。Don't rehash that old argument.（その古い議論をむし返さないで。）

mata-shitsugen-ga-hajimatta
また失言が始まった。　There you go again.

　否定形の not がまず口から出るかどうか。これが英語で考える修行の第一歩。not again は基礎の基礎。

「またその話か」と、話者をたしなめる言葉なら、There you go again.

「また彼女のあの発言か」なら、There she goes again.

「またオレが失言しちゃった」なら、There I go again.

machidohshi'i
待ちどおしい　can't wait

　待っている時間が長く感じられる。そんなまどろっこしい発想をストレートにするのがアメリカ英語。I can't wait.（待てない）でいい。

　ついでに、「首を長くして待った」を超訳してみたい。これも口語体でいこう。I waited, I waited and I waited.

　マザーグースのノリだから、リズムがある。

　首を（ツルのように）長くして (craning my neck) という表現は文学的すぎて、平均的なアメリカ人には通じないし、通じてもキザだと思われるリスクが高い。

　ところで、トム・ウルフが大好きなパーキンスに宛てた手紙に、こんな文学的表現があった。I miss seeing you like the devil.（『MP』p63）。devil が見えない日本人が無理して使う表現ではない。

ウルフはpoeticだが、著者のScott Berg氏の英語はもっとliterally（文学にこだわって）だ。

I'm looking forward to it with great impatience.

私には及ばない、ニクイ文学的表現だ。「悪魔のように」を超訳すると、「無性に会いたい」となる。

devilは敵意に満ちているが、まだ可愛いところがある。ネチネチと執念深い天敵のsatanとはそこが違う。トム・ウルフは、表現もpoeticである。

救世主（メシア）を待望するのもwait for。リーダーを渇望するのもwait for。

洗礼者ヨハネが、ナザレのイエスに会ったとき、You're the one. あなたこそ私が求めていた人です、と感動した。wait for にはそういう意味がある。

会えば、弟子入りしたくて、いてもたってもいられなくなる。これがcan't wait。故・西山千氏に、上京して会いに行く前の心境はI can't wait.であった。お声がかかるまでI waited, waited and waited.

mie-wo-haru
見栄を張る　keep up with the Joneses

the Jonesesとは、ジョーンズ夫妻のこと。つまり張り合っているお隣の家庭夫婦。

ジョーンズ夫妻は、隣の夫婦だが、どうも気になる存在だ。なにかビジネスで成功したのか、急に羽振りがよくなり、庭師に美しいサザンカの生垣(a hedge of camellia)を造らせている。

じゃ、こちらも負けないように、もっと派手な生垣を建ててやろうじゃないか、と見栄を張る。これがkeep up with the Joneses。

経営学でいうconspicuous consumption（誇示的消費）だ。富や地位を誇示するための消費（Thorstein Veblenの造語）のことだが、資本主義がmore is better（多ければ多いほど良い）という哲学で貫かれている限り、見栄っ張りゲームは避けられない。

このように消費を煽れば一国の経済は向上するというのが、乏しい近代経済学思考。自然環境への思いやりを欠いている。

ビジネスの社会でも、前述したone-upmanship（人を出し抜く

術）というゲームがある。ビジネスや政治でもパワーはmore is betterなのだ。

武士は見栄を張らない。Less is more.

mi-kara-deta-sabi
身から出たサビ　ask for

セクハラをしたと訴えられた被告をかばう弁護士は、原告の女性をShe asked for it.と攻撃することで、弁護することができる。

「スキを見せた」「わざと陥(おとしい)れようとした」という意味である。被害者を加害者に一転させる、意味深(いみしん)な表現だ。

もし、被告がクロになったら、世間はこういう。He had it coming.（身から出たサビだ）と。

その反対に、セクハラを訴えた女性がクロになってしまったら、世間は、She had it coming.（自業自得(じごうじとく)さ）と嗤(わら)う。Why? because she asked for it.

migi-e-narae
右へならえ　go along to get along

軍隊用語で「右向け右」はRight face.（英ではRight turn.）。「右へならえ」（号令）は、Right dress. / Dress right, dress.

しかし、日常会話で使われる口語英語はgo along to get along.

get alongは「仲良くする」。We're getting along well. は「我々二人はうまくいっている」。go alongは「従う」。合わせて、go along to get along.

TIME誌でよくお目にかかる口語表現だが、英語のシンボルが摑(つか)めないと、聴きとれず、口ずさむこともできない。

mizu-irazu-de
水入らずで　alone

「二人だけで」なら、Just two of us.

We need to talk alone.（二人っきりで話さなくては。）

aloneのあとにby ourselves は要らない。aloneを「一人」と直訳すると、使えなくなる。

私が生(なま)のガイジン英語に飢えていた頃だ。電車の中でアメリカ人の家族（3人）に会って、子供に英語で話しかけたことがある。途中で、父親が割り込んできて、We want to travel alone.と言われ

て、私は切り離された。その時の英語は今でも忘れない。aloneとは「水入らず」のことか。

^{mizukara}
自ら　oneself

I homeschooled myself.
（自分の意思で、自宅学習をしたんだ。）

I locked myself up. と TOEIC 満点（46回。今は50回を超しているらしい）のミスター・キクチは NONES チャンネル（「TIME を読む」、現在は「Global Inside」）の番組で自嘲的に述べた。

私は blocking the sun（ひきこもって）と加えた。

ちょっとふざけすぎた。TIME の英語では、homeschooling。I did it myself.「自ら」選んだ道となる。

^{mizu-kusai-(ze)}
水くさい（ぜ）。　We're (still) a family.

「水くさい」という形容詞を辞書で探しても、助けにならない。状況によって、英語を使い分けるべきだ。

We're a team. でも「水くさい」で通じる。

We're not strangers. では、説教がましい。

こんなときこそ友人じゃないか、という熱情を込めるなら、What's a friend for? がピタリ。よく映画やテレビドラマで耳にするのは、こちら。

^{mise-shime}
見せしめ　an example / a lesson

to give someone an example とは、例を示すという場合に用いられるが、その例が「見せしめ」という an example（a lesson も同じぐらいの頻度で使われる）として使われることが多い。

a precaution も覚えておいて悪くはない。

「この見せしめで、相手もこりただろう」という場合、This (warning) must've taught him a lesson.

teach someone a lesson とは、「痛い目に遭わせる」「こらしめる」という意味がある。相手(someone)も、思い知るだろう。

He'll get the message. この the message とは見せしめのこと。

「他山の石」とは、an object lesson か、a negative example。

コーヒー・ブレイク

見た目appearancesはすべてか。さー (debatable)

「人は見た目がすべて」はAppearances are everything.

新年早々、信貴山で断食。個室で久しぶりにテレビ番組を見た。めったに見ないテレビをたまに見ると、フレッシュな感じがする（うーん、コマーシャルばかり、食べる番組がやたらと多い、ガイジンはすべてお笑いタレント、すべて日本語だけの番組、NHKが放映しているのは小学生以下の幼児英語番組ばかり）。

その中でおもしろい民放の番組があった。「美人かブス――どちらが得？」

ええ、ナニワTV番組の挑戦？　ホンネでぶつかり合う「たかじん」番組は、東京ではoff-limitsなのに？　大阪では「人は見た目がすべてか」という常識に挑戦するディベート・テーマが平然と行われている。

GRASSROOTSという組織（池亀葉子リーダーが率いる）では、この論題で大いに盛り上がったのか、ヘクサゴナル・ディベートの教材にも、このテーマ「見た目」を取り上げようとしている。

「果物は見た目のよいほうが売れる。」(The better fruits look, the better they sell.)

「この猫は、見た目は悪いが、社交的だ。よくじゃれる。」(This cat is more sociable, than she looks. She's very playful.)

「お前は、見た目は悪いが、頭は悪くないな。」(You're smarter than you look.)

私はこのフレーズを時に使って、笑いをとる。モハメッド・アリが東京の米大使館に訪れたときに使ったセリフがこれで、話題となった。

民放テレビが選ぶテレビ・タレントは、すべて美形。どうして「見た目」が、と質問をしたら、大阪の芸人はどう答えるだろう。

Appearances are everything? No. Appearances are the only thing.（見た目だけでんがな。）

その言葉のあとに、「ウソでんがな」と笑いで否定するのが大阪人。

このようなえげつなさ(brutal frankness)がナニワのhonesty

（裏表のないこと）気質。「外観はあてにならない」(Appearances are deceptive.)とか、「見た目で判断するな」(Never judge by appearances.)、これらの格調高い表現を好む人にはエリートが多く、問題発言を恐れる関東圏では好まれる。

　大阪は、もっと具体的。

　You're good-looking. You won't make it to Yoshimoto, I'm afraid.（あんた、ベッピンやな。吉本興業への就職はムリや。）
「ベッピンさん、つっこまんかい。」…沈黙…うーん、関西はベッピンが不利やな…せや、これでいこう。
「すんません、私ベッピンだけが取り柄で、NHKしか就職できないんです…。」

　このセリフ、一度だけ吉本新喜劇で耳にしたが。ナニワの美人も負けてへんで──。

mikka-bozu
三日坊主　a quitter

　三日坊主とは、すぐにquitする人のことだから、quitterでよい。
「煙草なんかすぐやめられるさ」。Why? Because I quit it many times. というジョークがある。

　いったん、くせになる(habit forming)と、やめにくくなる。それをユーモラスなジョークで返すのだ。

　定義にもユーモラスでウィットに富んだロジックで返す人がいる。What's will power?（意志力って、なに？）に対し、Eating one peanut.（ピーナツの一粒だけ口に入れて、やめること）。これが笑いの本質だ。

　I can't stop eating more than one peanut. はお笑いの世界では蛇足。more than oneは、一つ以上ではなく、二つ以上と訳すべきだ。これも蛇足か。

mi-ni-tsumasareru
身につまされる。　I feel you.

「君の話を聞いていると、身につまされる思いだよ」、ちょっと長い。英語では I feel you.

　短すぎると感じる人は、I feel closer to you.

big word好みの人には、vicariously（自分が代理体験をしているような）という形容詞を勧める。

英文が長くなればなるほど、単語数が増え、英語のエネルギーは逓減する。熱力学第二の法則、だから、第三の法則に戻れ、というのが英語道の極意。

第三の法則はゼロ（空）、つまり赤ん坊が学ぶ状態に戻ることだ。I'm you. か You're me. これで通じる。

英語術はカシコ（関東では利口）、英語道はアホ。（バカは、foolであるという自覚があるが、アホにはない。）

> **コーヒー・ブレイク**
> ### 「身近な」は existential
>
> かつて NHK テレビ中級英語講座の講師をされていた國弘正雄氏が、「教材のテーマはエクジステンシャルなものがいい」とおっしゃったことがある。「実存的だって、あんな big word は使わない方がいい」と周囲の門下生に批判したことがあるが、今は反省している。
>
> よく使われる頻度数の高い英語は、すでにビッグワードではない。シンボルさえ捉えていれば、我々だって使えるのだ。その証拠に TIME 誌 はこんな風に使っている。引用符の表現だから口語的と考えてよい。
>
> But the unhappiness of the Tibetans and Uigurs is more existential. (*TIME*, March 17, 2014, p40)
>
> チベットやウイグル民族の不幸はもっと身近な（身につまされる）ものだと、中国通の婦人ジャーナリスト(Hannah Beech)は述べる。國弘正雄氏が NHK に対し、「existential な状態を表現するテキストを」と述べられたことは正しかったのだ。本辞書のテーマも existential なものに限定したいからだ。
>
> 私が脱サラした直後、長野県の山奥に引きこもったことがある。アポロが月面着陸していたことも知らなかった。西山千氏が「時の人」とはつゆ知らなかった。
>
> ヒゲがボウボウに生え、仙人のような様相で御堂筋を歩いたとき、周囲は変人か浮浪者と思ったに違いない。

その話を耳にしたアメリカの若い女性が、「あなたの生き方はexistential」とほめてくれた。彼女の真意がわからなかったが、「あなたのマイペースな生き方を身近に感じます」という意味で使ったのだろう。
　そういえば、ちょっと変な女性だった。existentialが「身につまされる」に化けるとは。同時通訳とは、コンピューター通訳が及ばない、異界。

mi-bi'iki
身びいき　cronyism

　cronyとは同じ親友や友人といっても、良い意味で使われることはまずない。不正に手を染める仲間や、取り巻きを意味するからだ。政治などでは、能力に関係なく、公職に登用する身びいきだから、アメリカでも、いや、アメリカだからこそ毛嫌いされる。

　日本の「天下り」などはrevolving doors（回転ドア）と同一視されるから、東洋に多いcrony capitalism（身びいき資本主義）と同罪とされてしまう。

「えこひいき」は、どこまでビジネス界で通じるのか、面白い(debatable)テーマになりそうだ。

　同族会社(a family business)や同系会社(an affiliated company)の中でも、えこひいき(playing favorites)が横行している間、派閥争い(factional infighting)は避けられない。

mimi-ga-itai
耳が痛い。　That hurts.

「じゃあ先生は、ディベートの好きな女性と再婚しますか」と聴衆の誰かが問えば、That hurts.（耳が痛い）と笑いをとって、逃げる。

　真面目な答えを期待している観衆なら、答えを変える。「私はarguersは大嫌いで、debatersは大好きです。建設的な話し合いのできる女性なら、アシスタントでも大歓迎です」と答える。

「後者の女性にあまりお目にかかったことはありませんがね」と、またウケを狙う（女性が少ない観衆の前では）。「だから先生は女性に縁がないんだ」と言われたことがある。

「あのときはこたえたな」はThat hurt. 過去形だからsは省く。

最近のアメリカ人はThat hurts.の代わりにOuch!を使う人もいる。

この「耳が痛い」という難訳語をめぐって、何時間も大勢の編集者（外国人も含め）と語り合ったものだ。40年前だから、若気の至り(young and foolish)だった。

mimi-ni-tako-ga-dekita
耳にタコができた。　I've heard that many times.

こんな簡単な表現で、十分に真意は伝わる。

ある和英辞書でこんな表現を見つけ、笑いが止まらなかった。

To hear something so often that one gets calluses on one's ears.

こんな愉快な直訳的（コンピューター的）表現を耳にする頃には、私はこの世にはいないだろう。「同じことを何度も言うな」という意味は、Enough!かDon't rub it in.がお勧め。

私がこの表現を使ったとき、当時AIU（国際教養大学）の人気米人教授(Michael Lachtorine)は笑いながら、すりこぎを回すゼスチャーをしてくれた。粋な英語を使うな、という表情だった。

minoru-hodo-kohbe-wo-tareru-inaho-kana
実るほど頭を垂れる稲穂かな。　The more a man is, the less he wants.

耳にタコができるくらい、人生の大先輩から聞かされてきたが、いまだに適訳はない。Don't stand tall. Keep your head down.といっても、稲穂が訳せていないと、お叱りを受けそうだ。

『新和英大辞典』の英訳が愉快だ。The boughs that bear most hang lowest.（諺）。通じるかどうか、一度試してみたい。しかし、次の訳は直訳とはいえ、あなどれない。

The more faithful the ear of rice, the lower it droops.

そして、次の意訳が親切だ。

The more virtuous one becomes, the humbler one's attitude.

とっさのときに同時通訳できるかなと考え、Max Perkinsの本に戻った。こんな表現があったので、こちらを採用した。

The more a man is, the less he wants.

lessの中には、富ではなく、世間の信用や尊敬の念などが含まれるからだ。『超訳 武士道』で私が用いた超訳はLess is more.であったが、これも使えそうだ。とっさのときに限り。

^{min'na-ga-nattoku}
みんなが納得。　We're OK.

「だいじょうぶ」はIt's OK.「私はだいじょうぶ」はI'm OK.

アメリカのゲーム社会では、I'm OK. You're OK.が交渉の基本。しかしこれでは、ウォール街のインサイダー取引と変わらない。売り手も買い手もOKだが、第三者をunhappy (not OK)にすればルール違反で非合法となる。だから両者がOKであっても、第三者がOKにならなければ醜くなる。We're OK.こそ美談となる。

We're OK. So I'm OK.が日本人の「和」の心である、とTIME誌のシニア・ライター（ランス・モロー氏）に述べたところ、日本のHARAGEIのエッセンスは、We're OK, ergo I'm OK.という、私の言葉が、そのままTIMEの記事に引用された。

^{musubi}
結び　the ties that bind

結びとは「結縁」のこと。日本文化という身体は、糸偏の言葉に、がんじがらめに縛られている。同じく糸偏の「縁」(chance)、宿縁(karma)も「絆」(bond/tie)もすべて、状況により意味が変わるので、難訳語となる。

日本神道の心は、「結び」だという人が多い。注連縄(sacred straw rope)がそのシンボルだろう。It's the ties that binds that matters in Japan.（結びは日本のシンボルだ）で通じる。bindsで切って、That matters…と続けてもいいが、the ties that bindと語呂がいいので、呼吸のリズムを意識して、長いがワンセンテンスでまとめた。

^{me-kuramashi}
目くらまし　razzle-dazzle

New Scientist誌(22. March, 2014)に「目くらまし」という見出しの記事が出ていた。

ミュージカル映画『シカゴ』でよく登場した、razzle-dazzleが見出しになったので、私の中に眠っている、科学する心が目を覚ました。

To blend in, you've got to stand out.（目立つのも、融け込むためのボカシ戦術。）

という小見出しが気に入った。なぜ、high-contrast markings（強烈なコントラストの模様）のシマウマや熱帯魚は、あんなど派手な色彩を好むのか。それは、天敵の眼を欺くためなのだ。

生物学用語でdisruptive colouring (camouflage) というが、まさに目くらまし戦略だ。

シマウマは一勢に走りだした。白と黒の模様が激しく交錯するので、ライオンは一頭のシマウマに集中できなくなる。なんという見事な阻害的色彩 (disruptive colouring)！

アメリカの大統領選も、そして東京の都知事選も、かつての犯罪都市シカゴでのショウビズのように、劇場型政治が支配するご時世となった。つまり目くらましが政治ビジネスとなったということだ。

me-no-kuroi-uchi-wa

目の黒いうちは。　　Over my dead body, you will.

愛とは口に出せない。秘すれば花。(It's best [to be] left unsaid.)
空々しいことを口に出したら、女房はかえって疑う。「いい女ができたんじゃないか」と。

アメリカの作家は、「これは愛する女房に捧ぐ」と平気で書く。そんな日本人作家に会ったことはない。そういう lip service は、日本ではかえって顰蹙を買う (be frowned upon)。

本気で離婚する覚悟ができていれば、慰謝料の代わりに、一言添えるのもいいが、英語を学べば、私はつい冷笑的 (cynical) になってしまう。英語道に入る前の私は、もっと素直な (uncynical) 日本人であったはずなのに。

ところで、40年前の辞書の見出しでは、as long as I'm alive に落ち着いた。あの頃から、Over my dead body, … （「死んで目が白くなってからならやる」、つまり金輪際やらないの意）を見出しに使ってほしかったが、ネイティブを含めた編集グループに屈した。

meromero

メロメロ　　have a crush on

思春期にありがちな、べたぼれをcrush onという。
He has a crush on her.（彼は彼女にぞっこん惚れ込んでいる。）
夢中になることも、もっと大人の表現で言い換えると、infatua-

tionになる。これくらいの単語を知っておかないと、TIMEやNewsweekは読めない。

メロメロも、もっと病的になると、be mooningという表現がより適切になる。

He's mooning over her. 彼女を思い焦がれるあの人は、毎日ボンヤリからボケーッとした夢見心地(ごこち)になるので、異常に近い。お月さまの霊気は、人を狂わせるからだ。

しかし、このmoonの「ウー」という長母音には「長く続くもの」という音霊(おとだま)がある。この音霊はシェムーズというイディッシュ語(schmues)から来ている。

もとは雑談を意味するヘブライ語から来ているschmoozeは米俗語で、おしゃべり、長話のことで、ニューヨークにいるユダヤ人同士の長話(ながばなし)の風景が浮ぶ。活字媒体にもよく登場する英語だ。

me-wo-samase
目を覚(さ)ませ！　Get real.

文字通りの訳は Wake up. だが、すでに目を開いている相手に対してはくどすぎる。Wake up to reality.（現状に目を開け）という表現なら、書き言葉としても通じる。

書き言葉も、話し言葉として使えるときがある。あえて格調を高めるためだ。You need a reality check.（君はもっと現実を厳しくながめてみる必要がある。）

夢ばかり見て、ボケーッとしているdaydreamerには、Get real. より精神分析家の少し高い目線が必要かもしれない。

mentsu-wo-ushinau
面子(メンツ)を失う　lose face

面子とは face のこと。冠詞は要(い)らない。

He lost his face. という英語を使っている人がいた。他の日本人も気にしなかった。彼の顔をつぶすとは、硫酸(sulfuric acid)をかけられて、見られない顔になったのか、打ち首になったか、のいずれかである。his とか her は不要。She lost face.

日本人には使いにくいが、努力してみよう。どうしてもこの表現を避けたいなら、She looked bad in public. とか She felt embarrassed. ぐらいがいいだろう。

「面目丸つぶれ」なら lose a lot of face という表現がお勧め。Putin lost a lot of face. という表現を The Economist 誌で見つけた。「彼はそのことで面子を失った」。これを文法通り翻訳すると、He lost his face because of it. となる。文法的には正しいが、これは正しい英語ではない。It caused him to lose face. が正訳だ。

> **コーヒー・ブレイク**
> ## 面子をつぶされた、と激昂する現象
>
> 数年前、日仏会館で「なぜ人は面子にこだわるのか」というテーマで日、中、韓のマンダラ・ディベートを行った。この時、同じアジアでも面子のとらえ方が食い違っていることに気づいた。しかし共通の分母が、西洋人には理解しがたい発想であることにコンセンサスを得たことが大きな成果だった。
>
> consensusは、ラテン語のconsensus（同意）から、そのまま英語として使われている。「con-（共に）＋ sensus（感じた）＝皆と共に同じことを感じた」ということだから、日本人が使う、正体不明な「空気」も、お互いの面子を守る合意（コンセンサス）のことだ。
>
> 自民党の空気に逆らい、日本は侵略国家ではないと、問題発言をした田母神俊雄（元自衛隊航空幕僚長）氏は、自民党の面子をつぶし、辞職させられた。こういう時に、中国人は面子をつぶしたとは言わない。韓国なら「体裁」に傷をつけたという表現を用いるだろう。
>
> 日本人という「空気」に流されやすい民族は、面の皮が薄いのか、同じ面子と言っても繊細なのだ。
>
> 作者のためと思って間違いを指摘し、文章を大幅に訂正しても、編集者により面子がつぶされたと、ヘソを曲げる物書きの面子もそれに近い。それが第三者に知れわたると、面子をつぶされた、と激昂するという珍現象は、海外ではあまり耳にしない。
>
> せいぜい、He was embarrassed.（恥をかいた）程度だ。それを面子の次元にまで仰々しく騒ぎ立てると、He humiliated himself.（彼は自分で自分の面子を傷つけたのだ）と、周囲から非難される。

mo-ichido-yarasete-kudasai
もう一度、やらせてください。　Give me another chance.

　もう一度同じこと、ならanotherだ。chanceは確率のことであってopportunity（日本語のチャンス）でないから、リスクが生じる。好機(opportunity)のような甘いものではない。

　だから、よく知られた歌詞のGive peace a chance.も「平和に賭けようじゃないか」である。平和はもろいものとは知りながら、という条件を日本語で加えなければ、反戦運動ソングの意図は伝わらない。

　タカ派は反対のことを言う。Give war a chance.と。戦争は避けるべきことは知っているが、このままの平和なら、正義のための戦争に賭けてみようじゃないか、と。

「もう一度、出直したい」はI want to get a second life.

mo-gaman-dekinai
もう我慢できない。　Can't take it anymore.

「我慢する」をendureで表わすと、硬くなる。

　日常会話ではtakeで十分。

　getは、すぐにgiveで返すことができるので軽いが、takeには返す意図はない。だから、「じっと耐える」というニュアンスがある。

　女房を迎える、人質をとるのも、getではなくtakeだ。

　I can take it.（じーっと我慢できる。）

mo-watashi-no-hara-wa-kimatte-iru
もう私のハラは決まっている。　My mind is made up.

　I've made up my mind.は、意思決定をした（その時点で）という意味だから、その後翻意することもできる。I've changed my mind.といっても許される。しかし、My mind is made up.となると、マインドではなく、ハラを決めたことになるから、前言を撤回することはできない。

　I've made up my stomach. は日本人同士の英会話のときに限定しよう。

　文法の問題ではないから、入れ替えは不可能だ。私の体験文法には、年季が入っている。

moguri
モグリ　unlicensed

「潜り」はdivingとイメージすれば、わかりやすい。水中で見えない仕事をしているから、つかまらない。だからヤバい仕事になる。「モグリの医者」はan unlicensed doctor。「モグリの弁護士」はan unlicensed lawyerだ。

moshika-shitara-ne
もしかしたらね　possible

「百歩譲って、もしそれが可能だったとしよう」というような場合はpossibleを使う。決してprobableと混同しないように。

あるリアリティTVを見ていたら、possiblyという英語が耳に入ったので、急いで字幕に目を通した。「多分ね」と訳されていた。probablyと勘違いをしている。ヤバイ(Too bad!)。

字幕翻訳だからいいものの、こんないい加減な英語で、通訳をされたら、外交問題はきっとこじれる。

motto-otona-ni-narinasai
もっと大人になりなさい。　Grow up.

語調を強めるには、緊急性を含めneedを使おう。You need to grow up.

「あんたも子供じゃないんだから」という意味でYou're not a child any more.を加える必要はない。蛇足だ。

「私はもう子供じゃない」は、I wasn't born yesterday.とかI'm not naive.でディフェンスを固めることもできる。

motemote
モテモテ　hot

Michael Sandels is very hot in Japan.（マイケル・サンデル教授は日本ではモテモテだ。）

いや、ハーバード大学の教授の「白熱教室」は世界でもモテモテだ。そこまで知名度が高くなると、hotよりbigのほうがよさそうだ。He's big everywhere.

hotの色彩は赤、情熱を表わす。

She placed a red, hot kiss on the cold, blue lips of Big Bad John.

学生時代の私は、この「ビッグ・バッド・ジョーン」のバラード

を何度も聴き、口ずさみ、発声を鍛えたものだ。呼吸にもいい。歌詞も絵になっている。

　海外経験なくネイティブ並みに英語がしゃべれる男として、西日本では、知られていた。I was hot back then. And big there. 大阪では、ドン並み(big)に扱われた。

　ところで、「もてる」も、静的な英語を使えば、I was popular.（知られているだけで、熱がない）。もっと動的な表現を使えば、I was hot. これは、Lots of people loved me.（モテモテだった）ということになろうか。

「昔のことを語ることは、現在の悲哀を語るに等しい」（「柔道の神様」と謳われた、故・三船久蔵の言葉）から、このあたりで、打ち切ろう。

居酒屋トーク
物書きだけが使い捨て (expendable) か

TV personalities are expendable.

　expendableとは、「消費できる」というもの。軍隊用語では、（兵力・資材などを）犠牲にしてもよい、という意味で使われる。TVのタレントは使い捨てされる運命。

　ニュースキャスターの私も使い捨てされる運命か、とふと考えるときがある。使い捨てか。それでいいのだ。英語道の創始者として神棚で祀られるより、サムライらしい。

　ところで使い捨てカメラはdisposable cameraだ。それでいいのでは、とかつて諦めたこともある。

　米大使館時代に、日本人エンジニアから耳にしたのは、アメリカ人にとり通訳（通訳に「者」はつけられなかった）は、ツーヤクという、ポータブル・マシーンだということだった。翻訳"者"並みに、「者」を通訳につけたのは故・西山千氏であった。

　修行中の私など、「弊履を捨つるが如し」と陰口を叩かれていたことを知ったときは、滅入ったものだ。（破れ草履のように捨てられるのか）ヘイリオスツルガゴトシ。最初はこの言葉の意味がわからず、漢字を知って、愕然としたものだ。

Thrown away like old straw sandals. じゃわからない。

> アメリカ人には、like worn-old shoesの方がいいか、とも考えたが、靴の方が長持ちしそうだ。この表現に近い、アメリカ人向けの表現を探していたら、やっと見つかった。
>
> Writers are certainly dying like flies.（文筆家は間違いなくハエのように死んでいく。）(『MP』p382)
>
> 編集者の眼からみると、物書きなど、ボロ雑巾のように、いずれ使い捨てられる、哀れな存在に映ったのであろう。
>
> かなり歳上のユダヤ人女房に追い回されたトム・ウルフ。半狂乱の女房と借金づけとなり、自らも病床に臥したスコット・フィッツジェラルド、そして、四番目の女房をもらったが、big fat slob（大デブのバカ）と笑われ、バカは自認していたが真顔で怒るなど、自制心に欠けた、アーネスト・ヘミングウェイ。三人とも、知名度の高いわりに、惨めな文筆生活を強いられた気の毒な存在だ。
>
> こういう世界に名の知れた天才たちが、弊履のように棄てられていく。いわんやまして、凡人の文筆家など雲霞でしかない。
>
> They are dying like flies. 決してオーバーな表現ではない。そして、このような使い捨てされるwritersを見て、小馬鹿にしていたのであろう。
>
> いや、天才編集者のパーキンス自身が、反抗的な女房（ルイーズ）に悩まされていた。公私両面から、四面楚歌のパーキンス、こうつぶやいたに違いない。「writersとeditorsか。同病相憐れむ(Misery loves company.) ってやつだな」と。

moyamoya-muzumuzu

モヤモヤ、ムズムズ　horny

日本語の中には、心の状態まで微妙に表現するオノマトペがある。モヤモヤ、ムズムズといった性的興奮を表現する方法は、get it on というように、慾情をon（点火）するように単純化するより他はない。

どうしても、一言で決めたいなら、男にも女にも通用するhorny（hornは勃起に由来するが、女性にも使える）しか思い浮かばない。

男の場合、get it off寸前の"get it up"か、hornyのいずれかだが、

今回の見出しはhornyを無難さで選んだ。

忠実に訳すと、(sexually) arousedとなるが、やっぱりオノマトペに勝てない。

monku-wa-iwanai (shikata-ga-nai)
文句は言わない（しかたがない）　accept

「負けても文句は言わない」のがジャンケンのルール。民主主義というルールも同じ。

ところが、2016年の大統領選がドロドロ(down and dirty)となり、選挙そのものが、共和党が不利になるように仕組まれている(rigged)と、ドナルド・トランプが絶叫したものだから、両陣営は騒いだ。いわゆるvoter fraud（投票者騙し）が争点となった。

争点は、もしトランプが負けたら、負けを認めるか、というissue（争点）に移ってしまった。

「認めない I won't accept.」とトランプが言ったから、共和党内部からもトランプ批判が相次いだ。

副大統領候補のMike Penceが次のような表明をし、TIME誌が問題発言コラム(For the Record)の話題トップで取り上げた。

We will absolutely accept the result of the election. (*TIME*, Oct. 31, 2016)

このacceptがカギ。たとえ、負けても、潔く敗北を認める、といったもの。

He（トランプ）だけでなく、We（共和党が）と、距離を保った。

mondai-wa
問題は〜　What bothers me 〜

問題のスペクトル（範囲）は色彩のように、きわめて幅が広い。

組織内でちょっとした問題(trouble)が生じても、仲間同士なら問題(problem)と考える。

なぜ、こうモノ（財布のお金）がなくなるのかと話し合っているうちに「そう言えば」と同じように苦情が続けばbig problem（大問題）になる。実際あった話だ。

誰が犯人か。あの人がチームに入ってから…こんな噂が流れると、井戸端会議（男同士ならlocker room talk）から喫茶店トークに発展する。

数人のdiscussionで、犯人がkleptomania（病的盗癖）のある女性メンバーで、しかも警察官の夫人とわかった。

trouble ならbrainstormingですませるが、共通のproblemになるとmajor problem（重要問題）となり、discussionからdebateに発展する。それがissueだ。

the kleptomaniac（盗癖のご本人）にどう自白してもらうか。

Who bells the cat?（誰が猫の首に鈴を付けるのか）となると、debate から negotiationに移る。問題も issue からconflict になる。problem solvingからconflict resolutionになる。

だから、「問題はね」をすぐに同時通訳するとき、私なら What bothers me 〜と、やんわりと切り出すことにしている。

「こうなりゃ、英語武蔵の松本先生にお頼みするより他はない」と言われると、「そりゃ大変な問題だ。もう逃げられない」。

そのときの英語は。"That's a real challenge."

問題が challenge にまで発展する。

yasumono-gai-no-zeni-ushinai
安物買いの銭失い。　You get what you pay for.

学生時に覚えたPenny wise and pound foolish.は、この歳になっても耳にしたことがない。アメリカ人が多かったせいか。たとえ知っていてもcliché（クリシェ、陳腐な表現）と嘲笑されていたのかもしれない。

最近読んだ本の中で、ユダヤ人の著者が、ユダヤ人の金銭感覚はYou get what you pay for.だと指摘したときに「これだ」と思った。自分が払った金額以上またはそれ以下の値打ちは期待できない、という意味だ。

包装（見栄）を気にする東京人に対し、大阪人は「中身」で勝負する。「安う買うた」というから、ユダヤ人と大阪人の金銭感覚は似ている。彼らの声が聞こえる。）

We're not cheap. We believe in value. You get what you pay for.（我々はケチではない。値打ち〈中身〉を大切にするんだ。安物買いの銭失いって言うだろう。）

京都・大阪は「けち」ではなく「計値（ケチ）」なのだ。

yappari-kare-wa-shiro-datta
やっぱり彼はシロだった。 Turns out he's not guilty.

「やっぱり」はI know it.のことだが、「その結果」という意味で使われることもある。As it turns outは、口語体では省略されTurns out〜となる。

眼から英語を学んだ日本人には、as a result (of it)の方がfriendlyな訳だろう。

とにかく、「やっぱり」と言う癖のある人は、あとだしジャンケンのようなズルさを感じるのか、好きになれない。

「あなたB型？ やっぱり」「O型？ やっぱり」、どこかに逃げ道がある。I know it.はやめて、It turns out〜と、もっと客観的になろう。

yabai-kankei
やばい関係　too close for comfort

be close to each otherは仲がいい関係だ。しかし、いい関係にはcomfortableな距離感が必要だ。for comfort（ほどよい関係）を保つには、あまりにも接近しないこと。噂になる。

too close for comfortは、見出しにもなる、斬れる表現だ。

「親しき仲にも礼儀あり」はclose for comfortだが、tooが加わると、息苦しくなることがある。プーチンとトランプの関係などがそうだ。

yabu-no-naka
藪の中。 The truth is out there.

ウソかマコトか、その真実は、その真中にあるというのが通説だが、英語では、Truth is somewhere in between.という。

ところが、藪の中と言えば、探しても無駄──いや、どこにもないという状態だから、思い切って、out thereと藪の外へ出してみようか、という気になった。そのきっかけはTIME誌の見出しだ。The Truth Is Out There（*TIME*, Oct. 17, 2016, p18）

この見出しは、真実は「藪の中」と訳しても、しっくりいくものだ。

大統領選がドロドロし、アメリカの政治そのものがレベルダウン(dumbing down)し始めて、何が真実か、何が嘘か、すべてが不透明になってきたという内容の記事だ。その元凶はドナルド・トラ

ンプだろう。

彼は著書"Art of the Deal"の中で、truthful hyperbole（真実味溢るる誇張）を自慢げに語る。ハッタリはウソでないという論調で、それなりに説得力があり、The Economist誌は、その種の疑わしい真実をPost-truth（超真実）と表現した。

The Late Showのホストである、コメディアン・俳優・作家のStephan Colbert（スティーブン・コルベア）は、政治家のウソをtruthiness（真実っぽい。まだ辞書にない）と表現した。

現実に片足、フィクションに片足を突っ込んだ半真実(half-truth)と定義し、トランプの破天荒な行動は、現実からかけ離れたtruthiness（真実もどき）の化物と揶揄している。

yamu-ni-yamarezu
やむにやまれず　　unable to stop oneself from〜

シリーズ"Dr. HOUSE"の主演で二度のゴールデン・グローブ賞に輝いたHugh Laurie（ヒュー・ローリー）が、同じくシリーズ物"CHANCE"に戻った。

やってはいけないこと(wrong)と、やらなきゃならないこと(right)の違いは知っているが、やむにやまれずdo wrongに走らねばならぬことがある。

まるで吉田松陰のセリフ。彼の英語のセリフがTIME誌(Oct.31, 2016, p46)に載った。これで「やむにやまれぬ」心情が英語で描写できる。

You can know the difference between right and wrong intellectually but still be unable to stop yourself from doing wrong.

頭で(intellectually)わかっていても、unable to stop yourself from 〜 ing（やめられない）。sin（罪）とはわかっているから、ついついその道に引きずりこまれてしまう。こんな「翳り」のある男——日本ではかつて高倉健が演じた——は、映画の世界では必ずヒーローになる。

can't help butという懐かしい英文法も使える。英文法をバカにしてはいけない。私の英語道人生は英文法から始まった。それをテーゼとして闘い続けたものだ。この辞書は、そのsynthesis（ゼンテーゼ）である。私なりのthe third alternative（第3の選択）といえよう。

ついでながら『男はつらいよ』の寅次郎も「女難の相あり(sign of trouble with women)」と言われ、警戒しながら（いや警戒できず）、ズルズルと引き込まれてしまう。

Torajiro can't help but get involved in trouble with a good-looking woman and dumped at the end of the road.

yarase
やらせ　set up

シナリオ(script)通りに仕組むこと。だからscripted（シナリオ通りに）が使えることがある。通常、It was set up.とかIt was a set up.で通じる。「だれかが私を嵌めようとしている」はSomeone is setting me up.

仕組む、操るという意味でマスコミ用語としてよく用いられるのがrig。

rig an election（選挙結果を操作する）、rig prices（価格操作）、rig the market（株式市場を操作する）、rig a quiz（参加者に解答を教えておく、クイズを仕組む）など。

アメリカでは、このクイズ番組の仕組み事件がたびたびスキャンダルとなって、何度も手入れが入ったが、日本のTV番組では「やらせ」(setups)や八百長(fixed games)は、日常茶飯事だ。cf. That was a set up.（あれは八百長だ。）

人間操作（とくに情を絡めて）をする場合はemotional manipulationが使われる。涙もその一つ。男の脅しによる操作でも勝てないときがある。

コーヒー・ブレイク
「やりがい」はchallenge

同時通訳者という仮面が、こんなに役立つとは思わなかった。ダイヤモンド社からオバマの就任演説の抄訳を他社に先駆けてHP（メンター・ダイヤモンド）にアップロードしたいから、という徹夜作業の特命を受けた。

1月20日の午前2時の放送というから、ディベーターである私も緊張する。同時通訳を生業としていた時代もあったので、うーむ、「やりがい」がある。

やらせ

「やりがい」はchallengeという訳がいい。こういうピンチから創造性(creativity)が産まれる。Crisis is opportunity.（ピンチはチャンス）。

この心、いや核はcoreで、これもC語だ。追いつめられると、予想できない力が発揮できる。火事場の馬鹿力というやつだ。

恥ずかしいが、このしょっちゅう使う「火事場の馬鹿力」というものをどう英訳していいものか、悩み続けていた。かつて大山倍達氏（マンガ『空手バカ一代』で有名になった極真会館の創始者・総裁）と話をしたときに、この言葉が出た。三十数年前のことだ。

日本の柔道が東京オリンピックでオランダのヘーシンクに敗れたのは、「気迫」を失ったからだ、と述べられたので、では神永（昭夫）はどうすれば、あの押さえ込みを跳ね返すことができたのか（気迫だけではわからないので具体的に）、と問うてみた。

氏は、神永の額の前に、真っ赤な焼きゴテを当てようとすればいい。アドレナリンを爆発させ、ギャーッと大声をあげ、相手を跳ね返すだろう、と。これが火事場の馬鹿力。

それ以来、英語訳を模索し続けてきた。そして、2009年、オバマの就任演説の同時抄訳を頼まれた日のことだ。緊張の当日の前は、独りで、ネコ喫茶で気を鎮める。

アメリカ大使館での苦行を思い出した。

あの恐怖の同時通訳のブース（拷問室と呼ばれている）に入る前の、追いつめられた気持が戻ってくる。

そのときに耳にした言葉がfirefighters' courage（消防士の勇気）であった。崖っぷちに立たされた(desperate)、人間の力ではない、使命感を持った人間の力のことである。

オバマは、親が子を思う「無条件の愛」(unconditional love)に、それを結びつけている。火の中に飛び込んで、赤ん坊を救う勇気は、自分のことしか考えない（保身型）人間には思い浮かべることすらできない。火事場の馬鹿力に近い。

もう一つのお勧めは、TIME誌でもよくお目にかかるadrenalin rushだ。

yaru-no-ka-yaranai-no-ka
やるのかやらないのか？　In or out?

　この早口英語(natural speed English)についていける日本人はあまりいない。Are you in or out?

　これがテレビやラジオの教材英語となれば、3秒をオーバーするが、映画やテレビで耳にするネイティブ英語は1秒以内のものが多い。

　耳には「エンノアらウ（ト）」としか聞こえない。答えも1/2秒のI'm in.（愛面）かI'm out.（愛舞う）のいずれか。

yare-yare
やれやれ。　Good grief!

　漫画『ピーナッツ』によく登場するセリフ。

　やれやれ、と、ため息が出そうなセリフだから、ほっとしながらも、どこか深い悲しみが伝わってくる。

　仕事が終わったときに発する「やれやれ（終わった）」は、Thank Heaven.がいいだろう。Thank God.でもいいが、見えない神より「天」の方が、親しみがあると感じる。いやThank Hell.がベストではないか。

　インターネットTV（NONES CHANNELのGLOBAL INSIDE）収録のあと、地獄から解放された気持になる。感謝する相手は、閻魔様のような感じがするからだ。

yumei-jin-byo
有名人病　name dropper

　やたら有名人に近づきたがる人(big name lovers)がいる。そして、周囲に有名人の名前をひけらかす(dropping names)人がいる。こういう人はname dropper。

　name-dropping（[自分を偉そうに印象づけるため]有名人の名をさも親しそうに友人に言いふらす）は醜い。中には「大前研一を知っている」と私に高飛車に話しかけた人がいる。

「じゃ、頼みたいことがある。今すぐ、ここで電話をしてくれたまえ」と言えば、大概のname droppersは絶句する。「あの方もお忙しい人ですから」と。

「じゃ、今から僕が電話する」と、ジェスチャーを示す。それで詐

欺師っぽい人は消える。この知恵は、故・藤山寛美氏から学んだ。「センセ、ほなら今から中曽根さんに電話しましょうか」と自分の手帳を私に見せる。「いえ、結構です、センセイ」と私の方からさえぎった。ただ者ではない、この上方芸人。

yuyu-to-shita-dokushin-seikatsu
(ゆうゆうとした) 独身生活　single blessedness

blessednessを耳にしても、ほとんどの日本人の耳には、edが欠けて、シングル・ブレスネスと響くだろう。ブレセッ（ト）ネスと、呼吸の「間」といえるトカドが消えている。ま、ブレスネスという日本式発音でもいいか。カタカナ発音でも通じることがある。

これには「祝福された」という、ポジティブな意味の生活態度が感じられる。

Blessed are those who are single.（幸いなるかな独り者よ。）

シングル・ライフでも通じる。独身生活、そう single life。

英語で一匹狼は lone wolfだと言われている。これはネガティブ。この価値観を中立に変えると、single wolfだ。lone wolfは「はぐれ狼」で、迫力がない。

狼は仲間を裏切らない、そして仲間から見棄てられない、義理堅い動物だ。忠犬ハチ公の大先祖に当たる。

だから、はぐれ狼であった頃のトム・ウルフは Lone Wolfe（一人ぼっちのトム・ウルフ）と低評価しか受けられなかった——天才編集者のパーキンスと会うまでは。

戻る。独身は single man。He's single. でもよい。通常、一匹狼的な女性は、single womanとは呼ばず、Yuriko is on her own.（百合子は自立している女性だ）と言った方がよさそうだ。

オールドミス (old maid) とか、「行かず後家」と後ろ指を指された未婚女性は、spinster（紡ぎ女）と呼ばれている。

売れ残りは「クリスマスケーキ」(end up on a shelf)。

30歳でも早いと言われかねない晩婚化時代、英語表現も激変しかねない。すでにクリスマスケーキは死語になりつつある。

yo-zumi
用済み　washed up

用済みの人間は、washed up。きれいに洗った、もうおしまいの、

用無し人間という感じだ。「これまでお疲れさまでした」といって使い捨てられる身分の人。

70歳を越して、NONES CHANNEL「GLOBAL INSIDE」のアンカーマンとして現役復帰した私は、絶対にa washed-up anchorとだけは言われたくない。海岸の砂浜に、wash upされたイルカやクジラのような見世物にされたくない。

yoku-aite-wo-erande-tsukiau-no-yo
よく相手を選んでつきあうのよ。　Play hard to get.

母親が適齢期(marriageable age)の娘に対して与えるmother-to-daughter adviceのひとつ。

そう簡単に相手のペースにのらないで、自分を高く売るのよ、そのために「じらすのよ」というニュアンスだ。

Nintendo plays hard to get.（任天堂は値下げはしない。）

It's a SONY.というキャッチフレーズもplaying hard to getだ。

ツンとお高くとまっている女性は周囲から、She plays hard to get.と陰口を叩かれる。She's aloof.のこと。動物でいえば、犬より猫が近い。

yoku-aru-koto-da
よくあることだ。　Happens all the time.

ひと昔前はone of those thingsを使っていた。かろうじて通じた。──ネイティブの耳にはどう響いているのか知らずに。

よく使う言葉は「ハプンゾーざタイム」だ。

古い用法は捨てて、よく耳にする英語に切り換えて、今ではネイティブ同士ならHappens.だけでも通じる。1/2秒英語だ。

yoroshiku
よろしく。　Nice to meet you.

「よろしく」が簡単すぎて、訳にも苦労する。目上の人に対してはPleased to meet you.の方がよい。

タメ口がゆるされる関係から始めたいなら、「今後ともよろしく」もSee you.だけでよい。

See you around.（そのうちに）、I'll be seeing you.（近いうちに会おうな）、いやな相手なら、I'll be suing you.（今度会ったら訴えてやるからね）でもよい。

これで笑えなかったら、まだ関係は浅い。タメ口がきける間柄(on the first-name basis)になるには、時間がかかる。

rashisa (dokuji-sei)
らしさ（独自性）　identity

アイデンティティーは、そのまま使われるようになった。

無理して、己（自我）同一性、存在証明、主体性、正体などと、漢字で表現しようと焦れば焦るほど、実体から離れていく。漢字そのものは、概念規定するうえ、表意をつかむうえで役立つが、裏意というべきcore（核）の部分から離れるので、隔靴搔痒の感が拭えない。

coreの部分？　たとえば、日本語の「ち」である。「ち」の音霊を知るには、さらにcoreの、さらに深いcoreの音霊にまで肉迫したくなる。玄のまた玄(inner core)だ。

ちょっと話が難しくなってきたな。コーヒーでも飲みながら話すか。

コーヒー・ブレイク
日本人の品格(character)

「ち」は漢字で表わせば、父(father)、乳(mother milk)、血(blood)、霊(spirit)、地(ground)、千（thousand——数の多いこと)、知（study——学習、学識)、治(rule)、池(pond)。——これら「ち」を知らなければ、恥（ち）に至る。

知も端も致も「ち」である。「茅の輪」の茅（漢方で薬草)、鈎（かぎ＝key）も「ち」と読む。これらの核となる意味(core meaning)は、なくてはならぬ(critical)大切なものだ。

私は日本人がミチ（道）を忘れたことを憂う。このミ(honorable body)とチという音霊(sound spirit)が、朝鮮半島から渡来する以前に、この神国に息吹いていたのだ。

本居宣長なら、「漢心」を排し、大和言葉を復活せよと宣われるだろうが、もうこの日本には、「洋心」も混入し、ヘンなカタカナ英語の氾濫を許し、純粋な日本語というものは消えつつある。「日本語を見直せ」と言う人たちに、日本語を定義していただきたいものだ。

アイデンティティーはすでに日本語として使われている。日本人の主体性（私は独自性を使いたい）なのか、漢字を多用すればするほど、core（核）から離れ、意味は繁雑化する。

僧侶の玄侑宗久氏なら、アイデンティティーを「もちまえ」とひらがなで表現するかもしれない。「性」や「徳」の次元に至ると、英語を失ってしまう。英訳すればコアの内燃力を失う。

物理学では、これをエントロピーの法則という。分散したエネルギーは戻らない。それを元のゼロに戻すと、大和言葉の音霊に戻る。そうするとアイデンティティーは「らしさ」にまで還元されてしまう。

日本人らしさ。そして、そう、消防夫らしさ。アメリカ人は「それも仕事さ」(That's part of the job.)と言うが、そのjobもお金のための「俗」職か、それとも公のための「聖」職のいずれの動機に支えられたものか……。

死を恐れないサムライには、そういう気概があった。『国家の品格』の品格がdignityと訳されたとたんに、"芯"の強さを失う。

友人のボイエ・デメンテ（ジャーナリスト）は、背骨 (character)と訳したが、その方がよい。気概(spirit)を感じるからだ。

気概(spirit)を加えなければ、本来の日本人「らしさ」は言い表わすことができないのだ。コーヒーが冷めてしまった。申し訳ない。

ryokai-shimashita
了解しました。　I'm on it.

了解とは、「うかがいました」(I hear you.)だけではない。ただちに実行できる態勢が整ったということだから、I'm on it.

よく映画で耳にするアイマネ（愛真似）のこと。アイム オン イットとは発音してくれない。

ネイティブ同士なら、姉！ (On it.) だけで通じる。

ryoritsu-saseru
両立させる　balance A with B

社会進出を目指す婦人には、共通の悩みがある。 家庭と仕事を両立させることだ。

a home or career choiceに迫られ、仕事を優先させる決意を固めたものの、さりとて家庭を犠牲にすることは、世間の眼が許さない。とくに母親である場合は、子育てという問題(challenge)が生じるから厄介だ。

You have to learn to balance motherhood with career.と先輩から忠告を受ける。Don't worry. I know how to juggle with both.と答えるしかない。

両立させるのが得意な人は、multitaskers（同時に二つ以上の仕事がこなせる、ながら族）と呼ばれる。仕事と遊びが両立できる器用な手品師たちだ。

They have it both ways: business and pleasure.

rin-to-shita
凜とした　nice and gritty

「ブレない」という流行りの言葉を、もっと美しく飾れば、「凜として」となる。バイオリンの名人、鈴木鎮一氏の波瀾万丈の一生を一言で表わせば、「凜」がふさわしいということで、小冊子のタイトルが『凜として』となったという。

「凜」とは、態度や気持などがひきしまって、きちんとしている様だ。勇ましく、りりしく、一度もブレなかった鈴木鎮一氏の生き様は、まさに"凜"。寒気を感じるくらい、厳しく、きりっと、澄み切った感じだから、凍る寸前の水といった情景が浮ぶ。

ところで、「先生、『凜として』は英語でどう表現すればいいのでしょうか」と聞かれ、戸惑った。一言で英訳しろと言ってもムリ。とりあえず「principledでしょうな」と逃げたが、しっくりこない。

しかし、再びこの難訳辞典に挑戦し始めた頃から、私の無数のアルゴリズム（引き出し）兵隊が繰り出した。よく使われるgrace under pressureだ。

単に、動じないだけではない。緊迫下(under pressure)でのひきしまったgrace（優雅さ）がなくては、「凜」の持つ「りりしい様」が証明されない。

「今では、びくともしない」という意味のgrittyか、それとも「地に足のついた」のgroundedか、「自制心のある」disciplinedかと、

思考を走馬燈のように遊ばせてきたが、まだ納得がいかない。そこで工夫した。nice and grittyはどうかと。

grittyはねばりはあっても、ゴツゴツした感じで、ひょうひょうとした生き様が、浮き上がってこない。そこでniceを加えた。「お酒はぬるめの燗がいい」という、「舟唄」の「ぬるめ」をnice and warmとした想い出がよみがえってきた。火が間と結びついた「燗」という漢字の感がいい。

ついでに、「ひょうひょう」は、漢字では飃々と書くらしいが、多分この難解な日本語に、本土の中国人も首をひねるだろう。

映画『男はつらいよ　噂の寅次郎』のシナリオにあった、志村喬が演じた役名の「諏訪飃一郎」（スワヒョウイチロウ）の飃だ。

私好みの『読売新聞』（2016.12.23）の『編集手帳』（コラム）によれば、飃にもうひとつ火を加えると「つむじかぜ」と訓読みできるのだという。うーん、風と火の組み合わせか、私（空龍）の英語道人生と重なるな、と唸ってしまった。

reberu-daun
レベルダウン　dumb down

レベルアップも通じない和製英語なら、レベルダウンはもっと通じにくい。

レベルアップの40年前の訳はimprove the level of educationだった。今ではgive ～ a makeover。レベルダウンはdumb down。level downでは絶対通じない。

奨学金が返せず、大学卒業生が悲鳴を上げている。scholarship debt crisis は、higher educationの実効性を薄めている(water down)。だから就活(learn to earn)に忙しい大学生のレベルダウン(dumbing down)は避けられない。

アメリカの惨状は、いずれ日本にも訪れそうだ。learning to learn（earn＝稼ぐではなく）の最適な手段としてのディベートを、正規科目に採用しない大学は淘汰されていくだろう。就活、部活、バイトだけの、最後の楽園（日本の大学）は、いずれ崩れていく。

roman
ロマン　a thrill

かつての浅草は、もっと俗っぽいところであった。今はなき映画

ろまん

館の看板もケバかった。東映の「男のロマン！ 高倉健」の看板のとなりに、日活の「ロマン！ 激情の乳房」とか。あまりにもロマンが乱発されている。

このロマンをromanceと訳すと、ネイティブには通じない。男のロマンとは、ホモのことか。日活は、男女の慾情しかテーマに扱わないのか、と。

ズバリ、romanceとは、男女間だけにしか存在しない——古代ギリシャ、ローマの時代から、They are romantically involved.（二人は情愛の仲だ。）

romantically を、emotionallyとかsexuallyと置き換えても、差しつかえはない。

They're having a romantic lunch.（熱々のお二人が昼食をとっている。）

日本人はこういう観方をしない。ラジオでDJの話を耳にした。「物を創り出すとは、ロマンなんですね。」

なんでもない会話だ。いつものように、頭の中で同時通訳をしながら、a thrillと訳している自分に気がついた。

そして、この解説も、Creating is a thrilling experience. とかJust the thought of creating something out of nothing thrills me. 多分、私が現役の同時通訳者であったら、こんな風に訳していただろう。

決してromanceは使わない。

> 居酒屋トーク
> ### 和む（なごむ）とはease (relax)
> 難訳中の難訳と思われるのが「和」だ。「和」を harmony と訳すと、確実に誤解される。
>
> 欧米人は、日本人の使う「和」は日本人同士の harmonyであって、group harmonyにすぎないと言う。——仲間だけで、和みたいのだ。日本人という、閉鎖的な民族は。
>
> なんというcynical（冷笑的）な観方！
>
> 日米野球の権威のロバート・ホワイティング氏は、『和をもって日本となす』(You Gotta Have Wa)の中で、日本人の「和」は外国人選手を外すことによって保たれる安心感のようなもので、

the waとしか訳しようがない、と観察している。

NHKスタジオで氏と対談したとき、the waとはthe sense of togethernessのことではないかと感じた。一緒にいることが「和」。ウチ（和）を乱す「鬼」はソトなのだ。

しかし、状況によって、この「和」も変わる。マイケル・サンデル教授に申し訳ないが、日本人にとり、正義(the right thing to do)は空気(TPO)により変わるので、日本ではjusticeという概念は理解されない。

ネイティブに、「和」の目的は我慢(the gaman)であって、その概念の強靭さは西洋のjusticeに匹敵する。「和」を乱した者は「空気によって裁かれる」のだ、と説明することがある。和はthe waなのだ。その心は水(water)なのだ。

たとえディベートで勝っても、the waというjusticeによって裁かれるのだ。

このワという音霊が気になる。

秋田は教育県、教育レベルがなぜナンバーワンか。雪？ 寒い？
自然から身を守るために、グループで寄り添って、身を隠す。
故・中嶋嶺雄学長（国際教養大学）は秋田の県民性に注目する。ここには、家があり、家庭が円満であり、教育環境が整っているからだと言う。崩壊寸前の家庭でも優秀な子供は育つというが、それは稀で、実際は家庭の安定と高学力とは関係があるらしい。

「和」と「水」の関係が見えてきた

通勤途中の和田駅で、ふとひらめいた。和だ！ と。Waterが近くにある。このＷ語は、古英語のwell（井戸）に結びつく。welle (a)は泉（ぶくぶく湧き出る水）のことだ。申し分ない(well)は古英語のwel（かなり、相当）から生まれた。土(geo)から湧き出るwaterは、wedded woman（結婚した女）のwomb（子宮）から、子供を産み、豊穣を約束する。羊水はwaters（sがつく）なのだ。

この秋田の寒村に建てられた国際教養大学(AIU)は、水の「和」に支えられている。それは、地湧の(welled up)和(wa)であろう。
梅原猛氏の『聖徳太子』から、「和」とはintegrityではないか

と思ったが、今では、fusion（融合）が近いと思い直している。

土地から生じた愛国心が最も強固であるとすれば、日本人の意味する「和」は、中国人が意味する加算としての「和」ではなく、水の豊かなオアシスへ導く、引き算の「和」ではないだろうか。この酒場もオアシスなんだ。

さて、もう一つの「和」は、塩野七生（ななみ）氏の『ローマ人の物語』からヒントを得たconcordという西洋人向けの訳だ。そう、飛行機のコンコルド。

挫折したコンコルドよ、もう一度甦（よみがえ）れ「Encore Concord!」というアンコールが起こっているというが、このコンコルドの意味が、「和」に近いように思う。

concordは、ラテン語のconcordia（一つであること）。con-（一緒）+ cord（心）= 二人の心が一緒という意味だから、きわめて油絵的だ。今、我々は水彩画の心で飲んでいる。

日本人の「和」は調和(harmony)に近いが、そこには異なった見解を闘わせるというディベートというプロセスがない。この国は沼(swamp)なんだ。原色のままの外来者は、水で薄められて酒でホロ酔いにされてしまう——漢字が平仮名（ひらがな）化され、外来語が不可解な和製英語にまでメロメロにされてしまう宿命にある。

日本人の「和」は、水で薄め、酒で融（と）かせるfusion（融合）の美なのだ。「血」（殺）まで水で薄め、「死」に化学変化させる日本人の「和」(wa)の正体は、やはり演歌の世界と同じくwaterだ。この酒も。ま、難しい話はやめよう。飲みゃわかる。

wasure-nasai (ano-hito-no-koto)

忘れなさい（あの人のこと。） Get over it.

Get over him. でもいいが、べつに、「モト彼」にこだわる必要はない。だから、itでいい。

いけないのは、Forget about him. だ。これは、別れた相手の人格までも否定したことになる。

まるでつきあっていたときから、存在していなかったような感じだが、イヤな相手でも、存在しているのだ。

だから、Get over it. 決して、相手を忘れ(forget)てはいけない。

一番のお勧めは、Move on.（振り返らないで）だ。

(watashi-ni-tori) don'na-meritto-ga-aru-no-ka

（私にとり）どんなメリットがあるのか？　What's in it for me?

この場合、merit は使わない。日本人が使うメリットは advantage に近い。

それでも big word にすぎず、日常会話では What's in it for me? がベスト。一番よく耳にする。

もし、詐欺師っぽい人が私に近づき、「先生にとってプラスになるはずですよ」と巧すぎる話を持ってくると、「あなたにとって、どんなメリットがあるのですか」と問い直す。What's in it for you? と、これは交渉学の基本だ。

watashi-nimo-utsuse-masu

私にも写せます。　I could take a shot.

ちょっと古くなりつつあるが、私はこのコマーシャルが好きだった。インスタント・カメラ(disposable camera)が流行った頃だ。「私でも」という仮定法過去形(I could)が巧く使われていた。「写真を撮る」は、takeのあとに、photograph、picture、shot、snap、なんでもいい。今では selfie（自撮り）が加わった。

(watashi-wa) koko-ga-suki

（私は）ここが好き。　I like it here.

多くの学習者は、I like this place. と、そのまま訳してしまう。

正しい英語は I like it here. だ。it が入るか入らないかで、英語感覚の差がつくのだから、it は恐ろしい。

I'd appreciate it if you could tell me the truth.（ほんとうのことを教えていただければ、ありがたいのですが。）

it は if 以下のこと。文法の問題だが、英文法を無視して、まず英会話に走る人は、いくらペラペラな人でも、どこかに「甘さ」がある。

watashi-wo-nokoshite-shinanai-de

私を残して死なないで。　Don't die on me.

もし英語を先に出し、Don't die on me と英文雑誌の小見出しにでもすれば、英語学習者には見えなくなる。

状況では、私の上で死ぬって、腹上死のこと？ まさか。この on は「〜の上」ではなく、「〜を残して」という意味なのだ。

Don't walk out on me.（私を見捨てないで）と同じく、run on banks も「取り付け」（銀行を見捨てること）なのだ。

There won't be a run on my bank.（私の銀行が取り付けになることはない。）

なぜ on（上に）が「残して」になるのか。

ベターッとくっつくというシンボルのonが離れることのできない対象は、間違いなく動かざるものだ。この存在ゆえに、Don't lean on me.（私をアテにするんじゃない）という1秒表現が生きてくる。

その反対に、inには支えるものがない。Lean in.（自分にのめり込め。）このタイトルの本"LEAN IN"（女性達よ、自分にのめり込め）が全米でベストセラーになった背景には、夫に頼らず自立する、辣腕（らつわん）の女経営者によって書かれた事実と、（on でなく）in の表現に読者が飛びついたという二点がある。

onは、寄りかかれるが、inには突っ支（つか）い棒がない。「湖畔の宿」は an inn on the lake であって、an inn in the lake（湖底に沈んだ宿）ではない。

warui-koto-wa-kasanaru-mono

悪いことは重なるもの。　Nothing fails like failure.

どこかで耳にしたことがある。これだと思ったのは、Nothing succeeds like success. が決まり言葉だからだ。

A piece of good luck after another. の good を bad に換えるだけで通じる。

A series of misfortunes. のこと。Misfortunes never come singly. という諺（ことわざ）もある。

私のお勧めは、have a streak of good (bad) luck だ。

書いた本が売れ続けている、という喜びを表わすなら、I'm on a winning streak.

streakとは、米口語で、短期間(spell)のことだが、ストリークと母音の「イー」が続くので、（勝ち負けなどの）連続を意味することになる。

successはsucceedというふうに、母音の「イ」が続いて、Nothing succeeds like success. となる。失敗も続くもの——私の人生から。

我^{われ}を忘れて　losing oneself

「忘れる」はforget。でもforgetting oneselfとは繋がらない。

正解はlosing oneself。そう、何かに没頭することも losing oneself。

鬼の編集者であったパーキンスの、唯一のウインザーでの贅沢な趣味は、散策であった。

Perkins's greatest pleasure in Windsor was in losing himself on a long solitary stroll. (『*MP*』p23)

この散策三昧^{ざんまい}を彼はa "real walk"（散歩道）と呼んだ。彼は、武蔵が求めた「独行道^{どっこうどう}」(Walking Alone) と「編集道」(Editing Alone) を実践した、青い眼のサムライだった。

(〜を) 見下^{みくだ}す　turn one's nose up at 〜

下はdownだからlook down at 〜でもいいのではないか、と問う人もおられる。

たしかに、〜をあがめる、崇拝する、はlook up to 〜だから、その反対のdownは低く見る、というのもうなずける。

では、turn one's nose upと、なぜupがくるのか、という疑問に答える必要がある。そのヒントとして、次のThe Economist誌の英文をながめてみよう。

America has turned its nose up at British meat since a food-safety crisis in the 1980s.

（アメリカは、1980年代の食品安全ショックのとき以来、イギリスの食肉を見下^{みくだ}してきた。）

そう、あのフーンとアゴを上げて（イギリス人がよくやる）、相手を見下すゼスチャーが浮ぶ。upはアゴであって、見下す相手はatになる。

Don't talk at us. (上からの目線で見てもらっては困る。) Talk with us. (我々と同じ目線で話しかけてくれないか。) at と with は

これだけ違う。

インターネットの時代は、光と影の差を拡大させている。光（テレビによく登場する著名人）に見下された影の軍団は、2ちゃんねるなどのインターネット上で光を見下そうとする。このrevengeful spiritは暗い。お互いに、ターゲット（atだけでいい）し合う、陰惨な(grisly)闘いが始まった。

相手をコケにしあうblame gameはまだ可愛いが、陰で相手を見下しあう陰惨なゲームはG-wordsが多い。grisly, grim, gruesome, grotesque, gross（粗野）で、暗ーく(gloomy)なる。

wo-uragiru
〜を裏切る　turn on 〜

「裏切る」とはto turn one's back on 〜のこと。つまり〜に背中を向ける行為。簡単にいえばturn onでよい。

He turned on me.（彼は私を裏切った。）onという前置詞が、「〜の上に」と覚えている間は、シロオビ。

クロオビは、「〜に接触して」と考える。

さらに、英語道も名人に近づくと、on 〜は「〜を残して」となる。on以下は固定のまま。主語が勝手に流動(turn)するだけだ。
「私を捨てないで」は、Don't walk out on me.

Don't quit (give up) on me.は「私を見捨てないで。」

Don't cheat on me.は「浮気（本気）をしないでね。」

「私を残して、先に死なないでね」（前出）を訳してみよう。覚えているかな。そうDon't die on me.

最後に一言。

君の英語が泣いている！(Your Enflish is weeping.)

Never turn on your English. Make your English happy, you'll be happy. そして読者もhappy。

Happy, happy, happy. 3Hs. つまるところ英語をモノではなく、ココロとしてとらえるHAPPY ENGLISHではないだろうか。

あとがき

　思えば遠くへ来たものだ。かつてのベストセラー『日米口語辞典』が世に出てから、40年が経った。読める辞書としての話題性ゆえか、"飛ぶように売れた"ことは確かである。

　この無名に近い著者に、そして外部出版企画に社運を賭けてくださった朝日出版社の原雅夫社長のベンチャー・スピリットの賜物(たまもの)である。とくに、昼夜共にした三人の優秀な外部編集員の他に、大勢の（ネイティブを含む）サポーター（ドリームチーム）の陰徳は欠かせない。

　彼らが縁の下の力持ち、英訳すればunsung heroes（讃美されない英雄たち）となってくれた。伏して御礼を申し上げたい。

　しかし、この40年間、特に最初の20年間、顧(かえり)みて、内心忸怩(じくじ)(feeling a bit guilty)たるものを隠すことはできなかった。

　その私の心中に眠っていたguilt（愧という、罪を恥じる意識）とは何か。

　私が本当にやりたかったのは、"難訳"辞典の編集であった。三人の覆面編集者が、私の全著書に目を通し、この私に相応(ふさわ)しい企画は「難訳辞典」という結論であった。この企画に私はときめいた。

　関西から上京し、米大使館で血(き)のにじむような同時通訳の修行を積み、通訳の仕事は、バイリンガル能力だけでは役立たず、バイカルチャル・スキル(bicultural skill)と体験が不可欠(critical)だと痛感していたからだ。

　一千名のうちたった一人だけが選ばれた、という私の己惚(うぬぼ)れを打ちのめしてくれたのが、師匠・西山千（同通こと、同時通訳のパイ

オニア）の「しごき」と、米大使館（刑務所に見えた）での同通体験であった。

プロ同時通訳のボキャ（vocabularyのこと）は脅威的だ。しかし、プロ同通者が恐怖を感じるのは、子供でもわかる口語表現――とくにユーモラスな――であることがわかった。

I'm a new kid on the block. Shoot.（新米ですので、どんな質問でも平気です。）

という「つかみ」(attention grabber)が、私と隣のブースの相棒もつかめず、絶句した。今思い出しても、心が凍る。悪いことに、この気まずい状況が、ある英文雑誌のコラムで取り上げられたときは、二人は再び赤面した。

そもそも、shootは、「射つ」ではなく、「訊く」ことなどだ。shootやkillには「殺す」といった血の臭いはない。「大ヒット」「大儲け」に化けることもあり、まさに斬れば血の出るようなkiller phrasesとなる。これらはすべてcross-culturalな体験から産まれるものだ。

20年前、三分の一ぐらいは書き改めたくなった。あれから更に20年が流れて、今日に至った。

私の英語も、NHKテレビ上級英語講師（インタビューアー）から、今もレギュラー番組（NONES CHANNELでニュースキャスター）を続けており、TIME誌の「顔」にまでなったが、6年目でついにTIME離れし、あらゆる英文雑誌に目を通すことになった。今では文字通り、一匹狼ジャーナリストを目指す武蔵を自認するようになった。

英語力に関しては、「読み」「書き」「聴き」「話す」という四技能は、日英ほぼ二刀流(bilingual and bicultural)になったことを自負

している。その私が、改訂版の『最新日米口語辞典』を再読して、さらに三分の一ならぬ三分の二は大幅改訂する必要があると痛感したのは、ごく自然の流れである。とくに、「難訳辞典」という初心に戻れば、オリジナルの五分の一しか残せなくなってしまう。ゼロからスタートしよう。

それでもいいかという、問いに対し、さくら舎の古屋信吾氏（かつては、講談社で鬼の編集長と言われた人物）は、「『難訳』でいきましょう」と一言（ひとこと）。私はその言葉で、身の震えを覚えた。元講談社インターナショナル編集長の倉持哲夫氏（『腹芸』"The Unspoken Way"の編集担当）と組めばドリーム・チーム、きっと30年ぶりに初心に戻ることができると、ときめいた。

私の英語力も英語の達人（35〜55歳）から名人（55〜77歳）にまで伸び、「枯れ」(ripeness)から「枯淡」(mellowness)を目指す域にまで達した。その枯れ、自然さを次のように証明してみる。

『日米口語辞典』	→	『難訳・和英口語辞典』
bilingual（異言語対訳）	→	bicultural（異文化対訳）
日本語のおもしろい表現（読みものとしておもしろい）	→	おもしろい英語表現（使ってみておもしろい）
文語体（使われる頻度数無視）	→	口語体（頻度数重視）
話し手（日本人）が満足する表現	→	聞き手（ネイティブ）が満足する、斬れる表現
ネイティブを盲信するリスク	→	好奇心（アク）の強い松本道弘の個人的体験による（大胆な）私家版としてのリスク
翻訳（逐次通訳（ちくじ））的	→	同時通訳（字幕翻訳）的
字句・言葉やシンボルの解釈に忠実（ワード・フォー・ワード）	→	英語のシンボルにイメージを加えた超訳
ときに奇をてらった意訳と、目に優しいvisual英訳	→	耳と目になじみやすいaudially visible英訳

耳に響きのよいミュージカルな英語とは

　英語には、特有の音楽がある。リズムとメロディーとハーモニー。そして更にはティンバー(timber=tone of color)がある。音楽は、言語に先立つ「言語」であり、原初的なパワーと、癒しの効果がある。

　この音楽の四元素は、私の英語道史で、60歳を越えてから強烈に意識し始めたものである。

「英語は3秒だ。これで聴き取れる」と喜々とした表情で私に語られ、協力を求められた、ソニーの故・井深 大氏の炯眼には感服する。私がまだ50代の頃だった。それから私の音楽感覚は、日に日に膨れ上がった。3秒でなく、1秒だ、と。

　日本人の発音は3秒。しかしネイティブの発音、いや発声は、その三分の一、つまり1秒だ、と。

　井深氏は、日本人の英語力の弱さは、「耳」にあると定義された。その正当性を証明された。たとえば、日本人の思考とイメージ力が及ばない、let it goという表現だ。Let go. といっても、聴き取れない。

　それは「あきらめなさい」ということなのだ。いや、ときには「子供を独立させなさい」「甘やかしてはいけない」「乳離れしろ（させろ）」であり、日本人好みの表現が多彩だ。

　これまでの辞書は、これらの「おもしろい」表現からとる。だから俗受けする。使えなくてもいい、読んで楽しければいいのだから、編集はラクだ。

　しかし、そのツケは大きい。だれもが聴きとれず、だれも話せないままになる。

　たとえば、今はやりの「断捨離」(letting go) という言葉だ。「片

付け」と共に、当時の編集者たちは、これだ！と奇声をあげたに違いない。複数のネイティブとの話し合いでも、盛り上がったことだろう。

　今では、私の英語にはmusicが入った。インターネットTV（NONESチャンネル）で7年目に入り、バイリンガル・ニュースキャスターを続けていると、肩の力が抜けてくる。私の英語にも、音楽とダンス（ゼスチャー）が加わると、疲れがなくなってくる。内容が深くなればなるほど、英語が軽くなる。

　肩の力を抜いて(effortlesslyに)書き下ろそう、というのが本書の執筆動機だ。

　本書で扱っているのは、とっさのときに役立つ、口語表現ばかりではない。『難訳・和英口語辞典』と銘打った以上は、「残心(ざんしん)」といった難訳語も扱わなければ、画竜点睛(がりょうてんせい)を欠く(a finishing touch missing)ことになる。見捨てる(let it go)わけにはいかない。

　let it go はつらいこと。肩の力が抜けない(effortfully)ところ。自然体（ありのまま）は、let it be。字幕翻訳者も「残心」を忘れてはならない。

　再び、「残心」とは、『日本国語大辞典』でいえば、二点に絞られる。

　① 心を残していること。物事に対して、まだ十分に満足していないさま。

　② 剣道では、打ち込んだ後の反撃に備える心構え。弓道では、矢を射た後の反応を見極める緊張を持続すること。

　ここまでは、市販の辞書にある。しかし、この難訳語をどう扱えばいいのか。

落語などの話芸の世界にも「残心」は欠かせない。欧米人も、この武道用語に関心を持ち、open attentionと訳す。この訳でいいのか。"遊読" (ludic reading)を続けることにした。

　最近、私がはまっている名著がある。Pan社の"The Inner Game of Music"（Barry Green, W. Timothy Gallwey共著）である。この中でrelaxed concentrationという概念が見つかった。

　この見出し、そして、その解説がにくい。

It is a state in which we are alert, relaxed, focused. Gallwey refers to it as a state of 'relaxed concentration', and calls it the 'master skill' of the Inner Game. (p35)

　ピーンと気を張っているが、リラックスしてよい。反応できる状態で、集中している、というから、まさに、名人の"残心芸"といえよう。

　それなのに、先生はどうして誘惑に弱いのですかと問われると、「耳が痛いよ」That hurts.かGo figure.（知りまへんがな）としか答えられない。

　辞書で「耳が痛い」を引くと、make one's ears burnという耳慣れない表現が出てきた。当時の多くのネイティブと語り合っても、この程度。

「耳寄りな話」は前著ではwelcome newsとなっており、音楽がない。使いたくない。今ならsexy newsかa hot tipというビートの利いた表現を用いるだろう。

　耳をそばだてて聴いてみよう。"Let's listen hard."
「そばだてる」をprick (perk) one's earsと翻訳調に、いや字句に忠実に訳しても、耳にしなければ、勧められない。hardだけでもよい。耳に響きのいい表現は、なかなか消え失せない(die hard)も

のだ。

　本辞典で「詮索好きな」をinquisitiveと、やんわりと見出しで対比させ、「好奇心ある」(curious)に関しては、「コーヒー・ブレイク」で脱線を許していただき、解説した。

　40年前なら、奇をてらって、「根ほり葉ほり」を見出しに選んでいたかもしれない。「ひょうたんから駒」(serendipitously)というべきか、本辞典名の英訳にはcuriousという一語が加わった。

　周囲をハラハラさせる好奇心からヒントを得た。本辞書を大胆にThe Curious Bicultural Dictionaryと銘打った。

　この難訳語企画では、「よく目にして耳にする」、そしてだれでも、どこででも、いつでも使える（腐らない）、ミュージカルな一息(one-breath)口語表現に絞り、あくまでフレンドリーな読みもの風の辞典に仕遂げたかった。

　一言でまとめてみれば、読んでも、使っても楽しい辞典を、読者諸兄と一緒に編んでみたかった。

　一蓮托生。We're in this together.

　散るときは同じ心境で、「同期の桜」でも唱ってみたいものだ。

　ご一緒にどうぞ。Altogether now!

　One for all. All for one.（一丸となって。）

　　　　　　　　　　　　　　　　　　　合掌

　　　　　　　　　　　　　　　　　　　　松本道弘

　　　　　　　　　　　　　　　── 残心 ──

難訳・和英口語辞典 五十音索引

The Curious Bicultural Dictionary from Japanese to English

索引

〔あ〕

相変わらず男運が悪いね、君は。 You've got little luck with men. — 40
IQの高い人　high IQ people — 133
IQは就職に役立つが、EQは出世に役立つ。
　　IQ gets you hired. EQ gets you promoted. — 133
愛国心　patriotism — 41
愛されていないと思って（兄貴と違って）　feel less loved — 37
愛情いっぱいの温室　a warm cocoon of love — 152
愛人　the other woman — 5
愛する　seriously in love — 102
愛するのも穢らわしい悪魔　the devil ones hate to love — 8
あいつはまるでガイジン。 He's one of them. — 147
相手に対する信頼　trust — 17
相手の不意を突いて、相手からホンネを引き出すゲーム
　　the game of Gotcha — 93
相手をコケにしあう　blame game — 240
愛のムチ　tough love — 5
愛は哀しいもの。 Love hurts. — 6
愛は"行"なり。 Love is a practice. — 102
☕ I love you. は「愛しているよ」と訳していいものか？ — 142
青田買い　get them young — 193
青天井　The sky's the limit. — 129
赤ちゃんが生まれる。 It's coming. — 7
赤ちゃんは男の子だった。 It's a boy. — 7
あきまへん（ラチがあかない）　getting nowhere — 23
あきまへん。 Don't ask! — 62
あきらめなさい。 Accept yourself. — 8
悪意　spite — 26
悪魔　devil — 92
悪魔（通常マネー）に魂を売り渡す　sell the soul out (to the devil)
　　— 129
悪魔の代弁者　the devil's advocate — 8, 166

悪魔よ去れ。 Away with Satan. ……… 8, 70
悪役　a guy you love to hate / a villain you love to hate ……… 8
悪友　bad company ……… 9
揚げ足とり　gotcha contest ……… 9
浅草と言えばスカイツリーだ。 The Sky Tree defines Asakusa. ……… 159
足かせを取り去られた　unfettered ……… 110
味にこだわるんだ、店長の私は。 Why should I compromise? ……… 80
足の引っぱり合い　blame game ……… 162
足を引っぱるな。 Don't get in my way. ……… 10
あせるなよ。 Not so fast. ……… 10
あ、そうか、スピードアップのことか。 Ah, the speed up. ……… 181
遊び　play ……… 183
遊び心　playful spirit ……… 10, 131
遊び慣れした人間で、ふられてもカラーッとした遊び人
　　a good sport ……… 187
遊び人　oversexed guy ……… 26
温めておく　brood (for a creative pause) ……… 11
頭で　intellectually ……… 224
頭で考える　think / analize ……… 56
頭でわかっていても　Mentally yes, but 〜 ……… 12
頭に来た。もう我慢できん。
　　I'm mad as hell. I'm not gonna take it any more. ……… 54
頭はイスラエルにあるが、心はパレスチナにある。 My mind is with
　　Israels, but my heart is with Palestinians. ……… 12
頭は東京にあるが、心は大阪にある。 My mind is in Tokyo,
　　but my heart is in Osaka. ……… 12
新しい乳歯が生えてきたね。 Honey, you're getting a new tooth. ……… 125
熱々のお二人が昼食をとっている。
　　They're having a romantic lunch. ……… 234
あつあつ（ラブラブ）の恋　lovey-dovey ……… 26
会っていいタイミング　good time ……… 145
当てにしない（いい）ものを偶然発見する才能　serendipity ……… 27

あとがやりづらい　a tough act to follow ……… 133
あとだしジャンケン　cheating at janken ……… 13
　　second guess ……… 13, 24
あと知恵　second-guessing ……… 13
あと知恵で、(結論などを) 修正してもらっては困る。
　　Stop second-guessing me (the outcome). ……… 13
あとで。 Not now. ……… 14
あとでわかったことだが　It turns out that 〜 /
　　It turned out that 〜 ……… 14
あとでわかったことだが、彼女はシロだった。
　　Turned out she's not guilty. ……… 14
あとは適当に。 As you like. ……… 42
あとはない。 It's now or never. ……… 31
後払いする　pay later ……… 33
あなたこそ私が求めていた人です。 You're the one. ……… 205
あなたに恩義があります。 I'm indebted to you. ……… 17
あなたにとって、どんなメリットがあるのですか
　　What's in it for you? ……… 237
あなたの腹は？ What do you (really) want? ……… 15
あなたは、我が社にとってはもったいない人です。
　　You deserve better. ……… 15
あなたは、私にはもったいない人です。 You deserve better. ……… 15
あなたも中年太り。 You're getting a (beer) belly. ……… 17
あのお母さん、なんとかならないかね。 Can you do something
　　about your mother? ……… 150
あの件はどうだい？ How's it going? ……… 16, 62
あの頃が懐かしい。 I miss those old days. ……… 148
あのときのお前の教え方は、なんだ。You gave me the bad
　　directions? ……… 137
あのときはこたえたな。 That hurt. ……… 211
あのときはこたえたな。(最近のアメリカ人が使う表現)　Ouch! … 212
あの発言で、彼は墓穴を掘った。 That was a suicidal statement.

And he had it coming.	192
あの話はどうだった？（あの話はどうなった？） How did it go?	16, 61
あの人は陰徳の人だ。 He's a good Samaritan.	33
あの人は気難しい（難癖をつける）人だ。 He's a choosy person.	80
あの人は繊細にみえて、実際はスケールの大きい人間だ。（「is」にアクセントを置く） He IS big.	16
あの人は太っ腹だ。 He is big.	16
あの人は太っ腹だ。（一般的に使われる） He's big-hearted.	17
あの人は「間」が読めない。 He just doesn't get it.	198
あの二人はいつも、足の引っ張り合いをしている。 They are always in each other's way.	10
あばたもえくぼ。（超訳） Love is deaf.	74
あべこべ（その逆）よ。 It's the other way around.	17
甘え emotional symbiosis	17, 19
天下り（回転ドア） revolving doors	211
天の邪鬼 cynics (cynical persons)	166
甘やかす spoil	18
あまり詮索をするな。 Don't be curious.	113
雨 water	193
雨が多分降るだろう。 Probably it will rain this afternoon	129
「雨ニモマケズ」 Strong in the rain.	93
アメリカ人にとっては、まさかの出来事だった。 America Never Saw It Coming.	203
アメリカ人には、（イギリス人の）皮肉がわからない。 Americans don't get (British) irony.	34
アメリカは、1980年代の食品安全ショックのとき以来、イギリスの食肉を見くだしてきた。 America has turned its nose up at British meat since a food-safety crisis in the 1980s.	239
争い feud	145
あらゆる人脈を使っても through every possible ethical means available	146

アリ	ants	174
ありえないことはない	possible	169
ありがたい。	Thank God.	25
ありがたい（その気持を表わす表現）	it feels great to	25
ありがたい。おかげさまで、この私も77歳。	It feels great to be seventy-seven.	25
ありのまま	let it be	245
アルケミスト	alchemist	156
アルケミストは自然界のエネルギーを理解している。	An alchemist understands the forces of nature.	156
『アルケミスト―夢を旅した少年』	"The Alchemist"	136, 203
あれで大阪人？	Is he native enough?	19
あれで（黒人）	black enough	19
あれで、十分黒人だ。	Yes, he's black enough.	19
あれで白人？	Is he white enough?	19
あれは八百長だ。	That was a set up.	225
安易（あんい）に妥協（だきょう）するな。	Don't settle for less.	20
あんたに惚れたよ。	You got me.	120
あんたにも問題がある。	You're part of the problem.	20
あんたは一目（いちもく）置かれる。	You are tolerated.	21
あんたは別格（べっかく）だ（一目置く）。	You are tolerated.	21
あんた、ベッピンやな。吉本興業への就職はムリや。	You're good-looking. You won't make it to Yoshimoto, I'm afraid.	209
安楽死だ。	Put her down.	21

〔い〕

いい加減な	sloppy / shoddy / slipshod	22
いい加減な仕事	sloppy job	22
いい加減な態度	irresponsible attitude	22
いい加減な（やつ）	wishy-washy	22
言い聞かせる	talk ～ into	22
いい質問だな。	Glad you asked that.	23

いい質問だな（答えにくいときに、時間稼ぎをするため） That's the good question.		23
いい線をいっている　getting there		23
言い出しっ屁　a starter / do it first		23
言うな、わかっている。　I know.		24
家に縛られる　home-bound		110
いえプライベートな質問はお断りします。 No personal questions.		54
行かず後家　spinster		228
粋　cool		49
勢いがないね。（超訳）　You're not very forceable.		41
意気軒昂　a great spirit		187
生き地獄　a living hell		24
生き地獄にいる。　They are in hell.		24
（生きているだけで）ありがたい。　It's great to be alive.		25
いけず　They're just cynical.		130
いけず（たとえば大阪人から見た京都人）　be mean		26
いけにえの小羊　sacrificial lambs		115
意見　opinion		97
異言語対訳　bilingual		243
意志力って、なに？　What's will power?		209
維新　restoration		190
以心伝心　speak the same language		132
意地　just have to		26
self-esteem / silver pride		180
意地が悪い　spiteful / mean		130
意地でやったものだ。　I just have to.		26
いじめ　bullying		25
いじめる側　bullies / mean boys / mean girls		25
遺書の内容は感無量だった。　The suicide note touched my heart.		57
意地悪く突っ込む　play the devil's advocate		70
いじわるする　be mean to ～		25

索引

意地を張ってはいけません。 Don't take it personal. ······ 54
泉（古英語） welle ······ 194
泉（ぶくぶく湧き出る水） welle (a) ······ 235
急いでますので、失礼します。 Excuse me. ······ 81
（異性と）寝る get laid ······ 26
☕ 一期一会(いちごいちえ)がなぜserendipity (a chance meeting)か ······ 27
一期一会（だ）。 That was a serendipitous discovery. ······ 28
一時的な景気後退 slump ······ 42
一度でもいいから、それ（カトリック教）を試してみたら。
　　Why won't you try it once? ······ 149
一人前(いちにんまえ)の人間 have it all ······ 28
一年間を大過(たいか)なく過ごす get through the year ······ 125
一流（上流階級）と二流（一般の人々） the classes and the masses
　　······ 173
一蓮托生(いちれんたくしょう)。 We're in this together. ······ 247
一触即発 touch-and-go ······ 39
「イッツ・ナウ・オア・ネヴァー」（エルビス・プレスリーの歌）
　　(It's Now or Never) ······ 31
一匹狼（ネガティブな意味） single wolf ······ 228
（一歩譲って）妥協(だきょう)する settle for less ······ 29
一本とられたね。 You got me there. ······ 120
いつも凛(りん)としているのよ。 Grace under pressure. ······ 31
いつも、私の足を引っ張っている。 You're always in my way. ······ 10
いてもたってもいられない。 I can't wait. ······ 205
遺伝子 genes ······ 139
遺伝対環境 heredity versus environment ······ 35
井戸 well ······ 194, 235
井戸端(いどばた) the well side ······ 193
井戸端会議（男同士の） locker room talk ······ 221
井戸水 well water ······ 194
意図を見抜く second-guessing ······ 13
命(いのち)懸け（でやる） put one's life on the line ······ 30

命取りになりかねない選択　critical choice ……………………… 200
いびったり、人をいらいらさせる　give someone the needle ……… 130
威風堂々　grace under pressure ……………………………………… 30
異文化対訳　bicultural ………………………………………………… 243
今が買い時。It's now or never. ………………………………………… 31
今からでも遅くはない。Never too late. ……………………………… 31
今しかない。It's now or never. ………………………………………… 31
今すぐお礼をする（報いる）　pay for it now ……………………… 33
今すぐ必要　need ……………………………………………………… 15
今でしょ。It's now or never. …………………………………………… 31
今では、びくともしない　gritty ……………………………………… 232
今、取り込み中ですか？　It's a bad time? …………………………… 144
今の女を捨てずに、こっそり別の女を見つけた。He's got the other woman. …………………………………………………………………… 5
今の私はひょうひょうと、漂ってきた私の過去をしみじみ語っている。I'm musing on (upon) my past wanderings, now. ……………… 96
今はダメ　Not now. …………………………………………………… 14
意味が薄められる　water down ……………………………………… 100
いや、あの女がいけないんだ。No, you married a bad woman. …… 137
いや、君自身がそばにいるじゃないか。No, you're by yourself. … 191
いや、その反対に、私の方が恩返しをしたいんだ。It's the other way around. I owe you a lot. ……………………………………………… 17
いや、タテマエだけにしてくれ。No. Lie to me. …………………… 196
いや、ピークとはおしまいということさ。

　It means you're through. ……………………………………………… 197
いや、ひょっとしたら、嵐になるかもしれない　possible ………… 129
いらち　ants in the pants ……………………………………………… 32
「いろいろな外見」"Varied Outlooks" ……………………………… 187
いろいろな仕事が回ってくる　offloading …………………………… 182
言わなくてもわかる。I know (it). …………………………………… 24
言わぬが花。It's best to keep it unsaid. ……………………………… 109
因果応報　reap as you sow …………………………………………… 32

因果な商売（超訳） a depressive job ······ 43
慇懃無礼(いんぎんぶれい) politely rude / barbarous / boorish ······ 109
陰惨な grisly ······ 240
インスタント・カメラ disposable camera ······ 237
インターン internships ······ 78
インチキ薬 snake oil ······ 53
陰徳（恩送り） pay it forward ······ 32, 123
陰徳の人 Good Samaritan ······ 33
インドの腹は？ WHAT INDIA WANTS ······ 15
陰謀説 conspiracy theories ······ 147
引力 gravity ······ 173

〔う〕

上からの目線で見てもらっては困る。 Don't talk at us. ······ 239
ウェット emotional ······ 143
うかがいました。 I hear you. ······ 231
浮き世 fleeting (floating) world ······ 203
（ウケを狙ったが）すべった。 They didn't get (take) the joke. ······ 34
動いたら射つぞ！ Freeze! ······ 34
有構無構(うこうむこう) positions, no positions ······ 53
氏(うじ)か育ちか nurture or nature ······ 35
失うものはない。 Nothing to lose. / You've got nothing to lose. ······ 35
氏(うじ)より育ち nurture over nature ······ 35
後ろのドアを閉めてもいいですか？ Do you mind closing the door behind you? ······ 128
ウソかマコトか、その真実は、その真中にある。
　 Truth is somewhere in between. ······ 223
内向きの真実 inner truth ······ 75
内輪もめ infighting ······ 145
鬱病(うつびょう) depression ······ 42
移り変わりの激しい好奇心 diversive curiosity ······ 116
奪う take ······ 63

ウマが合う　speak the same language	132
うまみ（旨味）　umami / savory	35
うまみ（直訳）　MSG (monosodium glutamate)	35
生まれ変わったら　if you had another life to live over	36
生まれ変わって始める　live over your life	113
有無を言わせず　willy-nilly	58
裏　the other	5
裏表のないこと　honesty	208
裏切らないでほしい。Don't sell us out.	62
裏切る　sell out	62
to turn one's back on 〜	240
裏情報　intelligence	75
恨み（ルサンチマン）　resentment	153
売手責任　caveat venditor	170
ウルフは、あなたの提案を快く受けてくれましたか？　Did Wolfe take your suggestions gracefully?"	134
憂い　sadness	49
売れ残り　end up on a shelf	228
浮気　cheating / extra-marital affair	36
浮気していないの？　Have you been faithful to your wife back home?	37
浮気する　flirt	203
浮気はしていない。I've never cheated on my wife.	36
浮気（本気）をしないでね。Don't cheat on me.	240
浮気をする　cheating	24
have an affair / be unfaithful to 〜	36

〔**え**〕

AとBが衝突して、その結果はお互いが合意する（スポーティーなもの）　compromise	29
映画『ベストセラー』　Genius	136
英語道　the Way of English	134, 177, 187

☕ 英語力はa frame of referenceで決まる ……………………………… 184
英語を独学した。 He taught himself English. / He learned English on his own. ……………………………… 44
☕ 英語をモノにするには、Grit（ド根性）が要る ……………………………… 138
えげつない　more hurtful ……………………………… 196
えげつない（英語の発音は「エグリージィアス」）　egregious ……… 105
えげつなさ　brutal frankness ……………………………… 208
エゴ　greed ……………………………… 51
えこひいき（依怙贔屓）　play favorites ……………………………… 37, 211
えこひいきされない子　less-favored kids ……………………………… 37
えこひいきの子　favored kids ……………………………… 37
エリート　smart ……………………………… 133
エリート学生　best and brightest ……………………………… 201
怨（私怨）　resentment ……………………………… 153
🏺 演歌ブルースに多いW語 ……………………………… 193
縁起を担ぐ　believe in good omens ……………………………… 39
冤罪　a false charge ……………………………… 49
冤罪だ。　You got the wrong man. ……………………………… 39
冤罪（になる）　wrongfully (falsely) accused ……………………………… 39
縁の下の力持ち　unsung hero ……………………………… 33
円の中心に鎮座している　centered ……………………………… 190
円満退職した。　I was let go, happily. ……………………………… 68
円満な人格者　a well put-together person ……………………………… 157

〔お〕

オールドミス　old maid ……………………………… 228
オアシス　oasis ……………………………… 136
大いにIBMをほめてあげたい。　I give IBM a lot of credit for that. ……………………………… 193
狼人間　werewolf / werwolf ……………………………… 190
大きすぎて、倒産はしない、いや、国がさせるわけにはいかない　too big to fail ……………………………… 107

多ければ多いほど良い　more is better	205
大げさな言葉（ビッグワード）　big word	22, 116
大阪と言えば通天閣だった。　Tsutenkaku defined Osaka.	159
大阪に生まれた。Osaka is my birth place.	19
大デブのバカ　big fat slob	220
おおむね　by and large	161
大儲けする　shoot / kill	242
大物　big-time	48
お帰りなさい。　Glad you're home.	126
おかげさまで（欧米社会で、この言葉に近い）　Merry Christmas! / happy / merry	25
おかげさまで（ユダヤ系米人の多いニューヨークで、この言葉に近い）　Happy Holiday.	25
お気に召すままに。As you see fit.	42
お気の毒　too bad for 〜	40
お気の毒。（「運が悪かったね」と言う場合）　I'm sorry.	40
お国のためなら　for the love of your country	41
お国のために死んだ。　He gave his life to his country.	30
奥歯にモノがはさまったような言い方はよしてよ。　Stop playing the game.	121
奥床しい　graceful	156
起こらないことはまずない　probable	169
起こりうる。It can happen.	169
起こりうることは、たぶん起こる。　What can happen will happen.	169
お里が知れてはまずい。　Don't give yourself (your background) away.	173
押し入れに隠されたガイコツ　a skeleton in the closet	127
押しが強い　forceful / forceable / forcible	41
おしどり夫婦　a happily married couple / a loving couple / love birds / perfect marriage	178
おしまいなんかじゃない。首位に立ったってことじゃないの。	

Oh, Daddy, that doesn't mean you're through. You've reached the top. ……… 197
おしゃべり（米俗語） schmooze ……… 215
お邪魔ですか？ Bad time? ……… 41
お好きなように。 Suit yourself. ……… 42
お世話になりました。 I owe you plenty (a lot). ……… 50
お互い感じ合える high-touch ……… 74
お互いに、距離（間）が必要。 We need to give each other space. ……… 163
お互いに情(じょう)が通い合う being emotionally involved ……… 178
落ちこぼれよ。 Drop out if need arises. ……… 201
落ち込む depressed ……… 42
落ちるところまで落ちた nowhere to go but up ……… 43
落ちるところまで落ちた。 It couldn't get any worse. / Couldn't get any better. ……… 43
お父さん、長期的には、秀才肌より天才肌が物を言うんだね。 In the long run, Dad, grit may matter more than talent. ……… 201
男が一人前になるとき when a man gets it all together ……… 29
男の意地を示せ！ Prove yourself a man. ……… 126
男はつらいよ。 It's tough being a man. ……… 43
音霊(おとだま) sound spirit ……… 230
同じ穴のムジナ。 We're in the same boat. ……… 66, 94
同じことを何度も言うな。 Enough! / Don't rub it in. ……… 212
同じやつをもう一杯。 Another one. ……… 5
お似合いのカップルだ。 They deserve each other. ……… 128
お庭番 one's ears and eyes ……… 191
お願いだから（やめて）。 Please. ……… 136
自(おの)ずから spontaneously ……… 43
（おのろけは）ご馳走(ちそう)さま。 Enough. ……… 46, 155
お前は、見た目は悪いが、頭は悪くないな。 You're smarter than you look. ……… 208
おめでとう。 Good for you. ……… 40

I'm happy for you.	44
思い込ませる　frame up	186
思い込み　fixation	80
思い知ったか。Take that!	44
面白い　debatable	211
おもしろい　unique	45
おもしろい（興味をそそる）　interesting	45
おもしろい話　hot tips	45
親子のスキンシップ　physical contact	17
親の恩に報いる　repay one's parents	47
親の恩に報いる（忠実に訳した場合）　I feel morally indebted to my parents.	47
オレがどれだけ修羅場をくぐってきたか、オマエにわかってたまるか。You never know what I went through.	125
オレ（私）はバカだった。I should've known better.	47
オレはもう人生に絶望した。I don't find life worth living any longer.	111
恩返しがしたい。I want to repay you.	47
恩返しをしても、しすぎることのないくらいの借りがある。I owe you more than I ever could repay.	49
女は子供を産まずに、一人前になったと言えるか。Can women have it all without kids?	28
恩に報いる　repay / return someone's favor	47
恩を仇で返されたようなものだ。That's like biting the hand that feeds.	47
恩を仇で返す　bite the hand that feeds	47

〔か〕

ガイア（ギリシャの神）　Gaea	139
会員制のクラブ　private club	55
外観　appearance	108
外観はあてにならない　Appearances are deceptive.	209

外見	style	140
解雇する	fire / let go / lay off / sack	67
外交上の駆け引き	diplomatic game	195
外交特権	diplomatic privilege	170
外在化	externalization	105
書いた本が売れ続けている。	I'm on a winning streak.	238
買手責任	caveat emptor	170
回転する（ラテン語）	revolver	190
外部委託	outsourcing	182
外面的な強靭さ（きょうじん）	toughness	133
快楽	pleasure	75
快楽原則	pleasure principle	40
顔の広さでビジネスをする政商	influence peddler	48
顔を売る	develop contact	48
顔を広げる	develop contacts	48
価格操作	rig prices	225
化学	chemistry	75
化学的	chemical	75
欠かせば命取りになる	critical	11
垣根	hedge	37
餓鬼	starving ghost	6
核	core	157, 190, 226, 230
覚悟せよ。	Buckle up.	65
隠された	the other	5
核心	core	102
核となる意味	core meaning	230
学閥	old boy networks	110
革命	revolution	190
学歴	degrees / college degrees	48
学歴が輝いている エリート	smart	133
学歴社会	degreecracy / diplomaism	48
学歴により質が徐々に低下	decline by degrees	48

各論反対　disagree over details ……118
賭け率　odds ……201
賭け率を無視する　defy the odds / fight the odds ……201
崖っぷちに立たされた　desperate ……226
陰で人の悪口や噂を流す　catty ……89
影に徹しなさい。　Be invisible. ……176
賭け率　odds ……201
翳り　sadness ……49
飾らない　blunt ……104
賢い選択　smart choice ……78
火事場の馬鹿力　adrenalin rush / firefighters' courage ……226
貸しをつくれ。　Forgive and forget. ……49
臥薪嘗胆　eat crow / eat humble pie ……67
風のようなお人　a free spirit ……174
（家族）水入らずで旅行したい。　We want to travel alone. ……206
型　the Kata ……87
片想い　unrequited love ……50
かたじけない、恩に着るぜ。　I feel awfully indebted to you. ……79
（勝ち負けなどの）連続　streak ……238
（家畜、象などを追う）突き棒　goad ……170
勝ち目　odds ……201
学校での成績がよかった　bright ……133
学校はどうだった？　How was school? ……61
勝手なお願いとは存じますが、あの人に推薦状を書いていただけませんか。　I'd (really) appreciate it if you'd write him a letter of recommendation for me. ……119
勝手ながら　With your permission, / If you allow us to 〜 ……97
ガッテン。（英語では「アイガレッ」）　I got it. ……69
家庭と仕事のどちらを優先させるか迫られる　a home or career choice ……232
勝てば官軍　victor's justice ……28, 108
かなり（古英語）　wel ……194

金のために──あるいは脅しに負けて──魂を失った。He sold his soul to the devil. ……… 129
金は諸悪の根源。 The love of money is the root of all evil. ……… 51
金盲者（ドーナツとは、金大好き人間のこと） dough-nuts ……… 112
カネを払って、お引き取りを願う pay someone off ……… 54
彼女ならうまくやってくれる。 She can handle that. ……… 159
彼女に好きだと言いなさい。
　Tell'er you love'er.（love herの短縮）……… 103
彼女に思いとどまらせるように、君から説得してくれ。
　Talk'er out of it. ……… 22
彼女に心を奪われた。そして、私のお金まで盗まれた。
　She stole my heart. And she stole my money. ……… 78
彼女に捨てられたことが無念だった。 He was chagrined at getting dumped by her. ……… 192
（彼女には）そばにいてほしい。 I want her (around). ……… 51
（彼女には）手切れ金を払って別れなさいよ。 Pay her off. ……… 51
彼女には、品格があった。 She played nice. ……… 119
彼女には品格がある。 She has class. ……… 173
彼女の英語は別格だ。 Her English is in a class by itself. ……… 21
彼女のことを忘れろよ。 Get over her. ……… 52
彼女のハラは？ What does she really want? ……… 15
（彼女は）空気が読めない。 She just hasn't got it. ……… 52
彼女は自分を安く売らざるを得なくなった。She settled for less. ……… 20
彼女は自立している。 She's on her own. ……… 141
彼女は取り乱している。 She's making a scene. ……… 42
彼女は、どんなことがあっても、欲しいものを手に入れる。
　She'll get what she wants. ……… 202
彼女は欲しいものはすべて手に入れた。 She has it all. ……… 28
彼女はマイペース。 She gets her own way. / She goes her own way. ……… 202
彼女を思い焦がれるあの人は、毎日ボケーッとした夢見心地になる。
　He's mooning over her. ……… 215

彼女を諭して、彼と結婚させてくれないか。
　Talk her into marrying him. ... 22
彼女を側に置きたい。 I want her (near me). ... 15
ガバイ　gutsy ... 138
株式市場を操作する　rig the market ... 225
過保護　overprotection ... 18
構え　readiness ... 53
構えあって、構えなし　unready readiness ... 53
我慢　the gaman ... 235
我慢しろ。 Take it. ... 54
我慢する（固い表現）　to endure ... 217
我慢する（日常会話で）　take ... 217
我慢できなかったら、黙っていろ。 Put up or shut up. ... 67
神のお恵みにより　by the grace of God ... 25
仮面夫婦　a plastic couple ... 178
かも　possible ... 34
空手形　empty promise ... 58
カリカリする　pissed off ... 77
仮に、君の言っていることが、正しかったとしよう　Assuming you're right〜 ... 30
画竜点睛を欠く　a finishing touch missing ... 245
カルト連続殺人　cult serial killing ... 7
枯れ　ripeness ... 243
枯れ木に花は咲かない。 A dead tree never flowers. ... 156
彼には自分に罪があると認めるハラがある。 He's big enough to admit he's guilty. ... 16
彼の生き様と同じように、大胆に書いた。 He wrote as daringly as he lived. ... 31
彼の古傷を暴露する。 To do an expose on his shady past. ... 184
彼はアクが強い。 He comes on strong. ... 41
彼は、会員制クラブから除名された。 He was blackballed from the private club. ... 62

彼は彼女にぞっこん惚れ込んでいる。 He has a crush on her. ……… 214
彼は自己責任で共産国中国に先制攻撃キャンペーンをかけたのだ。
　He took it upon himself to campaign for a preemptive invasion of
　Red China. ……………………………………………………………………… 91
彼は自分で自分の面子を傷つけたのだ。 He humiliated himself. …… 216
彼は、自分の立ち位置が見えない男だ。 He hasn't just got it. ………… 53
彼は世界でもモテモテだ。 He's big everywhere. ………………………… 218
彼はその器(うつわ)ではない。 He hasn't got it. ………………………………… 53
彼はその（作家たちの）傷を癒しながら、編集を続けた。 He put
　those gifted writers out of misery. …………………………………… 136
彼はそのことで面子を失った。 It caused him to lose face. ………… 216
彼はそのまんまの（聞いたままの）人だ。
　He is what they say he is. ……………………………………………… 121
彼は大学出だ。 He's got a (college) degree. ……………………………… 48
彼は独身だ。 He's single. …………………………………………………… 228
彼は一人じゃなかった。彼の横に、自分がいたじゃないか。
　He was not alone; he was by himself. ………………………………… 164
彼はブレない人。 He's grounded. ………………………………………… 188
彼はボカボカ殴られた。 He took a lot of beating. ……………………… 44
彼は私のことを根に持っている。 He has a grudge against me. …… 153
彼は私を裏切った。 He turned on me. …………………………………… 240
（彼を）引っこ抜きなさいよ。 Buy him off. ……………………………… 54
可愛(かわい)い　good …………………………………………………………… 70
可愛い子には旅させよ。 Spare the rod, spoil the kid. ………………… 18
可哀想(かわいそう)に。 Too bad for her. …………………………………………… 40
変わる　go ……………………………………………………………………… 16
カン（勘）　intuition / feeling ……………………………………………… 160
考え　an idea …………………………………………………………………… 11
（考えたうえ）理解できました。 I understand it. ……………………… 56
観客が感動しているか？ Does the audience feel it? ………………… 55
感極まる　very emotional (one's emotion is welling up) …………… 194
看護する　nurse ……………………………………………………………… 94

観察眼　observing eyes ……… 39
感じ合うことがむずかしい　low-touch ……… 74
感受性訓練　sensitivity training ……… 38
観衆が感動するか？　Does the audience feel it? ……… 56
慣習にとらわれず自由に生きる人　a free spirit ……… 174
干渉しないでほしい。　Give me space. ……… 163
感情　emotion ……… 55, 56
感情操作　emotional manipulations ……… 122
感情的共生関係　emotional symbiosis ……… 17
感情的になってはいけません。　Don't take it personal. ……… 54
カンだ。　I just know. ……… 55
カンだけの判断　playing one's hunch ……… 160
感動が井戸水のように内部から湧き上がってきた。
　Emotion's welling up. ……… 57
感動しろよ、マックス。　Feel it, Max. ……… 56
感動する。　Feel it. / It touches my heart. ……… 56
感動する（ぐっと迫ってくる。）　It touches my heart. ……… 56
感動できる編集者だった。　The editor was able to feel it. ……… 56
艱難辛苦(かんなん)を通り抜ける　go through a lot ……… 125
棺に釘を打つ　driving another nail in the coffin ……… 110
カンニング　cheating ……… 36
堪忍袋(かんにんぶくろ)の緒(お)が切れた。　We can't take it anymore. ……… 45
　　　　　　　　　　　　　Enough. ……… 46
がんばり抜く　stick (tough it out) ……… 188
感無量だった。　I was so emotional about it. /
　That was an emotional experience. ……… 57
顔面格差(がんめん)　tolerate ……… 67
肝油　cod liver oil ……… 53
貫禄(かんろく)　gravitas ……… 140

〔き〕
聞いたものは聞いた。　I heard what I heard. ……… 157

索引

聞いてくれてありがとう。	I'm glad you asked that.	23
奇異な特異点	singularity	2
消え失せない	die hard	246
消える	go	16, 60, 87
気概	spirit	231
聴き取り能力に乏しい	be poor at listening	160
（企業の）エゴ	(corporate) greed	58
企業文化	corporate culture	174
訊く	shoot	242
気骨	character	172
奇人	weird person	190
傷だらけの過去	go through a lot	58
傷だらけの人生	ups and downs, and turns and twists	58
絆	bond / tie	213
傷を癒す	heal the wounds	184
傷を摩擦する	rub	204
期待に添うことができない	not live up to one's expectations / not live up to one's reputations	149
汚い言葉	a bad word	59
愧という、罪を恥じる意識	guilt	241
軌道修正する	get it right	59
気に入っている。	I love you. / Love ya.	142
気にしない。	Let it go.	60
義のあるところ、火をも踏む男	a guy who would give you a shirt off his back	35
気晴らし的な	diversive	116
気品	grace	172
詭弁	sophism	60
詭弁を弄する	play games with words	60
詭弁を弄する人	word game players	60
気まずい	bad	41
君が好き、なーんちゃって。	I love you—kind of.	61

君に、借りがある。 I owe you. ……… 49
君の言っていることに説得されたよ。 I get you there. ……… 120
君のことが理解できた。説得されたよ。 I got you. ……… 120
君の想像に任せるよ。 I'll leave it up to your imagination. ……… 72
君の話を聞いていると、身につまされる思いだよ。
　I feel you. / I feel closer to you. ……… 209
君はあの教祖に骨抜きにされたのか。／骨抜きにされたのか。
　Are you sold on that cult leader? ……… 151
君は、妹を甘やかしている。
　You're overprotective of your sister. ……… 18
君は最高のキャスターだ。 You're the best anchor I've ever met. ……… 125
君は最高のキャスターだ。（英語らしい発想） I've never met a better anchor. ……… 126
君は別格。 You're special. ……… 46
君はもっと現実を厳しくながめてみる必要がある。 You need a reality check. ……… 215
気むずかしい　difficult ……… 165
木村の前に木村なし、木村のあとに木村なし。
　There was no Kimura before him or after. ……… 153
決める　define ……… 48
脚下を見よ。振り返って、自分の心を照らせ。（超訳）
　Acceptance. ……… 8
キャリアアップ　move up in life ……… 61
キャリアをアップする　improve one's career ……… 61
キャリアをアップする（直訳）　career advance ……… 61
杞憂　groundless fear ……… 169
救急車の後ろを追う人（悪徳弁護士はこう呼ばれる）
　ambulance chaser ……… 33
休止　pause ……… 199, 200
吸収される　become part of ……… 64
救世主（メシア）を待望する　wait for ……… 205
窮地　corner ……… 135

『旧約聖書』の「創世記」　Genesis ……………………………………………… 139
究論道　The Way of Debate ……………………………………………………… 96
（今日）どうだった？　How was your day?
　…………………………………………………………………………………… 61
共感的好奇心　empathic curiosity ……………………………………………… 115
行間の裏の裏を読め。Read beyond the lines. ………………………………… 121
行間（裏）を読め。　Read between the lines. ……………………………… 121
行儀が悪い　ill-mannered ……………………………………………………… 104
恐怖を覚える　get cold feet / get scared ……………………………………… 167
（共謀などで）村八分にしないでくれ。Don't blackball me. /
　Don't cut us out. ………………………………………………………………… 62
強烈なコントラストの模様　high-contrast markings
　…………………………………………………………………………………… 214
虚業化　virtualization …………………………………………………………… 62
☕ 虚業化は virtualization ………………………………………………………… 62
清水の舞台から飛びおりるような選択　a hard choice ……………………… 132
きらいと言えばうそになる　I kind of love you. ……………………………… 61
ギラギラと脂ぎった執念（口語的に表現すれば）
　stick-to-it-iveness ……………………………………………………………… 139
ギラギラ光る　glitter …………………………………………………………… 138
ギリギリの線（交渉学で「これ以上の値切りには応じることができない」）　the bottom line ……………………………………………………… 179
斬れば血の出るような表現　killer phrases …………………………………… 242
斬れる　works …………………………………………………………………… 120
気を抜くな。　Watch your back. ……………………………………………… 64
気を引き締めよ。　Buckle up (down). / Fasten your seat belt. /
　Buckle up your seat belt. ……………………………………………………… 65
気を滅入らせる　depressing …………………………………………………… 43
金太郎飴ジャーナリズム　cookie-cutter journalism …………………………… 98
緊迫下　under pressure ………………………………………………………… 232
緊迫下でのひきしまった優雅さ　grace under pressure ……………………… 232

〔く〕

クールに語り合うべき	debatable	125
杭（くい）	stake	109
空気	justice	145
	psychology	65, 196
空気（イギリス人がよく使う）	mood	52
空気（国民の感情）	national sentiments	52
空気（メディアが醸成（じょうせい）する潮流）	tide	52
空気に逆らわず、自然体で臨（のぞ）め。	Do it right.	190
空気の動きが読めない。	He just doesn't see it.	65
空気を読め。	Get it right.	190
偶然の一致	a coincidence	130
空腹状態から生まれるひらめき	empty-stomach thinking	161
苦行	challenge	144
腐った卵	a bad egg	59
腐ったミルク	bad milk	71
腐ったリンゴ	a bad apple	71, 145
腐れ縁	stuck together	66
腐れ縁。	We're stuck together.	66
苦汁（くじゅう）労働制度	sweating system	181
くせになる	habit forming	209
くそっ	Shit!	58
果物は見た目のよいほうが売れる。	The better fruits look, the better they sell.	208
下り坂	over the hill	135
口に注ぎ入れる	moisten one's lips	95
愚痴	griping	183
ぐっと我慢（がまん）する	tolerate / grin and bear it	67
愚鈍な	gritty	140
クビにする	fire / let go / lay off / sack	67
首を（ツルのように）長くして	craning my neck	204
首を長くして待った。	I waited, I waited and I waited.	204

首を長くして待っている。 I'm looking forward to it with great impatience. ……… 205
工夫しろ。 Figure it out. ……… 68
汲み上げる well up ……… 193
愚民主義 mobocracy ……… 92
くやしいが、手が出ねえ。 We can't take it. ……… 45
くよくよするな。 Move on. ……… 189
くよくよせず、新しい女を探せ。 Get a new one to get over the old one. ……… 52
暗ーい gloomy ……… 240
暗い心境 a frame of mind ……… 187
クリシェ cliché ……… 52
クリシェ（陳腐な表現） cliché ……… 222
クリスマス・シングルなんて、わびしいよね。 Don't be a Christmas single. ……… 163
クリミアの住民の40パーセントはロシア人ではなく、プーチンのロシアに対し怨を抱かないはずがない。 The 40% of Crimeans, who are non-Russian, are resentful against Putin's Russia. ……… 153
グループ内が腐り始める other apples go bad ……… 71
車のハンドル steering wheel ……… 159
ぐれる go bad ……… 70
クロマニヨン人 Cro-Magnons ……… 63, 152, 189
群羊 a flock of sheep ……… 203

〔け〕

ケースバイケース。 It depends. ……… 76
ケースバイケース（欧米人が使う） contextually / on a case-by-case basis ……… 76
経営学修士 MBA (Master of Business Administration) ……… 63
経営者と組合に同時に近づいて争わせる playing management and labor off against each other ……… 177
経営者と組合に同時に近づいて争わせる（口語） playing both sides

	177
敬遠される不吉な言葉　dirty word	59
景気後退　depression	42
警告したはずだ。　I've warned you.	29
形式論理学　formal logic	200
形勢　rhythm	66
継続　Never give up.	71
継続は力。　Try, try again.	71
芸人　performing artist	56
（経費などを）計算する、見積もる　figure out	68
激白する　go public	95
下剋上(げこくじょう)　dog-eat-dog	190
けじめ　the line	2, 30
justice	2, 171
ゲタをはかせる　give 〜 a leg-up	72
ゲタをはかせる（スコアを上げる）　jack up the score at 〜	72
ゲタをはかせる（学歴のない人が実社会で不利にならないようする）　give someone the steps (on the ladder to get there)	72
結縁(けちえん)　the ties that bind	213
結果（過去）にけちをつけるな。　Don't second-guess the outcome (past).	13
結果、私なりに意地を示した。　Turns out (As it turns out), I've proved myself.	126
結局は　It turns out	14
結婚した女　wedded woman	235
決して浮気なんかしていない。　I'm not cheating on you.	101
決定的瞬間　the moment of truth	100
critical moment	200
欠乏（何かをハラに収めたい）（原意）　want	15
ケツを叩く　push from behind	152
ケツをまくる　tough it out	169
ゲノム（生物の遺伝情報）　genom	139

索引

厳格さ　gravitas	173
喧嘩両成敗。　It takes two to tango.	72
喧嘩両成敗（恋愛と戦争は）　All's fair in love and water.	72
元気を出して。　Get a life.	73
現実から目を離すな。　Get real.	97
現実原則　reality principle	40
現実世界　the real world	10
現実的で地味で、気取らない　down-to-earth	64
現実に勝てないから、自然体で行け。　Don't fight it.	97
現状に目を開け。　Wake up to reality.	215
現実はそうじゃないすか。　Let's face it.	97
限定する　qualify	122
現ナマ　hard cash	112
堅忍不抜　perseverance	139
玄のまた玄　inner core	230
現場　where the action is	73, 104
the field of action	73
現場感覚　the feel of the action	74
現場力がありますね。　You can think and act on your feet.	141
原理原則　principle	118

〔こ〕

コーヒーでも飲みながら三人だけで水入らずでいこう。	
Just three of us. / We need to talk alone.	78
📞 Go figure!は「知りまへんがな」	68
恋心は隠せない　I love her.	51
ご一緒にどうぞ。　Altogether now.	247
恋は盲目。　Love is deaf.	74, 143
合意　consensus	216
合意事項から外れずに行う　act on principle	118
後悔する　feeling distressed or humiliated	192

効果性　efficiency ... 58
好機　opportunity ... 217
好奇心　curiosity ... 113, 114
好奇心溢るる志（をもつ人）　epistemic curiosity seekers ... 116
好奇心ある　curious ... 247
好奇心に駆られました。　Curiosity got the better of me. ... 114
🔊 好奇心は人を殺すか、Can curiosity kill humans? ... 114
好奇心は身の毒。　Curiosity killed the cat. ... 113
高校救済プロジェクト　P-Tech (Pathway to Technology Early College High School) ... 193
高校出　senior-high school diploma / diploma ... 48
口語英語　oral English ... 112
降参したよ。　You got me. ... 120
公私混同　mixing business with pleasure ... 75
好都合の法則　the law of favorability ... 39
叩頭の礼　kowtow ... 189
効率（ムダでも、みんなが我慢すればいい）　effectiveness ... 183
効率（ムダを無くす）　efficiency ... 183
交流　exchange ... 112
交流分析　TA (Transactional Analysis) ... 158
合理化（ネイティブがよく使う）　streamlining ... 182
合理化（ネイティブは、あまり使わない）　rationalize ... 182
公論　honest debate ... 74
越えてはいけない一線　the red line ... 178
ゴキブリを低く見ているわけじゃないが　with no disrespect to roaches. ... 189
呼吸が合う　speak the same language ... 132
呼吸している　breathing ... 199
🔊 呼吸（間）はなぜ化学（chemistry）か ... 75
告白　confession ... 103
告発者　whistleblower ... 51
こけ脅し　bluff it out ... 169

コケにする	make a fool out of ～	77
ここ一番	the moment of truth	100
ここだけの話。	Just between us. / Just us.	78
心地よい暖かなカバー（繭）	cocoon	152
ここには誰もいない。	Nobody's here.	164
ここにぼくがいるじゃないか。（警戒されるかもしれない言い方） You've got me.		191
志	will	194
心では	emotionally	12
心を射る	to win the hearts and minds of ～	57
心を打ち解けて話す	pour out each other's heart	75
心を奪う	steal one's heart	78
心を大切にする民族	emotional people	57
心を拡げる	open one's heart	133
小賢しいやつ	game players	121
ご参考までに	for what it's worth	79
誇示的消費	conspicuous consumption	205
古式	old fashioned	50
ご愁傷さま。	I'm sorry.	79
ご親切に。	I'd appreciate it.	79
個人的な恨みはないが。	Nothing personal.	189
ご随意に、どうぞ。	Suit yourself.	42
5対1の割で～	bet five to one that ～	201
（答え、方法など）を見つける、考え出す	figure out	68
こだわる	picky	79
こだわる（日本人好みの訳）	worry too much about ～	79
ごちそうさま。	I am full.	155
（国家の）品格	dignity	172, 231
こつこつ	slowly but surely	88
固定	settle	80
固定化する	fixate	80
湖底に沈んだ宿	an inn in the lake	238

固定は死。 Don't settle.	53, 80
固定は死。（直訳） Fixation is death.	80
コテコテ native enough	19
言葉だけは信じるけど、人間としてのあなたはまだ信用していない。 I believe you but I don't trust you.	101
言葉に依存しない言語 a language that doesn't depend on words	39
言葉のアヤ a figure of speech	69, 84
言葉を失ったよ。 I lost speech.	146
子供 brats / little devil	6
子供が遊びにふける be engaged in play	131
子供の好奇心はもたれあいだ。 Infant curiosity is co-dependent.	18
子供のまま大人(おとな)になった人 a man baby	80
子供のままの大人 man baby	37
この一線だけは、越えてはならない。 on the line	30
この辞書でも、読者諸兄を甘やかすつもりは毛頭ない。 I don't believe in spoon-feeding you with my English.	19
この猫は、見た目は悪いが、社交的だ。よくじゃれる。 This cat is more sociable than she looks. She's very playful.	208
このままでけっこう。 I'll accept myself.	164
この見せしめで、相手もこりただろう。 This (warning) must've taught him a lesson.	207
湖畔(こはん)の宿 an inn on the lake	238
困ります。 I'd rather not.	81
コミュニケートする relate to 〜	81
ごめん、これで失礼します。 Sorry. Excuse me.	81
こらしめる teach someone a lesson	207
凝(こ)り性(しょう)の uncompromising	185
これから気をつけます。 Won't happen again. / It won't happen again.	82, 83
これが最後通告だ。 Take it or leave it.	82
これだ。 This is it.	94

これ、つまらないものですが。	Here's a little something.	82
これでこりたか。	Take that.	44
これでニューヨークの看板ができた。	This is going to define New York.	159
これなんだ！	This is it!	7
これも仕事のうち。（くだけた言い方）	Part of the job. / Duty calls.	83
これも仕事のうち。（正式には）	This is part of the job.	83
殺されても放すな。	Get a firm grip.	83
殺されても放すな。（秀才訳）	Never give up.	83
コロンブスの卵。	It's obvious once you know it.	85
こわもてする	Don is tolerated.	21
こんこんと湧き出る	to well up	194
今後ともよろしく。（タメ口がゆるされる関係）	See you.	229
根性	grit	183
今度会ったら訴えてやるからね。	I'll be suing you.	229
こんなことがあってはならん。	This should not happen again.	83
こんなときこそ友人じゃないか。	What's a friend for?	207
こんなときにこそ友達のよしみで	for friendship's sake / out of friendship	143
こんな私に誰がした？	What have I done to deserve this?	85
今晩、客（お友達）が大勢いらっしゃいます。	We're expecting a lot of company tonight.	9
こんぶ	kelp	36
金輪際やらない。	Over my dead body, you will.	214

〔さ〕

さあー（どちらとも言えない）。	I wish I knew. / You never know.	86
さー	debatable	208
さー、微妙。	Sort of.	61
ざーっと目だけは通す。	Quick look.	46
最後通告	final note	82

	ultimatum	86
最後通牒(つうちょう)	final note	171
	ultimatum	86
最後通牒。	Or else.	86
最後まで試合を続ける（続投する）	get through the game	125
最初からピーンときた。	I just knew it.	160
最初からわかっていた。	I just knew.	55
最初にスタートしたやつが勝つ	first-mover advantage	24
細心の注意を払え。	Never let your guard down.	64
細心の注意を払え。（日常会話でお勧め）	Watch your back.	64
最低	suck	87
幸いなるかな一人者よ。	Blessed are those who are single.	228
さきがけ	proactive	117
先駆(さきがけ)	be proactive	87
詐欺(さぎ)	con game / scam	87
詐欺師	con artist / scammer	87
（作業などを）行う	handle	159
（作業などを）こなす	handle	159
（作業などを）担当する	handle	159
（作業などを）処理する	handle	159
先を読む	second-guessing	13
柵	fetters	109
	fence	171
酒	wine	193
（酒を飲んじゃいけないと、頭で）わかっちゃいるけど、やめられない。	I'm mentally prepared for it but emotionally I don't know.	12
サザンカの生垣(いけがき)	a hedge of camellia	205
ザ・スピードアップ	The Speed up	183
挫折したコンコルドよ、もう一度甦れ。	Encore Concord!	236
サタンよ去れ！	Away with Satan!	8
さっぱりした男	a good sport	88
『サピエンス全史』	"Sapiens"	152

ざまあみろ。 That serves you right. 44
（サムライ）気質　character 172
左右対称のロジック　symmetrical logic 170
三角関係　a love triangle 88
（～さんがあまり可哀相なので）少しだけ弁護すると
　to do justice to ～ 154
残心　open attention 64, 174
　　　alertness 174
三度目の正直。 Third time's lucky. 89
三人寄れば文殊の知恵。 It takes a village. 89
讃美されない英雄たち　unsung heroes 241
残忍な真実　the brutal truth 196
残念さ　chagrin 192
「散歩道」　a "real walk" 239
三方一両損　win-win-win 90
三方善し　win-win-win 90, 195
参謀　strategist 191
参謀（会社で）　an advisor / a counselor 191
参謀（会社で）（口語体）　a brain / a right-hand person 191
参謀（軍隊で）　a staff officer 191
参謀（宰相と呼ばれる人）　servant-leader 191
参謀（腹心の友となりうる人）　a confidant / one's ears and eyes
　......191

〔し〕

じーっと我慢できる。 I can take it. 217
潮時　high time 124
塩の柱　the pillar of salt 114
しかたがない。 I can tolerate them. 67
　　　　　　　Forget about it. 97
　　　　　　　It can't be helped. / I've got no choice. /
　　　　　　　You leave me no choice. 97

しかたがない。（最大公約数としての表現）　No chance. ... 97
仕方なかった。　I had to. ... 26
しがらみ（柵）　fetters ... 109
叱る　tough love ... 5
時間通りに終われば、彼は来るはず。　The chances are that he'll come if he can finish work on time. ... 168
仕組まれている　rigged ... 221
仕組む、操る　rig ... 225
軸を中心にして回る　revolve ... 190
自己実現　self-actualization ... 28
自業自得　You must reap what you have sown. ... 32
自業自得さ。　She had it coming. ... 206
自業自得になるよ。　You'll have it coming. ... 95
自己が責任をとること　accountability ... 91
自己正当化　justify ... 27
自己責任　be on one's way / accountability ... 90
　　　　　personal responsibility ... 90
自己責任で〜する。　Take it upon oneself to 〜 ... 91
思考の気泡　thinking bubble ... 186
思考の枠組　a frame of reference ... 186
仕事と遊びが両立できる器用な手品師たちだ。　They have it both ways: business and pleasure. ... 232
仕事の鬼　demon ... 92
自殺的　suicidal ... 91
（思春期の女の子などの）べたぼれ　crush on 〜 ... 214
事実　fact ... 97
　　　facts ... 115
事実は創造性を殺す。　Facts kill creativity. ... 115
磁石的　magnetic ... 194
辞書づくりは周囲の気を滅入らせる。　You can't compile a dictionary without feeling depressed. ... 43
自制心のある　disciplined ... 232

| 慈善家　philanthropists | 33 |

自然体　go with the flow	92
effortless	116
let it be	245

自然体で行う。（欧米人感覚の表現）　Be yourself. ……… 92
『自然治癒』　"Natural Cures" ……… 51
自然に発生する　generate ……… 139
自然発火　spontaneous ignition ……… 44
思想や信念でブレない（人）　be principled ……… 188
しっかりした（人）　strong ……… 92
しっかりと足を地につける　keep oneself grounded ……… 131
しっかりと地に足をつけていれば、風向きがどのように変ろうとも、びくともしない。　Keep yourself grounded. ……… 188
しっくりいかない　not comfortable ……… 93
しっくりする　comfortable ……… 93
実効性を薄めている　water down ……… 233
知ってみれば、なんだそんなことか。　It's obvious once you know it. ……… 85
じっとしていない群れ　flock ……… 203
じっと耐える　take ……… 54, 217
失敗も続くもの。　Nothing succeeds like success. ……… 239
失敗をする　get it wrong ……… 59
しっぽを摑んだぞ。　Gotcha! / Got you. ……… 93
実名を隠して書くモノ書き　an anonymous author ……… 175
失恋する　break one's heart ……… 94
失恋する（英語らしい表現）　get a broken heart ……… 94
私的感情　personal feelings ……… 54
支点　fulcrum ……… 158
自転車操業　dog paddling ……… 94
自転車のハンドル　handlebar ……… 159
自撮り　selfie ……… 237
死なせてやれ。　Put her down. ……… 22

シナリオ	script	225
シナリオ通りだった。	It was set up. / It was a set up.	225
シナリオ通りに	scripted	225
死に体	virtually dead	80
死に水をとる	bury someone	94
死ぬ覚悟はできている。	I'm ready to die.	169
死の中に、生がある。	In death, there's life.	7
忍ぶ恋	love from afar	51
自白する（犯人が）	come clean	95
支払った額に応じた結果を覚悟せよ。	You get what you pay for.	124
自分が代理体験をしているような	vicariously	210
自分が払った金額以上またはそれ以下の値打ちは期待できない。	You get what you pay for.	222
自分個人に限定せよ。	Speak for yourself.	122
自分しか責める相手はいない。	You've got yourself to blame.	162
自分で自分の首を絞める	suicidal / have it coming	95
自分でまいた種は自分で刈り取る。	You must reap what you have sown.	32
自分の頭で考えよ。	Think on your own. / Don't be swayed by others' opinions.	141
自分の頭で考える	figure it out	141
（自分の頭で）工夫しろ。	Figure it out.	68
自分の頭をひねって、自分で回答を求めよ。	Figure it out.	117
自分の意思で、自宅学習をしたんだ。	I homeschooled myself.	207
しみじみ	muse	96
しみじみと	musingly	96
しみじみと（musingly）語ってみるか		96
事務的	businesslike	143
注連縄	sacred straw rope	213
しゃあない。	Let's face it.	97
邪悪	evil	70
ジャーナリスト魂	journalistic integrity	13, 98

索引

シャーデンフロイデ（ドイツ語で「人の不幸は蜜の味」）
　Schadenfreude ……………………………………………………… 162
ジャーナリストはつらいよ。 It's tough being a journalist. ………… 13
社会昆虫学　social entomology ……………………………………… 174
釈迦に説法と存じますが。 Excuse me if I'm rude. ………………… 97
灼熱の恋　torrid love ………………………………………………… 26
シャグリン（残念さ、無念さ。フランス語が語源）　chagrin ……… 192
じゃ、君も仏教に改宗したらどうかね。 And have you tried Buddha?
　……………………………………………………………………… 149
弱点　where it hurts …………………………………………………… 184
借金をチャラにするか、請求をしない。恩送り　pay it forward …… 33
市役所（泣く子と地頭）には勝てない。 You can't fight the city hall.
　……………………………………………………………………… 67
ジャップよ、思い知ったか。 Take that, Japs. ……………………… 45
じゃね。 I love you. …………………………………………………… 142
「蛇の道は蛇」（『ウィズダム和英辞典』の訳）　Set a thief to catch a
　thief. ……………………………………………………………… 98
「蛇の道は蛇」（『新和英大辞典』の訳）　One devil knows another. … 98
蛇の道は蛇（わかるやつにはわかる）。 It takes one to know one. … 98
社風　company's culture ……………………………………………… 174
シャングリラ　Shangri-La ……………………………………… 135, 136
ジャンケン　paper-scissors-rock game ……………………………… 13
周囲に当たりちらす人　a person who takes it out on others ……… 162
周囲に有名人の名前をひけらかす　dropping names ……………… 227
周囲に有名人の名前をひけらかす人　name dropper ……………… 227
収益を得る　reap ……………………………………………………… 32
就活　learn to earn …………………………………………………… 233
秀才　talent ……………………………………………………… 134, 139, 201
収支（収支決算）　the bottom line ………………………………… 179
終身刑を受ける　get life ……………………………………………… 73
自由人　a free spirit ………………………………………………… 98
重大な局面　the moment of truth …………………………………… 100

集団虐殺　genocide	108
衆知　collective wisdom	90
集中力　attention span	99
重要問題　major problem	222
重力　gravity	140
gravitational pull	140
重力波　gravitational wave	199
主義を曲げるな。　Don't compromise your principle.	20
宿縁（しゅくえん）　karma	213
熟慮した。　I've figured it out.	68
守護神（ダイモン）　daimon	92
首相よ、米大統領と取り引きするときはうやうやしく。 Prime minister, deal with the U.S. president hat in hand.	189
出世する。　move up	61
守破離（しゅはり）　in-on-out	99
殉死（じゅんし）　martyr	30
情（じょう）　emotion	12, 57, 193
奨学金が返せず、大学卒業生が悲鳴を上げている　scholarship debt crisis	233
情感　emotional intensity	57
情感指数　EQ (emotional quotient)	57, 75, 158
状況により変化する　situational	197
状況倫理　situational ethics	76
証拠を摑（つか）んだぞ。　I gotcha.	9
正直な話　the bottom line	179
常識派　us	147
情事には気を付けろ。　Don't play with fire.	159
情状酌量（しゃくりょう）　extenuating circumstances	123
冗談が通じる　get the joke.	34
情的操縦　emotional manipulation	154

上出来じゃないか、これ以上よくならない。　This is as good as it

gets. It won't get any better.	195
情熱　passion	57
正念場（しょうねんば）　the moment of truth	100
消費できる　expendable	219
上品さ　elegance / chic	173
勝負強い　tough	133
勝負強い交渉人　tough negotiator	133
消防士の勇気　firefighters' courage	226
証明　proof	126
証明ができないじゃないか。　That's an assumption.	71
職場に縛られる　office-bound	110
食物に関して好き嫌いの多い人　a picky eater	79
女性恐怖症　gynophobe	139
『女性達よ、のめり込め』（書名の私訳）　"LEAN IN"	154, 238
女中　handmaid	177
女難　trouble with women	136
女難の相あり　sign of trouble with women	225
序列　pecking order	91, 110
ジョン・ロック　John Locke	131
白洲次郎的な（束縛されない、自由な）生き方をしている人　a free-spirit	163
知らぬが仏　What you don't know can't hurt you.	100
知りまへんがな。　Go figure!	68, 246
仁義（じんぎ）　family bond / a bond of friendship / bonding	109
シンクロニシティ（ユングのいう共時性（きょうじせい））　synchronicity	28
真剣勝負　play for real	119
新興宗教　cult religion	151
真実っぽい（まだ辞書にない訳）　truthiness	224
真実は「藪の中」　The Truth Is Out There	223
真実味溢（あふ）るる誇張　truthful hyperbole	224
真実もどき　truthiness	224
紳士　gentleman	190

信じて、あの人は嘘は言ってない。 Trust me he's not lying. ……… 101
心中(しんじゅう) lovers' double suicide ……… 102
真珠湾攻撃 Pearl Harbor Attack ……… 146
人生経験の豊かなよき師 mentor ……… 61
人生の総決算 put finishing touches on his life ……… 29
死んで目が白くなってからやる。(金輪際(こんりんざい)やらない)
　　Over my dead body, you will. ……… 214
芯のしっかりしていて、めったにくじけない、内面的強さ　strong
　　……… 93
心柱(しんばしら) central pillar ……… 157
親藩(しんぱん)大名 inside daimyo ……… 190
新米(しんまい)ですので、どんな質問でも平気です。 I'm a new kid on the block. Shoot. ……… 242
親友や友人（不正に手を染める仲間や、取り巻き）　crony ……… 211
信用　confidence ……… 87
信頼できそうな背広　responsible-looking ……… 22
（心理学でいう）補償（する）　compensate ……… 185

〔す〕

図　（幾何学で）figure ……… 68
推定　if ……… 168
好き　love ……… 51
好きだから別れて。 Love me and leave me. ……… 102
好きだと言いなさい。 Tell'er you love'er. ……… 103
好きでやったことだ。 I loved to. ……… 26
スキを見せた。 She asked for it. ……… 206
スキンシップ　physical contact ……… 103
スキンシップ文化　touching culture ……… 103
スケールメリット（正しい英語では）　economy of scale ……… 103
スゲー、君はほぼ正解だ。 So close. You almost made it. ……… 107
ズケズケ　pull no punches ……… 104
ズケズケ言う人　a brutally frank person ……… 104

少し話が長くなるかもしれませんが　to make the long story short 156
少しひねくれて　being cynical 115
スコットは女々しい奴と言われたことを一番気にしていた。
　　Scott was especially sensitive to criticism. 167
進んでいるかい、あの話。 How's it going? 16
スター　a star 149, 196
スターだったら、女性に何をしても許される。 If you're "a star", you
　　can get away with it all. 149
スティーブ・ジョブズ　Steve Jobs 80
すでに及ばないことを悔やむ　feeling distressed or humiliated 192
捨て猫同様の人たち　hopeless people 112
ストンと落ちた。 That got me. 105
素直な　uncynical 214
素直な人　sheep 165
素直に（物事を見る）　straight 165
スネに傷　a guilty conscience 105, 137
スパイごっこ　spy game 75
スピードアップ　speed up 181, 183
スピードアップ：給料を上げずに、生産を加速させようとする、経営者の要求。 Speed up：an employer's demand for accelerated output without increased pay. 182
スピードダウン　slow down 183
スベった。 The joke turned them off. 35
すべてを失って、スッカラカン（一枚のシャツまで失った。）
　　I lost a shirt. 34
図星だろう。 Bingo! / Bull's eye. 106
図星だろう。（アメリカ英語）　Gotcha! 106
スポンサーのない番組　underfunded program 162
ズボンの中に、いっぱいアリが這い回っている（いらちだ。）
　　Former mayor Hashimoto has lots of ants in the pants. 32
すみません。 I'm sorry. 97

スミマセン。 Sorry. ... 81
棲み分け live and let live ... 37
住めば都。 Nothing like home. ... 106, 126
相撲では、立ち合いの一瞬で勝負が決する。 In Sumo, *Tachiai* is the moment of truth. ... 100
スリムアップ（やせること） slim down ... 135
すれすれ too close ... 107
すれすれの命びろい。That was close. ... 107
スワン・ソング（白鳥が臨終に歌うとされた） swan song ... 20
すんまへん。 Excuse me. ... 97

〔**せ**〕

政界で開き直ってきた。 Ms. Koike has toughed it out in politics. ... 169
正か誤かのいずれか either A or B ... 199
正義 the right thing to do ... 108, 235
　　　 justice ... 108
（正義のための）戦争に賭けてみようじゃないか。 Give war a chance. ... 217
政治 a down and dirty game ... 145
政治風土 political culture ... 174
誠実性 integrity ... 97
生殖器官 genital organs ... 139
精神 spirit ... 172
精神風土（エトス） ethos ... 174
急いては事を仕損じる。 Not so fast. ... 10
性転換者 transsexual ... 14
生命を犠牲にしてまでも進む risk one's life ... 30
正も誤も both A and B ... 200
世界にチャレンジする taking on the world ... 131
隻手の声を聞け。 Hear the one-hand clapping. ... 132
責任から逃げない、そして逃げられないボス accountable boss ... 91

索引

世間体(せけんてい) appearances ……… 108
世間体がいい look good ……… 108
世間体というものがおます。 Just worry about appearances. ……… 109
世間体なんか知ったことじゃない。 Who cares? ……… 108
世間体をつくろう keep up appearances / for the sake of appearances ……… 108
世間とのつきあい social contacts ……… 110
世間に向って公言する go public ……… 95
世間(せけん)のしがらみ fetters ……… 109
☕ 世間のしがらみ（fetters）は男を縛るのか ……… 109
世間の人 the general public ……… 110
世人(せじん) people ……… 110
積極的に考える think positively ……… 10
接戦 too close to call ……… 107
絶対ありえない、とは言い切れない possible ……… 129
説得 persuade ……… 22
（説得されたが）納得しなかった。 But I didn't get convinced. ……… 123
絶望 hopelessness ……… 111
絶望とは精神の病い。 Hopelessness is a mental illness. ……… 111
背中を見せる lead by example ……… 112
ゼニ hard cash / the bottom line ……… 112
ゼニ、そして「もうけ」がすべ the bottom line ……… 112
背にもたれて泣いた crying on his shoulder ……… 154
セレンディップの３人の王子 The Three Princes of Serendip ……… 27
ゼロからやり直せ。 Start over. ……… 113
ゼロ（空(くう)）、つまり赤ん坊が学ぶ状態に戻る I'm you. / You're me. ……… 210
ゼロ思考（超訳） open-mindedness ……… 113
ゼロ磁場 zero gravity ……… 199
ゼロベースで考える with an open mind ……… 113
ゼロベースで、徹底的に、あれやこれやと論じ合う talk things over ……… 113

全員がやけどする。 Everyone gets their fingers burned. ……………… 88
選挙結果を操作する　rig an election ……………… 225
選挙参謀　campaign strategist ……………… 191
先駆的　proactive ……………… 88
前後関係　contextual ……………… 90
詮索好(せんさく ず)きな　inquisitive ……………… 113, 247
善処(ぜんしょ)しましょう。Let's see what I can. ……………… 116
善処しましょう。（あいまいな言い方）
　We'll do the best positively. ……………… 116
善処しましょう。（公式の場で）
　We'll deal with it with an open mind. ……………… 116
「先生のそばに置いてください」──その言葉で私はメロメロに
　なった。 She said, "Have me around, sensei."　And that really
　got me. ……………… 120
前兆を追え。 Learn to recognize omens, and follow them. ……………… 39
先手(せん て)が打てる　proactive ……………… 117
洗脳　mind control ……………… 7
全米編集者の重鎮　the dean of American editors ……………… 197
専門学校　vocational schools ……………… 48
先楽後苦(せんらくこう く)　instant gratification ……………… 186
前例のないこと　unheard of ……………… 88

〔そ〕

そういうことか。 That explains it (a lot). ……………… 117
そう簡単に相手のペースにのらないで、自分を高く売るのよ、
　そのために「じらすのよ」。 Play hard to get. ……………… 229
そう簡単には妥協してくれなかったのが常だった。
　He would not give in easily. ……………… 134
相互依存　interdependence ……………… 18
糟糠(そうこう)の妻　helpmate / war buddies ……………… 192
相互誤解　mutual misunderstanding ……………… 34
そう、再婚したの。おめでとう。 You got remarried?

We're happy for you. ... 44
創造性　creativity ... 226
争点　issue ... 125, 221
相当な（古英語）　wel ... 194, 235
総花的（そうばなてき）　all things to all people ... 117
総花的（わかりやすく言えば）　pleasing everyone ... 117
そう、よそ者です。　Yeah, I'm not from here. ... 148
総論　in principle ... 118
総論賛成、各論反対　agree in principle, disagree over details ... 118
阻害的色彩　disruptive colouring ... 214
束縛のない　unfettered ... 116
束縛を脱する　break one's bonds ... 109
そこをなんとか。　I'm begging you. / Begging you. ... 118
組織力向上　organizational improvement ... 182
育ち　nurture ... 139
そつがない　play it safe ... 119
卒業できたの。おめでとう。　You've got your degree. I'm happy for you. ... 44
啐啄同時（そったくどうじ）　critical timing ... 99
そつなく、話を進めた。I played it safe. ... 119
外へ　out ... 62
外向きの真実　outer truth ... 75
そのあと、根に持たれることはないかい？　Any bitterness or hard feelings after that? ... 153
そのうちに。　See you around. ... 229
その裏は？　What's the catch? ... 121
その解釈について異議がある。　You're wrong (about it). ... 70
そのくらいでやめておけ。　That's enough. ... 46
その結果　As it turns out / Turns out ... 223
　　as a result (of it) ... 223
そのことを話してくれないかと言われても、困ります。　I would

rather not talk about it, if you don't mind. ... 81
そのことを忘れる　forget about it ... 60
その手にのる　fall for it ... 119
その手にのるな。　Don't fall for it. ... 119
その齢(とし)で英語を学ぶのは決して遅くはない。　Never too old to start learning English. ... 31
(その齢(とし)で再出発するのは)決して遅くはない。　Never too late. ... 31
その発言は見逃さないぞ。　I gotcha. ... 9
(その話で)ぐっときた。　That got me. ... 120
(その話には)裏がある。　playing (word) games. ... 120
その場の空気　psychology ... 65, 196
その一言(ひとこと)が、彼女をコロリと変えた。　That got her. ... 120
その一言で、彼女はメロメロになった。　That got her. ... 105
その一言で参らせる(言葉)　a killer sentence ... 120
その古い議論をむし返さないで。　Don't rehash that old argument. ... 204
そのままでいい。　Accept yourself. ... 8
そのまんまの人　what they say one is ... 121
粗野(そや)な　gross ... 240
空々(そらぞら)しいことを書いたり口にしたりする　lip service ... 214
空涙(そらなみだ)　crocodile tears / fake tears ... 121
そりゃ、仮定の話だから、アテにならないよ。　That's an assumption. ... 30
そりゃ決めつけよ。　That's your stereotype. ... 122
そりゃ大変な問題だ。もう逃げられない。　That's a real challenge. ... 222
それ以上繰り返し言うな。　Don't rub it in. ... 204
それが正解。　Way to go! ... 101
それでスカーッとした。　That turns me on. ... 105
それでは世間体(せけんてい)が悪い。　That would look bad. ... 108
それでも　just ... 53
それでも納得しない。　Give me reason. ... 123

それでも僕はやっていない。 I just didn't do it. ……… 123
それ（It）と呼ばれた子。 The Child called It. ……… 7
それは詭弁だ。 You're playing games with words. ……… 60
それも仕事さ。 That's part of the job. ……… 231
（それを）覚悟なさい。（正式な講演通訳かビジネス交渉の場面で好まれる表現） You must be ready to accept the consequences. ……… 124
（それを）覚悟。（日常会話で好まれる、くだけた表現） That's the price to pay. ……… 124
そろそろ It's about time. ……… 124
そろそろ。 It's time. ……… 193
そろそろ、ジョージに一言頂くことにしましょうか。 It's time we heard from George. ……… 193
そろそろ寝る時間だ。 It's time for bed. ……… 193
ソロバン思考　pragmatism ……… 73
ソロモンの判決　Solomonic verdict ……… 90
そんなことはまずない。 Not a chance. ……… 153
そんなことをしたら、自殺行為になる。 That would be suicidal. ……… 95
そんな女性はどんな場合でもうまくやっていける。 Such women can manage any situations. ……… 141
そんな発言をすれば、墓穴を掘ることになるよ。 That would be suicidal. ……… 192
そんな発言をすれば、墓穴を掘ることになるよ。（直訳だが通じる） You would be digging your own hole. ……… 192
そんな破目になるよ。 That's what you get. ……… 124
そんな問題じゃない。 That's not an issue. ……… 125

〔た〕
大学出　college degrees ……… 77
大学出という肩書きも風化しつつある。 From defining yourself by degrees to declining yourself by degrees. ……… 48
大学などの全学生　student body ……… 186
大過なく過ごす　get through the day ……… 125

大黒柱　gravitational center	157
太鼓腹　a pot belly	17
大賛成。　I couldn't agree you more. / Couldn't agree with you more.	125
第三の選択　the third alternative	89, 224
だいじょうぶ。　It's OK.	213
大丈夫、心配しないで。　No sweat.	83
態度で示せ。　Prove it.	126
大変なツケを払わされた。　I paid the terrible price for it.	124
大ヒットする　shoot / kill	242
大問題　big problem	221
たかが話し言葉、されど言葉。　Talk is cheap, but speech isn't	126
妥協　compromise	20
『妥協するな』（書名）　"Settle for More"	20
他国より一歩先んじたい　one-upmanship	131
打算的　calculating	143
だじゃれ　play on words	183
（多数の同意による社会的な）追放、排斥　ostracism	61
叩けば出るホコリ　a dirty little secret	127
叩けばホコリ　guilty conscience	106
正しいが、それは、誤解に基づく理解だ。　They are right for the wrong reason.	144
ただ従う　go along	147
立ち直る力　resilience	71
蓼食う虫も好き好き。　Takes many kinds.	127
蓼食う虫も好き好きだ。　There is no accounting for taste. / They deserve each other.	178
タテの　vertical	18
たとえ選挙に負けても、潔く敗北を認める。　We will absolutely accept the result of the election.	221
他に属さない　one of its kind	46
他人の不幸や災難を喜ぶ気持ち　Schadenfreude / A feeling of	

pleasure that you get when something bad happens to some one else. ･･････ 162
他人のふんどし　other people's money ･････ 110
他の結婚がうまくいっているのは、お互いに「間」を大切にしているからだが…。　Other marriages stay together, because of a distance. ･････ 175
たばこ吸ってもいいですか？　Mind if I smoke? ･････ 128
旅は道連れ、世は情。　Good company on the road is the shortest cut. ･････ 9
禁句／禁忌　taboo / off-limits (out of bounds) ･････ 128
多分　probable ･････ 34
多分ね。　It's probable. ･････ 129
卵が孵化する　hatch ･････ 11
騙されてもいいのだ。納得した。　I'm sold on that. ･････ 151
騙し　trap ･････ 170
たましい　soul ･････ 151
魂を売る　It's a sell-out. ･････ 129
たまたま　by accident / by chance ･････ 129
たまたま出会ったんだ（別に密会していたわけじゃない。）　It was just a coincidence. ･････ 129
たまたま出会ったんだ。（くだけた言い方）　It so happens (that) we met there. ･････ 129
たまたま出会ったんだ。（もっとくだけた言い方）　We just met there. ･････ 130
黙って聞け。　Just listen ･････ 24
タメ口がきける間柄　on the first-name basis ･････ 230
だらしない服　sloppy clothes ･････ 22
だれかが彼女を寝取った。　Someone stole her away from her husband. ･････ 78
だれかが私を嵌めようとしている。　Someone is setting me up. ･････ 225
誰かに頼る　depend (count) on someone ･････ 18

他愛（たわい）もない秘密ごと　a little secret　127
短期間　spell　238
タンゴは一人では踊れない（喧嘩両成敗）
　It takes two to tango.　72

〔ち〕

知　logic　57
近いうちに会おうな。 I'll be seeing you.　229
違ったもの同士はお互いを惹（ひ）きつけ合うものだが、「二人」は、どこまでいってもぶつかり合ったままだった。 Opposites attract, but they never really get together in anything.　175
地球　globe　139
地球（ガイア）　Gaia　139
ちくちく　cynical　130
ちくちくといびる　needle　26
血筋　blood　35
父の息子へのアドバイス　father-to-son advice　20
知的好奇心　epistemic curiosity　116
知的な大先輩のクロマニヨン人に申し訳ないが。
　I'm telling the truth, with apologies to Cro-Magnons.　189
地に足のついた　grounded　232
地に足をつける　keep oneself grounded　130
知能犯　smart crooks　177
チベットやウイグル民族の不幸はもっと身近な（身につまされる）ものだ。 But the unhappiness of the Tibetans and Uigurs is more existential.　210
ちゃめ（茶目）　playful　131
茶目っ気　playful spirit / childlike mindset　131
茶目っ気のある　be full of fun / playful　131
チャレンジする　take on　131
チャンス　opportunity　53
チャンス（日本語の）　opportunity　217

忠犬ハチ公　Faithful Hachi ……… 29
中心を同じくする　concentric ……… 190
中庸の道を歩く　get the right balance ……… 73
中立の道（第三の選択）　the third alternative ……… 105
超価値　value free ……… 18
超クール。　Way cool. ……… 164
嘲笑する　ridicule ……… 77
超真実　post-truth ……… 224
蝶々夫人　Madame Butterfly ……… 85
挑発　instigate ……… 171
調和　harmony ……… 236
ちょっとした思い出に。
　To give you something to remember me by. ……… 82
ちょっとした浮気をする　have an affair ……… 159
ちょっとした問題　trouble ……… 221
ちょっと好き　I kind of love you. ……… 61
ちょっとトイレへ。　Nature calls. ……… 83
チョンボ　drop the ball ……… 170
陳腐な表現　cliché ……… 52, 222

〔つ〕

ツーカー（の関係）　speak the same language ……… 132
つい嫌ってみたくなる男　a man everyone loves to hate ……… 132
つい嫌ってみたくなる男。　He's a kind of guy every woman loves to hate. ……… 132
「つい」ケチをつけてみたくなるショウ。　It's the show everybody loves to hate. ……… 132
ついでながら　while you're at it ……… 79
ついでながら（お役に立たないかもしれないが）　for what it's worth ……… 78, 79
遂に登るところまで登った　nowhere to go but down ……… 43
通用するスレスレの限界　enough ……… 19

使い捨て　expendable	219
使い捨てカメラ　disposable camera	219
使い捨ての　disposable	16
使ってはいけない言葉　bad word	59
つかの間　fleeting	203
つかみ　attention grabber	242
突き棒　goad	170
創り出す　make	63
都合の悪いとき　a bad time	145
ツケ　price	152
ツケを払わされる。　You've got to pay for it.	124
ツッコミ　the smart one	37
常に側にいること　togetherness	147
つまるところ　the bottom line	179
罪　sin	113, 224
crime	170
紡ぎ女　spinster	228
ツメ　the final stage	118
強気な姿勢で開き直る　tough it out	169
つらーい　hard	43
つらい選択　tough choice	132
つらーい選択　a hard choice	132
ツンとお高くとまっている。　She plays hard to get. / She's aloof.	229
ツンとしている　aloof	104

〔て〕

定義する　define	158
テイクアウトですか、どうぞ。　To go?	136
体裁　appearances	108
TPOに応じた正しい振舞い　the right thing / the right way	189
ディベーター　debater	166
ディベート　debate	126

索引

出入禁止　off-limit ……128
手かせ、足かせ　fetters, bonds, chains, shackles ……109
できている（情交といった深い関係も含まれる）　being romantically involved ……178
手切れ金を払って別れなさいよ。　Pay her off. ……51
適齢期　marriageable age ……229
テクノロジーに精通した　tech-savvy ……193
手強い　tough ……133
弟子入りするよ。　You got me. ……120
手助け　handmaid ……177
出たとこ勝負　go live ……115
でっちあげ　make up ……185
テレビ・タレント　TV personality ……140
TVのタレントは使い捨てされる。
　　TV personalities are expendable. ……219
手を差し伸べる　reach out（to ～）……133
天から与えられた職業　calling ……134
電気が走るような刺激（ぴり）　electricity ……38
天才　genius ……134, 139／grit ……139
天寿を全うする　live out one's life / live out my destiny ……134
天寿を全うする日まで書き続けたい。　I want to live out my life. ……135
天職　calling ……173
天地御照覧。　Accept yourself. ……8
テンプスタッフ　temps ……182
天賦の才能　biological given ……139

〔と〕

同意　consensus ……216
東京と言えば東京タワーだった。　Tokyo Tower defined Tokyo. ……159
闘牛　bull ……170
闘牛士　bullfighter ……170
同系会社　an affiliated company ……211

峠の我が家（の懐かしさ）　Give me a home where the buffalo roam. ... 148
峠を越す　turn the corner ... 135
桃源郷（とうげんきょう）　oasis ... 135
同時通訳者の集中力は20分間だ。Simultaneous interpreters have an attention span of twenty minutes. ... 99
どうして私が戻ってくるとわかったの？　How did you know I was coming back? ... 55
（同時に二つ以上の仕事がこなせる）ながら族　multi-taskers ... 232
童心　childlike innocence ... 11, 131
同性愛はここではタブーだ。Homosexuality is taboo here. ... 128
同性愛を認める（公にする）　come out ... 95
どうぞ。Here you go. ... 136
同族会社　a family business ... 211
道徳的責任　moral responsibility ... 91
同病相憐む（あいあわれ）　Misery loves company. ... 136, 220
投票者騙し　voter fraud ... 221
盗癖のご本人　the kleptomaniac ... 222
陶片追放／オストラシズム　ostracism ... 61
透明な存在　invisible ... 176
都会的センス　urbane taste ... 130
と仮定すれば　Assuming ... 168
時は今　the time is ripe for ～ ... 124
独裁政治と民主政治はどちらが強いか　Which works better; autocracy or democracy ... 58
独身　single man ... 228
独身生活　single life ... 228
得と損なら損をとれ。Defy the odds. ... 201
（どこか）狂う　go wrong ... 137
どこかでお会いした気がするが。Do I know you? ... 148

索引

どこかで、彼女がぐれ始めたんだ。 She's gone bad somewhere along the line. ……… 137

どこかでボタンをかけ違ったのか。 Something went wrong (somewhere), I don't know why. ……… 137

どこで歯車が狂ったのか。 Something went wrong (somewhere), I don't know why. ……… 137

ところで（話は変わるが） while you're at it ……… 79

ド根性　grit ……… 71, 138, 140, 183

ド根性だ！　Get gritty. ……… 138

外様大名　outside daimyo ……… 190

土壇場　the moment of truth ……… 100

どちらか　OR ……… 59

どちらも　AND ……… 59

どちらも同じ意見で、盛り上がりがない。 The two were getting nowhere. ……… 23

独行道　Walking Alone ……… 239

とっさに考える　think on one's feet ……… 141

どっちつかずの高みの見物を決め込む　straddling (sitting on) the fence ……… 177

どっちもどっち　like a pot calling a kettle black ……… 141

どっちもどっち。 That's like a pot calling a kettle black. ……… 141

トップからの命令だけに従順に従うな、自己責任のルールだ。 Act on your own. ……… 68

ドテライ　gutsy ……… 138

トドメを刺す　give a fatal blow ……… 100

とはいうものの　that said ……… 142

とはいうものの。 Having said that. ……… 142

〜とは切り離すことができない　be part of 〜 ……… 21

土俵ぎわで踏ん張る　keep one's footing (stand firm) at the edge of the ring ……… 188

飛ぶ　fly ……… 203

止まれ！ Freeze! ……… 34

トム、君はあまり押しが強くない。ぼくもアクは強くない方で。
　You're not very forceable, Tom, nor I very forceful. ……41
友達じゃないか。　What's a friend for? ……143
ドライ　businesslike ……143
とりあえず。　For now. / If you excuse me, 〜 ……97
とりあえず大学を卒業して、とりあえず結婚をしまして…
　I just got out of college. And I just got married... ……144
取り返しがつかないミス　critical mistake ……198, 200
取り込み中　bad time ……41
取り込み中です。　I'm busy. ……144
取り付け（銀行を見捨てること）　run on banks ……238
奴隷にとっての解放　slave's freedom ……166
奴隷のように売買の対象にされてしまう　sell them down the river
　 ……151
ドロドロ　down and dirty ……145, 221
ドロドロになる　go down and dirty ……145
ドロドロの恋　torrid love ……26
どんぐりの背くらべ。　Six of one or half a dozen of the others. ……141
飛んで火にいる夏の虫　fall for / drawn to something like a moth to
　a flame ……145, 146
トンデモ本　anythingbut books ……147
どんな手段を使っても　whatever it takes ……146
どんな場所でも好きになるもの。Any place grows on me. ……106
どんな法的手段を使っても　through every possible legal means
　available ……146
ドン並み　big ……219
ドンはこわもて（強面）する。　Don is tolerated. ……21

〔な〕
内心忸怩たる　feeling a bit guilty ……241
内戦　civil war ……103
長い眼で見てほしい。　Give me time. ……163

仲がいい　be close to each other	223
泣かせる　break one's heart	146
泣かせるな、お前。　You're breaking my heart.	146
仲違いしない　get along	147
長話（米俗語）　schmooze	215
仲間　power	18
one of us	147
仲間意識　family bond, a bond of friendship, bonding	109
中身　substance	140
仲よくしているよ。　We get along fine.	150
仲良くする　get along	147, 206
ながら族　multi-taskers	32, 182, 232
泣き　weep	193
泣き寝入り　grin and bear	170
泣き寝入り（直訳）　weep oneself to sleep	67
なくてはならぬ　critical	230
嘆き　grief	183
和む（なごむ）　ease (relax)	234
和む（なごむ）とは ease (relax)	234
なごやか（にしている）　get along	150
なぜ　Why me? / Why now? / Why he?	148
（なぜ私だけが）こんな目に。　It's just not fair. / What have I done to deserve this?	147, 148
懐かしい。　Feels like old times. / Seems like old times.	148
納豆も食べていると口に慣れてくる。　Natto grows on me.	106
納得したよ。　You got me.	120
納得する　be sold on	151
納得する。　I'm sold on that.	151
納得ベース　on a take-it-or-leave-it basis	82
七転八起　fall seven, rise eight	140
何か変わったことはないか？　What's new?	148
何が気にくわないんだ。　What's your problem?	148

何が気にくわないんだ。(相手が怪我をしているようなとき)
　What happened? ··· 148
何が気にくわないんだ。(相手が見える怪我をしているようなとき)
　Where'd you get that? ··· 148
何が気にくわないんだ。(相手がピリピリしているとき)
　What's eating you? / What's your problem? ··· 148
何かに没頭すること　losing oneself ··· 239
何をしても許される　get away with it all ··· 148
名前負けしないように。 Live up to your meaningful name! ··· 149
名前負けする　fail to live up to one's name ··· 149
何代もかかって磨き上げる
　build up the good name of the store ··· 154
難聴　hard of hearing ··· 160
なんとかならないか。 Do something about it. ··· 149
なんとかならないか。(イギリス人好みの英語)　Can't something be
　done about it? ··· 149
なんとか(やっていく)　get by ··· 150
なんとかやっています。 I'm getting by. ··· 150
なんとなくね。 You could say that. ··· 150
なんとなく(まーね)。 You coud say that. ··· 150

〔に〕

ニアミス(あぶないところだった。)　That was close. ··· 107
煮え切らない　indecisive ··· 22
臭う　smell ··· 87
苦い　bitter ··· 153
肉欲　lusts ··· 105
逃げる　flee ··· 203
二重基準　double standard ··· 75, 195
～に心服する　be sold on ··· 151
～に背中を向ける　to turn one's back on ～ ··· 240
似たり寄ったりのカップルだ。 They deserve each other. ··· 128

二刀流　bilingual and bicultural ……………………………………………… 242
〜に呑まれている　be part at 〜 ……………………………………………… 64
（〜には）歯が立たない　no match for 〜 ………………………………… 152
二匹目のドジョウが狙えない。　No such luck.
　………………………………………………………………………………… 203
☕ 日本人の品格 (character) …………………………………………………… 230
（日本人の）道　moral compass ……………………………………………… 173
日本では言い出しっ屁は割りが合わない。　It doesn't pay to be a
　starter in Japan. ……………………………………………………………… 24
日本刀は、サムライの魂。　The sword is the soul of the samurai. … 151
日本の学者は言葉を限定しない癖がある。　Japanese scholars don't
　qualify their statements. ………………………………………………… 122
日本は天国。　We are in heaven. …………………………………………… 25
日本ははめられた。　Japan was set up. ………………………………… 185
日本も近づきつつある。　Japan's getting there. ……………………… 129
ニューヨークの看板ができた。One World Trade Center is going to
　define New York. …………………………………………………………… 159
女房を迎える　take …………………………………………………………… 217
人間関係の空気（それに近い言葉）　psychology / rhythm ……… 65, 66
人間操作をする（とくに情を絡めて）　emotional manipulation ……… 225
人間的に深い関心を寄せることができる（好奇心）　empathic
　curiosity ……………………………………………………………………… 116
人間同士のコミュニケーションにはハートが不可欠だ。
　Communicating heart to heart. ………………………………………… 81
認識革命　the Cognitive Revolution ……………………………………… 152
忍者（参謀でもある人）　trusted shadow samurai ……………………… 192
人情さばき　humane verdict ………………………………………………… 90
忍耐　perseverance …………………………………………………………… 139

〔ぬ〕

盗む　steal …………………………………………………………………………… 78
ぬるま湯　comfort zone ……………………………………………………… 152

ぬるま湯から出る　get out of your comfort zone ･････････････････････ 152
ぬるめ　nice and warm ･･･ 233
ぬれぎぬを着せる　frame up ･･ 185
濡れた足、乾いた足（政策）　wet foot, dry foot
　･･ 144

〔ね〕

ネクラ　cynics ･･･ 165
猫は距離を保ってくれるが、犬はどうも"間"がとれなくてね。
　Cats give us space, but dogs don't. ･･････････････････････････････ 163
値下げはしない。Nintendo plays hard to get. ･････････････････････ 229
ネズミ講は最低だ。Pyramid scheme sucks. ･････････････････････････ 87
根に持つ　bitter ･･ 153
ねばり　grit / resilience and toughness ･･････････････････････････････ 138
粘り強いこと　stick-to-it-iveness ･･ 71
粘菌　slime mold ･･･ 80

〔の〕

ノイローゼ　neurosis / a nervous breakdown ･･･････････････････････ 42
残された社員に厄介な仕事を放り投げること　dumping the work
　onto the remaining staff ･･･ 182
～のために少しだけ弁護すると　in all fairness to ～ ････････････ 154
後に　later ･･･ 14
乗っ取られる　be taken over ･･･ 64
ノビノビと　effortlessly ･･･ 131
～の前に～なし、～の後に～なし　a once and future King ････ 153
ノミ　a flea ･･ 203
呑み込む　to swallow ･･･ 179
（～の）名誉のために　with no disrespect to ～ ････････････････････ 154
のめり込む　lean in / lean into something ･･････････････････････････ 154
～の利益のために　for the good ････････････････････････････････････ 41
のれん　credit / good name ･･･ 154

のれん（暖簾）　shop curtain ……… 154
のれん（会計学でいう）　good will ……… 155
のれんに腕押し。　No use talking to the brick wall. ……… 155
のれんに傷がつく　reputational damage ……… 155
のろけ　a silly little jealousy ……… 155
（のろけは）ごちそうさま。　Enough. / That's enough. ……… 155
（のろけは）ごちそうさま。（アメリカ人の笑いが取れる表現）
　Don't brag about your wife. ……… 156
（のろけは）ごちそうさま。（イギリス人の笑いが取れる表現）
　I'm rather uncomfortable. ……… 156

〔は〕

場　topos ……… 75
パーキンスの、唯一のウインザーでの贅沢な趣味は、散策であった。
　Perkins's greatest pleasure in Windsor was in losing himself on a long solitary stroll. ……… 239
ハート（感情）を込めたディベートをしなさい。
　Be more emotional. ……… 55
パイオニア　trailblazer ……… 46
バイカルチャル・スキル　bicultural skill ……… 241
ハイクラスの　classy ……… 173
買収する　buy someone off ……… 54
排中律　excluded middle ……… 200
培養　incubate ……… 11
ハエ　a fly ……… 203
蠅のような人生　dying like flies ……… 12
白紙の状態　tabula rasa / blank slate ……… 131
薄情　unfeeling ……… 143
はぐれ狼　lone wolf ……… 18, 228
暴露記事　an exposé ……… 184
化けの皮　the other ……… 5
派遣社員　temps ……… 180

破産状態　virtual bankruptcy	94
恥　shame	170
恥をかいた。　He was embarrassed.	216
恥ずかしくて言えない。　Can't tell.	142
ハチ　bees	174
発生する　generate	139
バツが悪くなる。	
They make me feel (look) bad in their presense.	26
発揮する　display	31
花咲爺(はなさかじじい)　alchemist	156
歯に衣(きぬ)着せぬ　tell it like it is	157
歯に衣を着せながら話す　mince one's word	104
派閥争い　turf battle	145
factional infighting	211
嵌(は)め込み効果　a framing effect	184
はめられた　be lured into 〜 / be goaded into 〜	146
はめられた。　Someone set me up.	39
はめる　set up / set someone up.	39
破門　excommunication	145
早口英語　natural speed English	227
早(は)よ帰れっちゅこっちゃ。　It's about time.	109
肚　grit	139, 201
腹　grit	123
ハラ　hidden agenda	121
gravitas	173
祓(はら)い清める　cleanse	106
腹芸　the haragei	17, 195
gut play	139
『腹芸』（筆者の英文書）"The Unspoken Way—Haragei"	17, 243
腹の据(す)わった　centered, principled	157
腹の据わった人　a well-centered person	157
ハラハラさせる　sitting on the edge of the chair	152

腹を割る　level with someone ········· 133
腹を割る（同じ目線で語り合う）　level with ········· 158
腹を割ると　the bottom line is 〜 ········· 179
孕んだ休止　pregnant pause ········· 198
ハル・ノート　Hull Note ········· 171
春はあけぼの。　Dawn defines spring. ········· 158
ハルマゲドン　Armageddon ········· 108
歯をくいしばって、がんばれ。　Grit (clench) your teeth! ········· 188
「恨」（ハン）　grudge ········· 153
犯罪などでわなにかける（陥れる）　frame someone up for 〜 ········· 40
反省しろ、あんなバカな発言をするなんて、TPOをわきまえろよ。
　You ought to know better than to say the wrong thing to the wrong
　person at the wrong place. ········· 47
反省する　know better ········· 47
バンス　advance ········· 33
反対尋問をかけてるのかね？　Are you cross-examining me? ········· 114
反対投票　blackball ········· 62
反対投票でクラブから除名すること　to blackball ········· 62
ハンドルを握る get behind the wheel ········· 159
半分、妊娠しているという言葉はない。　There's no such thing as
　half pregnant. ········· 21
反目　feud ········· 145

〔ひ〕
ビートルマニア旋風　Beatlemania ········· 203
ピーナツの一粒だけ口に入れて、やめること。
　Eating one peanut. ········· 209
ビール腹になる　get beer belly ········· 17
ピーンときた。　I just knew it. ········· 160
火遊び　play with fire / play with love ········· 159
火遊びはほどほどにせよ。　Stop fooling around too much. ········· 159
火遊びはやめなさい。（子供に対して）

Don't play with matches.	159
ヒアリング　listening	135
ヒアリングに弱い　have poor listening comprehension	160
秘花　hidden flowers	161
引き上げる　draw up	61
ひきこもって　blocking the sun	207
引き下げる　draw down	61
卑屈に追従(ついしょう)する　kowtow	189
久しぶり。　It's been a while. / Been a while.	161
久しぶり。　I haven't seen you for a while.	161
久しぶり。（1/2秒だけで通じる）　Been a while.	161
久しぶり。（よほど親しい間柄の場合）　Long time, no see.	161
ひざまずきなさい。　Kneel.	189
ビジネス・スマイル　fake smile	122
非情の愛　hard love	6
（秘書の仕事に）向かない女性　wrong woman	42
美人はつんとしている（冷たい。）　Good-looking women are cold (aloof).	122
秘すれば花。　It's best (to be) left unsaid.	214
密(ひそ)かな愉(たの)しみ　guilty pleasure	106, 161
非対称　asymmetrical	19
羊飼い　shepherd	203
羊人間　sheeple	191
ビッグワード（大げさな言葉）　big word	116, 139, 210
一息　one-breath	247
人から借りはつくるな。　Never owe anybody anything.	49
人からどのように見られるか　to be perceived	10
人質交換　swap	118
人質をとる　take	217
（人そのものを）信じる　trust	165
ひとつ個人的な質問をしてもいいでしょうか？　May I ask you a personal question?	54

一つであること（ラテン語） concordia ……………………………… 236
人手不足 understaffed ……………………………………………… 162
人にうつしたら、治(なお)るさ。 Get a cold？Give it to someone else. You'll get over it. ……………………………………………………… 54
人のせいにするな。 Don't blame it on others. / Take it on yourself. ……………………………………………………………………… 162
（人の話を）信じる believe ……………………………………… 165
人の不幸は蜜の味。 Schadenfreude ……………………………… 162
人は見た目がすべて。 Appearances are everything. …………… 208
人目を引かない（道路標識を無視した）覆面パトカー an unmarked patrol car ……………………………………………………… 175
（人や事を）あと知恵で批判する行為（けちをつけること） second-guess ……………………………………………………… 13
人より一歩先んじたいこと one-upmanship ………………………………………………………………………………………… 131
独り勝ちゲーム winner-take-all ………………………………… 28
一人にしてほしい。 Give me space. …………………………… 163
一人の空間がほしい。 Give me privacy. ……………………… 163
一人の女性が、マックスに激しく片想いをした。 One woman has carried the torch for MAX. ……………………………………… 50
「一人」はlonelyかaloneか ……………………………………… 163
一人ぼっちのトム・ウルフ Lone Wolfe ………………………………………………………………………………………………… 228
人を窮屈にさせる feeling bored ………………………………… 109
人を出し抜く術 one-upmanship ………………………………… 205
人を見る眼がある。 I'm a good judge of people. ……………… 164
皮肉(ひにく)はいいとしても、あんたがたの嘲笑だけは我慢ならない。 I can get your irony, but I can't take your sarcasm. ……………… 34
ひねくれた twisted / natured / peevish / cross-grained / cranky / difficult ………………………………………………………… 165
ひねくれた枝ぶり twisted branches ……………………………… 165
ひねくれている cynical ………………………………………… 165

ひねくれ者　cynics ……… 165
批判を気にする　sensitive to criticism ……… 167
ビビる　tense up ……… 167
皮膚感覚　the sense of touch ……… 74
秘密投票　secret ballot ……… 62
微妙　Sort of. ……… 61, 150
ヒモ理論　string theory ……… 80
１１０番を呼べ。Call 911. ……… 168
百歩譲って　Assuming you're right, 〜 ……… 168
（百歩譲って）もしそれが可能だったとしよう　possible ……… 218
評価基準系　a frame of reference ……… 184
拍子　rhythm ……… 66, 197
ひょうたんから駒　serendipitously ……… 247
病的盗癖　kleptomania ……… 222
病的な執着　fixation ……… 80
表面　surface ……… 179
ひょっとしたらね。It's possible. ……… 169
ひょっとして起こるかもと思えば、多分起こる。
　What can happen, will. ……… 169
日和見する　straddling (sitting on) the fence ……… 177
ひょんなきっかけで縁が生まれる　serendipitous discovery ……… 44
開き直る　tough it out ……… 169
ヒラリーが選ばれたら、こんなひどい結果になるんだよ。
　This is what you're going to get when you get her. ……… 124
ピリッとする塩味の料理味　savory ……… 36
ヒリヒリ　touchy-feely ……… 38
☕ ヒリヒリは touchy-feely ……… 38
　ピリピリ　touchy ……… 38
　　　　　　uptight ……… 65
品格　gravitas ……… 172
品（格）がない　no class ……… 173
瀕死（青息吐息）の状態だ。He's down but not out. ……… 145

索引

顰蹙(ひんしゅく)を買う　be frowned upon ……… 214
ピンチ　corner ……… 135
ピンチはチャンス。　Crisis is opportunity. ……… 226

〔ふ〕

フィンランド人のド根性　the Finnish spirit ……… 140
プーチンは面目(めんぼく)が丸つぶれになった。　Putin lost a lot of face. ……… 216
ふうてん　a free-spirit ……… 173
フーテンの寅　Torasan, the vagabond ……… 173
風土　culture ……… 174
風土学　climatology ……… 174
（夫婦の）間(ま)　distance ……… 174
フェロモン（空気）に縛られた文化　pheromone-bound culture ……… 87
不快な方法で真実を語ること。　Unpleasant way of telling the truth. ……… 166
武器を棄て、ロシアに忠誠を誓いなさい。さもなくば。　Surrender your weapons and swear allegiance to Russia or else. ……… 86
武器を棄て、ロシアに忠誠を誓いなさい。さもなくば。（口語表現）　Give up your arms and obey us. Or else. ……… 86
復讐する　pay back ……… 33, 47
腹蔵(ふくぞう)なく語り合う　level with ……… 158
腹蔵(ふくぞう)なく語り合おう。　Let's level with each other. ……… 158
服装には気を使った。　He dressed well. ……… 187
ぶくぶく湧き出る水　spring water ……… 194
覆面　mask ……… 175
覆面強盗　a masked burglar ……… 175
覆面捜査員　an undercover police officer ……… 175
覆面捜査員（口語体）　an undercover cop ……… 175
☕ 覆面（mask）は invisible ……… 175
武士道　Bushido / the Way of Warrior ……… 177
武士は見栄を張らない。Less is more. ……… 206
（武士を）超えて　Beyond bushido ……… 177

不正直　dishonesty ……… 121

侮辱　insult ……… 54

不粋(ぶすい)　uncool ……… 49, 126

二つ以上　more than one ……… 32, 209

太っ腹　magnanimous and gritty ……… 58

冬の陣　the Winter War ……… 140

婦人科医（ガイネコロジスト）　gynecologist ……… 139

婦人科医学　gynecology ……… 139

舞台上での"華"　wow factor ……… 8

二股膏薬(ふたまたごうやく)　double-dealing ……… 177

二股をかける　play both sides / double-dealing ……… 177

二股をかける行為　two-timing ……… 177

二人だけで。　Just two of us. ……… 206

二人っきりで話さなくては。　We need to talk alone. ……… 206

二人とも気がある　being interested in each other ……… 178

二人ともみっともないぞ　Shame on both of you. ……… 25

二人の間柄がスレスレ。　They are too close to each other. ……… 107

二人の間は、すれすれで、見ていてハラハラする。　They're too close for comfort. ……… 107

（二人の関係は）どこかでボタンが掛け違った　got it wrong somewhere ……… 59

（二人の関係を）修復してあげましょう。　I'll set it right for you. ……… 59

二人はアツアツの関係。　Too close for comfort. ……… 107

二人はお似合いの夫婦だ。　They deserve each other. ……… 178

（二人は）腐れ縁ですね。　We're stuck. ……… 66

二人は情愛の仲だ。　They are romantically involved. ……… 234

二人はできている。　They're romantically involved. ……… 178

二人は友達。しかし三人は群れになる。　Two's company, three is a crowd. ……… 89

二人は似たり寄ったりの夫婦だ。　They deserve each other. ……… 128, 178

二人は平行線を辿(たど)ったまま。　The two were getting nowhere. ……… 23

ぶっちゃけた話　the bottom line ……… 179

索引

ぶっちゃける	level with	158
物理学的	physical	75
ふと魔がさした。	The devil did it.	129
プライド（面子に邪魔されて）	vanity	179
プライドを捨てる	swallow one's pride	179
ブラック企業	sweatshop	180, 181
	zombie companies	181

🍶 ブラック企業の実態は　Speed up ··· 183
☕ ブラック企業はblue? ·· 181

ブラブラ	laid-back	65
振り返らないで。	Move on.	237
ブルース	blue	183

古傷（ふるきず）は開かないだけで、消えていくものだ。
　　Time heals the wounds. ··· 184

古傷を開く	reopen the old wounds	184
フレーミング効果	a framing effect	186
プレイボーイ	the sport / butterflies / playing the fields	187
ブレない	principled	157
	be grounded	188
フワフワした	fluffy	140
文化的再流入衝撃	cultural reentry shock	38
ふんぞり返っている	arrogant-looking	159
踏ん張る（超訳）	tough it out	188

文筆家は間違いなくハエのように死んでいく。　Writers are certainly
　dying like flies. ··· 220

分裂	fission	2, 75

〔へ〕

平行線	parallel lines	23
平衡（へいこう）の原則	fairness doctrine	98
平和に賭けようじゃないか。	Give peace a chance.	217
ペコペコ（土下座（どげざ））する	kowtow	189

ベタベタ　heavy ... 19
ベタベタした　clubby ... 180
（ベタベタしないで）解放してほしい。　Let go of me. ... 163
べつに〜に悪気はないが　Nothing personal. ... 189
へまをするな。　Do it right. ... 189
返済する　pay back ... 33
編集者は影で、光になってはならない（超訳）　Fellow sufferers pity one another. ... 137
編集者は透明人間　book editors should remain invisible. ... 176
編集道　editorship ... 176
　　　　Editing Alone ... 239
変人　eccentric ... 190
変な女に摑まって、結婚を急いだりしないように。　Don't settle for less. ... 20

〔ほ〕

保育　incubate ... 11
放火魔　arsonist ... 50
方向性が定まっていない　unchanneled ... 116
帽子を手に持って、うやうやしく相手に接する　hat in hand ... 189
坊主憎けりゃ袈裟まで憎い。　Hate a monk, and you'll hate his robe too. ... 102
ほうっておいてほしい。　Leave me alone. ... 163
簿外資産　off-book value ... 155
ぼかしの術　logical shading ... 30
他のドリンクに変えてくれ。　The other one! ... 5
「ボキャ」（ボキャブラリー）　vocabulary ... 242
ぼくがいるじゃないか。　You still got me. ... 191
ぼくがいるよ。　You still got me. ... 191
（ぼくの）参謀よ。　You're my ears and eyes. ... 191
ぼくは今だれかにはめられている。　Someone's setting me up. ... 39
ぼくは、彼女と別れないように、彼を説得します。　I'll talk him out

of divorcing her.	22
ぼくは君のことを愛していると、あなたの口から告白しなさい。 Tell'er you love'er.	103
ぼくは世間体を気にしない。 I don't care what others think of me. / I don't worry how I look to other people.	109
ぼくは、ディベート教育とは、もう腐れ縁。 I'm stuck with debate (education).	67
ぼくを納得させてくれよ。 Reason with me.	123
ボケ（漫才コンビの） the funny one	37
（捕鯨団の）銛(もり) harpoon	171
墓穴(ぼけつ)を掘ったな。 I gotcha.	9
墓穴を掘る。 dig one's own hole	95
He had it coming.	192
墓穴を掘る（自殺的） suicidal	192
墓穴を掘ることは、最初からわかっていた。 I saw it coming.	87, 192
ほぞを噛む be chagrined / feeling distressed or humiliated	192
ボチボチ getting somewhere	23
ぼちぼち It's about time.	124
ぼちぼちでんな。 Not bad.	62
ぼちぼち引き上げてもらえますか。 It's about time.	109
ホットだが幼い恋 puppy love	26
ぼつぼつ。 It's time.	193
ぼつぼつコーヒー・ブレイクの時間ですね。 It's time we had a coffee break.	193
ぼつぼつ出掛けるときだ。 It's time to go.	193
ほどよい関係 for comfort	223
ほとんどの日本人は、世間体を気にしすぎる。 Most Japanese worry too much about what other people think of them.	108
骨太な gritty	84
ほめる soft love	5
ほめる（評価する） give credit to 〜	193

惚れる　fall in love	102
ボロボロになる　down and out	145
本懐　will	180
本当に言いたいことを吐き出せ。　Get it out.	195
ほんとうのことを教えていただければ、ありがたいのですが。 I'd appreciate it if you could tell me the truth.	237
ほんとだね。　Sure it does.	128
ホントのことを言ってもいいかい？　You want the truth?	196
本音が出たな。　I gotcha.	9
ホンネトーク　talking bluntly	104
ホンネとタテマエ　double standard	195
本音の　the other	5
ホンネを言え。　Get it out.	125, 195
☕ ホンネを言ってもいいかい？　Can I be honest? / Can I tell you the truth?	196
ホンネを言わせて。あの発言はひどすぎる。　The truth is that it hurts.	196
煩悩　evil passion	105
ポンポン　tummy	17
本物　the real thing	196
本物の　the other	5

〔ま〕

間　distance	174
space	175, 197
pregnant pause / time	197
critical pause	198, 200
the ma	197
間（Eduard E. Hall博士が使った）　the ma	197
まあね。　I'd be dishonest, if 〜	200
まーね。　You could say that.	150

索引

マイケル・サンデル教授は日本ではモテモテだ。 Michael Sandel is very hot in Japan. ... 218
参ったか。 I've got you. / Gotch! ... 10
マイトシップ（「会ったそのときの縁で、すでに兄弟」の意味に近い。オーストラリアで使われる） mateship ... 27
（毎年）目指した挑戦は変わる。 The challenges keep changing. ... 188
マイナスに賭けよ。 Defy the odds. ... 201
マイナスにも賭けよ。 Defy the odds too. ... 201
マイペース get one's own way ... 202
埋没費用 sunk cost ... 186
前の女を捨てて、新しい女を見つけた。 He's got another woman. ... 5
前払い advance payment ... 33
前向きに検討します。（あいまいな言い方） We'll do the best positively. ... 116
ま、お茶でも。 Maybe, some tea. ... 202
ま、お茶でも。（欧米でこういう言い方もする） Some tea, perhaps? ... 202
魔が差した the devil did it ... 129, 202
魔が差した。（悪魔が心に入り込んだように、ふと、ふだんでは考えられないような悪念を起こした） The evil made me do it. ... 202
まぐれ当たり fluke ... 203
まぐれ当たり（一回限りの） beginner's luck ... 203
誠（誠実性） integrity ... 97
まさかこんなことに。 Who saw it coming? / None saw it coming. ... 203
まず間違いない。 It's probable. ... 129
「マズローの法則」（欲求の五段階説） Maslow's Law / Maslow's Hierarchy of Needs ... 29
またオレが失言しちゃった。 There I go again. ... 204
また彼女のあの発言か。 There she goes again. ... 204
また（失言）が始まった。 There you go again. ... 204
またその話か。 Not again. ... 204

まい〜みえ

	There you go again.	204
またドジったね。	There you go again.	136
間違えば命取りになる	critical	76
間違った使い方	wrong expression	59
待ちどおしい	can't wait	204
マッチポンプ	playing both sides	177

マッチポンプ（マッチで火を付ける一方、ポンプで消火する意）
　He starts a fire and puts it out to get all the credit he doesn't deserve. ……… 177

全うする　out ……… 135
末期（まつご）　in one's last moments ……… 95
待てない。　I can't wait. ……… 204
窓際（まどぎわ）社員になる恐怖　fear of being passed over ……… 182
まとめる　get it all together ……… 29
真似（まね）が得意なものが勝つ　second-mover advantage ……… 24
☕「間」の訳がなぜcritical pauseになるのか ……… 198
「間」はどのくらいの長さですか。　How many minutes does the ma last? ……… 198
ママはいつだって、おまえをえこひいきしていた。　Mom always liked you best! ……… 37
（万が一、社長の彼が倒れても）なんとかなるだろう。　Someone else will manage it. ……… 168
まんざら、きらいじゃない。　Sort of. ……… 61
萬田銀治郎にとり、大切なのはゼニだけだ。　For Manda Ginjiro, the bottom line is all that matters. ……… 113

〔**み**〕

ミ	honorable body	230
見えざる心の強さ	strong	133
見えないものを見せる	prove	126
見える	come	16, 87
	see	87

見栄を張る　keep up with the Joneses	205
見返りを得る　reap	32
見かけないが。 Are you new here?	148
身から出たサビ　ask for	206
身から出たサビだ。 He had it coming.	206
幹　character	139
右へならえ　go along to get along	206
右へならえ（号令）　Right dress. / Dress right, dress.	206
右向け右。Go along to get along.	147
右向け右（軍隊用語）Right face	206
右向け右（軍隊用語。英国）　Right turn	206
見切り発車する　pull the plug on ～	71
身ごもった休止　Pregnant Pause	198
水　water	235
水入らずで　alone	206
自ら　oneself	207
自ら選んだ道。 I did it myself.	207
自らの手柄にする。 get the credit	177
水くさい（ぜ）。 We're (still) a family. / We're a team.	207
水くさいぜ。 What's a friend for?	143
見捨てる　let it go	245
見せしめ　an example / a lesson	207
見せしめ（にする）　to give someone an example	207
見せしめにされるだろう。 He'll get the message.	207
店の信用　credit	154
見た目　appearances	108, 208
☕ 見た目appearancesはすべてか。さー（debatable）	208
見た目だけでんがな。 Appearances are the only thing.	208
見た目で判断するな。 Never judge by appearances.	209
見たものは見た。 I saw what I saw.	157
道　moral compass	173
身近な　existential	210

🖥 「身近な」は existential ……………………………………………………………… 210
　身近に感じます　existential ……………………………………………………… 211
　三日(みっか)坊主　a quitter ………………………………………………………………… 209
　認めない。I won't accept. ………………………………………………………… 221
　身につまされる。I feel you. ……………………………………………………… 209
　身につまされる（身近な）　existential ……………………………………… 210
　実るほど頭(こうべ)を垂れる稲穂(いなほ)かな。The more a man is, the less he wants.
　　…………………………………………………………………………………………… 212
　実るほど頭を垂れる稲穂かな。（超訳）Less is more. ……………… 212
　身びいき　cronyism ………………………………………………………………… 211
　身びいき資本主義　crony capitalism ………………………………………… 211
　耳が痛い。That hurts. ……………………………………………………… 211, 246
　耳が遠いレーガンは、ヒアリングは弱いが、リスニングは強い。君た
　　ちはその反対で、耳がいいのに、英語が聞き取れない。President
　　Reagan can't hear but can listen. You can hear but you can't listen.
　　…………………………………………………………………………………………… 160
　耳にたこができた。Don't rub it in. ………………………………………… 204
　耳にタコができた。I've heard that many times. ………………………… 212
　耳に入った英語しか音の再生はできない。The voice reproduces
　　only what the ear hears. ……………………………………………………… 160
　耳寄りな話　sexy news / a tip ………………………………………………… 246
　耳をそばだてて聴いてみよう。Let's listen hard. ……………………… 246
　観(み)る　see …………………………………………………………………………………… 66
　見ればわかる　once I see it ………………………………………………………… 85
　身を切るような選択　hard choices ……………………………………… 43, 132
　身を縮める　driving another nail in the coffin …………………………… 110
　みんなが納得(なっとく)。We're OK. …………………………………………………………… 213
　みんなが納得(なっとく)。だから私はだいじょうぶ。We're OK. So I'm OK. /
　　We're OK, ergo I'm OK. ……………………………………………………… 213

〔**む**〕
　昔からのなじみじゃないか　for old time's sake …………………………… 143

昔からのなじみじゃないか。 Are we old-time friends? ……………… 143
報われない愛　unrequited love ……………… 50
無形固定資産　intangible fixed asset ……………… 155
むし返さないでほしい。 Don't take that up again. / Don't get it started again. ……………… 204
無性(むしょう)に会いたい。 I miss seeing you like the devil. ……………… 204
無条件の愛　unconditional love ……………… 226
難しい選択　tough choices ……………… 43
娘が片づく（結婚して）　settle ……………… 20
結び　the ties that bind ……………… 213
結びは日本のシンボルだ。 It's the tie that binds that matters in Japan. ……………… 213
ムダの多い　wasteful ……………… 16
無知　bad ……………… 42
夢中になること　infatuation ……………… 214
胸のつかえをとり（ドロを吐いて）スカーッとしろ。 Get it off. ……………… 195
無念　be chagrined ……………… 192
無念さ　chagrin ……………… 192
村八分にする　sell someone out ……………… 62
村人(むらびと)が集まると知恵が生まれる。 It takes a village. ……………… 89
群れの知恵　crowd thinking ……………… 90

〔め〕

名人芸　master skill ……………… 246
目が笑っていない表面的微笑　plastic smile ……………… 122
目くそ、鼻くそを笑う感じやな。 It's like the pot calling the kettle black. ……………… 104
目くらまし　razzle-dazzle ……………… 213
目くらまし戦略　camouflage ……………… 214
目立ちたがり屋　attention-getters ……………… 140
目立ってしまったドングリ　first among equals ……………… 141
目立つのも、融(と)け込むためのボカシ戦術。 To blend in, you've got to

stand out. ... 213
目の黒いうちは。 Over my dead body, you will. ... 214
メリット（日本人が使う意味に近い英語） advantage ... 237
メロメロ　have a crush on ... 214
メロメロ（病的）になる　be mooning ... 215
目を覚ませ！　Get real. ... 215
免責　immunity ... 170
面子（メンツ）　face ... 215
面子に縛られててね。 I'm face-bound. ... 110
面子を失う　lose face ... 215
面子を失った。 She lost face. / She looked bad in public. /
　She felt embarrassed. ... 215
☕ 面子をつぶされた、と激昂する現象 ... 216
面目（めんぼく）丸つぶれ　lose a lot of face ... 216

〔も〕

もう一度、同じことをやらせてください。
　Give me another chance. ... 217
もう一度、出直したい。 I want to get a second life. ... 217
もうかってまっか。 How's business? ... 62
もう我慢（がまん）できない。 Can't take it anymore. ... 217
もう勘弁（かんべん）ならぬ。 Enough. ... 46
もう結構。 That's enough. ... 204
申し分ない　well ... 235
猛省する　know better ... 47
もう二度と浮気はしない、信じてくれ。 Trust me, it won't happen
　again. ... 101
もう二度とやらないわね。本気もだめよ。 I trust you. ... 101
もう私のハラは決まっている。 My mind is made up. ... 217
モグラ叩き　Whack a mole ... 94
潜り　diving ... 218
モグリ　unlicensed ... 218

モグリの医者　an unlicensed doctor ……… 218
モグリの弁護士　an unlicensed lawer ……… 218
もし、はいと答えたら、ウソを言ったことになる。
　I'd be dishonest, if I said yes. ……… 200
もしかしたらね　possible ……… 218
もし、それがプラスに転じるなら　if it woks ……… 202
もったいない。 What a waste! ……… 16
もったいない話をしよう。 ……… 15
もっと大人(おとな)になりなさい。 Grow up. ……… 218
もっと大人(おとな)にならないと。（語調を強め、緊急性を含めて）
　You need to grow up. ……… 218
もっと大事なことのために、身分整理を　clear the way for 〜 ……… 60
モテモテ　hot ……… 218
モテモテだった。 I was hot. / Lots of people loved me. ……… 219
物書きだけが使い捨て（expendable）か ……… 219
物事をあるべき姿というメガネで見ず、ありのまま見ることと勘違いした下郎(ゲス)。 A blackguard whose faulty vision sees things as they are, not as they ought to be. ……… 166
物事を冷笑的に眺める　cynical ……… 165
物を創り出すとは、ロマンなんですね。 Creating is a thrilling experience. / Just the thought of creating something out of nothing thrills me. ……… 234
モヤモヤ、ムズムズ　horny ……… 220
もらい泣きしてしまう　cry along ……… 146
文句は言わない（しかたがない）　accept ……… 221
問題　problem ……… 221
問題は〜　What bothers me 〜 ……… 221
問題発言　politically incorrect ……… 128
文無(もんな)し。 I lost a shirt. ……… 35

[や]
八百長(やおちょう)　fixed games ……… 225

安物買いの銭失い。 You get what you pay for. ……………………… 222
安らかな"死亡" thanatos ……………………… 21
安らかな死（ラテン語） euthanasia ……………………… 21
野性的 wild ……………………… 191
やたら有名人に近づきたがる人 big name lovers ……………………… 227
やってはいけないこと wrong ……………………… 224
やつは品がねえ。 He ain't got class. ……………………… 173
やつは、我々の仲間だったのに。 He used to be one of us. ……………………… 147
やっぱり It turns out 〜 ……………………… 14, 223
やっぱり。 I knew it. ……………………… 160
　　　　 I know it. ……………………… 223
やっぱり、彼女は男である。 Turns out she is a man. ……………………… 14
やっぱり彼はシロだった。 Turns out he's not guilty. ……………………… 223
やっぱりね。 I saw it coming. ……………………… 192
やつらにコケにされたものだが、その時代は過ぎた。 They used to make a fool out of us. But those days are gone. ……………………… 78
やつらはネズミだ。ネズミの名誉のためにいうと、べつにネズミは嫌いではないが。 Those are rats, with no disrespect to rats. ……………………… 154
柳の下にもうドジョウはいない。 No such luck. ……………………… 40
ヤバイ。 Too bad! ……………………… 218
やばい関係 too close for comfort ……………………… 223
藪の中。 The truth is out there. ……………………… 223
闇金融 loan sharking ……………………… 33
やむにやまれず unable to stop oneself from 〜 / can't help but ……………………… 224
やむにやまれぬものだ。 I just have to. ……………………… 27
やらせ set up ……………………… 185, 225
　　　 setups ……………………… 225
やらない。 I'm out. ……………………… 227
やらなきゃならないこと right ……………………… 224
やりがい challenge ……………………… 225
やりがいがある challenging ……………………… 144
☕「やりがい」は challenge ……………………… 225

やり手　wheeler-dealer　48
『やり抜く力』"GRIT"　201
やる。　I'm in.　227
やるのかやらないのか？　In or out? / Are you in or out?　227
やれやれ。　Good grief!　227
やれやれ（終わった。）　Thank Heaven. / Thank God. / Thank Hell.　227

[ゆ]

有意義な社会的関係をもつ　relate　81
優越感　superiority complex　6
融合　fusion　2, 75, 236
優柔不断な（やつ）　wishy-washy　22
遊読（私訳）　ludic reading　11, 246
有名人病　name dropper　227
有名な知人をさも親しそうに友人に言いふらす　name-dropping　227
（ゆうゆうとした）独身生活　single blessedness　228
油断するな。　Never let your guard down.　64
油断するな。（日常会話でお勧めの表現）　Watch your back.　64
ゆで卵　hard-boiled egg　133
夢の世界　dream world　10
百合子は自立している女性だ。　Yuriko is on her own.　228

[よ]

よーくわかった　That explains it a lot.　117
良いことは重なる　have a streak of good luck　238
良いことは重なるもの。　Nothing succeeds like success. / A piece of good luck after another.　238
よい友と交わる　keep good company　9
容易に相手の罠にはまる　play into the hands of someone　145
羊水　waters　235

用済み　washed up ……228
用済みのアンカーマン　a washed-up anchor ……229
予期せぬ発見　serendipitous discovery ……28
予期せぬ発見だった。　That was a serendipitous discovery. ……28
よく相手を選んでつきあうのよ。　Play hard to get. ……229
よくあることだ。　Happens all the time. ……130, 229
よくあることだ。（ネイティブ同士なら通じる）　Happens. ……229
よく聴け。　Listen up. ……160
慾情を点火する　get it on / horny ……220
よくもずけずけ言うね。　You're brutally frank. ……104
予言する（アメリカでは、結果を予想する）　second-guessing ……13
ヨコの　horizontal ……18
横恋慕　love someone's lover ……116
予知する　second-guessing ……13
夜逃げ　flight by night ……94
4年制大学出　bachelor's degree ……48
世の中　society / real world ……110
世の中、そうは問屋がおろさない。　No such luck! ……89
世の中には、いろいろな人もいる。　It takes many kinds to make a world. ……128
世の中の空気　the mood / sentiment ……66
読み違えが許されない休止状態　critical pause ……200
よろしく。　Nice to meet you. ……229
よろしく。（目上の人に対して）　Pleased to meet you. ……229
弱音を吐いて、救いを求める（子犬のように）　go belly up ……169

〔ら〕

ライターにとり、最も有益な（結実のための）期間とは、静かな孵化期間だ。　The most fruitful thing for a writer to do was quiet brooding. ……12
ライターのベストブックは、本人から生まれたものでなくてはならな

い。 A writer's best work comes entirely from himself. ……… 176
ラクな地帯（ぬるま湯）　comfort zone ……… 152
らしさ（独自性）　identity ……… 230
ラチがあかん　getting nowhere ……… 23

〔り〕

リーダーを渇望する　wait for ……… 205
力学　power ……… 178
力士　sumo wrestlers ……… 186
リスクを避けようとする文化　a risk-averse culture ……… 88
リストラ　restructuring ……… 182
リストラ（正しい英語）　be downsized ……… 182
リストラされた。 I was downsized. ……… 67
リストラの犠牲になる恐怖　fear of being downsized ……… 182
律儀な　faithful ……… 175
立派な名前を泣かせちゃいけませんよ。 Do justice to your great name. ……… 149
硫酸　sulfuric acid ……… 215
流動化する　fluidify ……… 80
了解しました。 I'm on it. ……… 231
了解しました。（ネイティブ同士なら通じる）　On it. ……… 231
両立させる　balance A with B ……… 231
「リラックスして、集中している」状態　a state of 'relaxed concentration' ……… 246
臨戦態制　combat readiness ……… 53
凜とした　nice and gritty ……… 232
凜とした（人）　grace under pressure ……… 188

〔る〕

ルサンチマン（恨み）　resentment ……… 153

〔れ〕

礼　manners	172
冷笑的　cynical	34, 214, 234
冷笑的に　cynically	166
例を示す　to give someone an example	207
レベルアップ　give 〜 a makeover	233
レベルダウン　dumbing down	83, 223
dumb down	233
レベルダウン（教育の）　dumb down	135
恋愛悲劇（超訳）　Romeo and Juliet	102
錬金術師　alchemist	156

〔ろ〕

労働搾取工場　sweatshop	180, 181
ロマン　a thrill	233

〔わ〕

和　the Wa	72
justice	145
concord	157
the wa	235
the sense of togetherness	235
wa	236
和（シンボルでとらえると）　togetherness	72, 147
矮小化する　dwarf	159
わいろを摑ませる　buy someone off	54
若気の至り　young and foolish	212
我が社にはもったいない。　We don't deserve you.	15
わかった。　I got it.	7
我が家の庭にはご免　NIMB (not in my backyard)	195
わかりました。　I understand.	55
わき目もふらずに　effortfully	116

索引

枠　frame	187
わざと陥(おとしい)れようとした。　She asked for it.	206
忘れなさい（あの人のこと。）　Get over it. / Get over him.	236
忘れる　forget	52, 239
忘れるなよ。　Remember that.	44
（話題にしてはいけない）間違った話題　wrong topics	59
私にそのことを言わせるな。　Don't get me started on that.	23

私にとって彼女は何だったのか――私なんかまるで存在しなかった。
　To my chagrin, she says she doesn't remember me. ……… 192
私にとって彼女は何だったのか――私なんかまるで存在しなかった。
　（直訳しても通じる）　I didn't exist. ……… 192
（私にとり）どんなメリットがあるのか？　What's in it for me? ……… 237
私にも写せます。　I could take a shot. ……… 237
私にも責任がある。　I'm partly wrong. ……… 20
私にも問題があった。　I admit I was part of the problem. ……… 21
（私の）大阪弁は十分でない。　(My) Osaka accent isn't heavy enough. ……… 19
私の柄に合わない　out of my character ……… 96
私の銀行が取り付けになることはない。　There won't be a run on my bank. ……… 238
私のハラは決まっている。（意思決定をした、その時点で）
　My mind was made up. ……… 217
私の方は、あなたのことを知っていますが。　But I know YOU. ……… 148
私の面子(メンツ)がかかっている。　I run a reputational risk. ……… 155
（私は）ここが好き。　I like it here. ……… 237
私は、世間が言うほど厳しくはない。　I'm not as tough as they say I am. ……… 110
私はだいじょうぶ。　I'm OK. ……… 213
私はだいじょうぶ。あなたもだいじょうぶ。　I'm OK. You're OK. ……… 213
私は難聴でして。　I'm hard of hearing. ……… 160
私は反ユダヤ主義者ではない。　I'm not an anti-Semite. ……… 154
私は翻意した。　I've changed my mind. ……… 217

私は見たままの人間です。 This is the real me. ……………………… 121
私はもう子供じゃない。 I wasn't born yesterday. / I'm not naive. ‥ 218
私、一人ぼっちなの。 I'm alone by myself. ………………………… 191
私もブレないようにする。 I'll keep myself grounded. ……………… 188
私をアテにするんじゃない。 Don't lean on me. ……………………… 238
私をからかうな。 Don't mock me. ………………………………………… 10
私を捨てないで。 Don't walk out on me. ……………………………… 240
私を残して、先に死なないで。 Don't die on me. ……………… 237, 240
私を見捨てないで。 Don't walk out on me. ………………………… 238
　　　　　　　　　 Don't quit (give up) on me. ………………… 240
罠（わな）　trap ………………………………………………………………… 119
　　　set-up ………………………………………………………………… 170
　　　framing ……………………………………………………………… 186
悪いことは重なる　have a streak of bad luck ………………………… 238
悪いことは重なるもの。 Nothing fails like failure. / A series of misfortunes. …………………………………………………………… 238
悪い友と交（ま）わる　keep bad company ……………………………… 9
我々と同じ目線で話しかけてくれないか。 Talk with us. ………… 239
我々はいい線をいっている。 We are getting there. ………………… 23
我々はケチではない。値打ち（中身）を大切にするんだ。安物買いの銭失いって言うだろう。 We're not cheap. We believe in value. You get what you pay for. ……………………………………………… 222
我々は口論（けんか）せず仲良くやっている。
　We're getting along (fine). ………………………………………… 147
我々は、仕事に追われているのに、人手不足だ。
　We're overworked but understaffed. …………………………… 162
我々は、動物のために、干草（ほしくさ）を育てた。しかしそれは動物たちが生き永らえて、天寿を全うする聖地なのだ。 We grow hay for the animals, but it's primarily a sanctuary, a place where animals get to live out their lives. ……………………………………………………… 135
我々夫婦はお互いに距離を保っている。 We're giving each other space. ……………………………………………………………………… 175

我々二人の間が、なぜこんなことになったのか？　I wonder what went wrong with us? 137
我々二人はうまくいっている。　We're getting along well. 206
我を忘れて　losing oneself 239
ワンアップマンシップ（人を出し抜く術）
　one-upmanship 131, 205

〔を〕

〜をあがめる　look up to 〜 239
〜を裏切る　turn on 〜 240
〜を推測する　second-guessing 13
〜を崇拝する　look up to 〜 239
（〜を）見下す　turn one's nose up at 〜 239

松本道弘

1940年、大阪府に生まれる。国際ディベート学会会長。関西学院大学を卒業し、日商岩井、アメリカ大使館同時通訳者、日興証券、NHK教育テレビ「上級英語」講師などを経る。世界初の英語による異文化コミュニケーション検定「ICEE」を開発。日本にディベートを広めたことでも知られる。インターネットテレビ「NONES CHANNEL」で「GLOBAL INSIDE」に出演中。英語道の私塾「紘道館」館長。
著書には『日米口語辞典』(共編、朝日出版社)、『速読の英語』『速聴の英語』『超訳 武士道』(以上、プレジデント社)、『中国人、韓国人、アメリカ人の言い分を論破する法』(講談社)、『同時通訳』(角川学芸出版)など多くがある。

難訳・和英口語辞典
なんやく・わえいこうごじてん
The Curious Bicultural Dictionary from Japanese to English

2017年4月11日　第1刷発行

著者	松本道弘(まつもとみちひろ)
発行者	古屋信吾
発行所	株式会社さくら舎　http://www.sakurasha.com 〒102-0071　東京都千代田区富士見1-2-11 電話 (営業) 03-5211-6533 電話 (編集) 03-5211-6480 FAX　03-5211-6481　振替　00190-8-402060
装幀	石間 淳
本文組版	朝日メディアインターナショナル株式会社
印刷・製本	中央精版印刷株式会社

Ⓒ2017 Michihiro Matsumoto Printed in Japan
ISBN978-4-86581-096-7

本書の全部または一部の複写・複製・転訳載および磁気または光記録媒体への入力等を禁じます。
これらの許諾については小社までご照会ください。
落丁本・乱丁本は購入書店を明記のうえ、小社にお送りください。
送料は小社負担にてお取り替えいたします。
定価はカバーに表示してあります。

NONES CHANNEL

お申し込みは
こちらから

Global Insideは日本人の英語発信力を高めるエデュテインメント番組です！

松本道弘氏をキャスターに迎え、毎週好評配信中！

月額　540円　（12ヶ月連続視聴）

お問い合わせ先：ノーネスチャンネルカスタマーサポート
mail：gi@nones.tv　tel：03-5805-5547

あ 5	い 22	う 34	え 37	お 40
か 48	き 57	く 65	け 71	こ 74
さ 86	し 91	す 103	せ 108	そ 117
た 125	ち 130	つ 132	て 133	と 135
な 146	に 151	ぬ 152	ね 153	の 153
は 156	ひ 159	ふ 173	へ 189	ほ 191
ま 197	み 205	む 213	め 213	も 217
や 222		ゆ 227		よ 228
ら 230	り 231		れ 233	ろ 233
わ 236				を 239

五十音索引（英文付き） 249